历史的天空

夜读百年中国

总策划：陈 彤
主 编：刘明清 孟 波
编 委：张 蕾 董 巍 韩慧强 张 翔 腾 歌
王媛媛 崔 兰 陈昭君 李 清

中央编译出版社
Central Compilation & Translation Press

图书在版编目(CIP)数据

夜读百年中国 / 刘明清，孟波主编. ——北京：中央编译出版社，2014.1
（此间中国）
ISBN 978-7-5117-1981-2

Ⅰ．①夜… Ⅱ．①刘…②孟… Ⅲ．①中国历史－近现代－文集 Ⅳ．①K250.7-53

中国版本图书馆CIP数据核字（2013）第301412号

出 版 人：	刘明清
出版统筹：	董　巍
选题策划：	腾　歌
责任编辑：	亦　非
责任制作：	尹　珺
出版发行：	中央编译出版社
地　　址：	北京西城区车公庄大街乙5号鸿儒大厦B座（100044）
电　　话：	(010) 52612345（总编室）　　(010) 52612363（编辑室） (010) 66130345（发行部）　　(010) 52612332（网络销售部） (010) 66161011（团购部）　　(010) 66509618（读者服务部）
网　　址：	www.cctpbook.com
经　　销：	全国新华书店
印　　刷：	河北下花园光华印刷有限责任公司
开　　本：	787毫米×1092毫米　1/16
字　　数：	264千字
印　　张：	18.5
版　　次：	2014年1月第1版第1次印刷
定　　价：	48.00元

本社常年法律顾问：北京市吴栾赵阎律师事务所律师闫军梁勤
凡有印装质量问题，本社负责调换。电话：010-66509618

序言

《此间中国——新浪博客八年文章精选》书系序言

不知不觉中，新浪博客已陪伴全球华人网友走过八年多的历程。我一直在想，是时候用某种方式做一个回眸了。博客实际上是信息时代，传统中文书写在互联网上的延伸，网络喧嚣的背后，最终被人记住的还是那些隽永的语句和深邃的思想，所以没有什么比为博客做一套传统出版物更合适的纪念方式了。我们和中央编译出版社定而后求，出版了这套《此间中国——新浪博客八年文章精选》。

《此间中国》，为什么给这套书取了这个名字？吉光片羽，雪泥鸿爪。新浪博客就是当下中国的一个切片。新浪博客覆盖3亿人，月活跃用户1.5亿，总文章数已超过了14亿，相当于每个中国人都写过一篇新浪博客。在这里，海内外学术大家可以展示自己的思想；多产的作家可以连载自己的作品；专业的美食家推荐珍馐异馔；走遍世界的摄影师展示自然之美；年轻的妈妈晒孩子每一天的变化；可爱的小学生们用博客给老师交周记……新浪博客早已不是单纯的一个互联网产品，她已成为全球华人的网上家园、人文渊薮。

这套书一共有四册，综合、学术、历史、财经。分别对应博客文章中最具思想价值的四个类别：时政评论、学术文章、历史小品、财经评论。我们选文的标准是：名家所写，文章精彩，有现实意义，能流传后世。首先，名家所写是对本书质量的第一重保障，只有在自己领域造诣颇深的鸿儒硕学才会入选；第二，文章精彩，指一定要是这个名家的压卷之作，同时立意和篇幅都要符合全书的规范；第三，有现实意义,当下中国最有价值的作品一定是反映社会现实的;第四,能流传后世,我们更愿意收录一些可以沉淀下来的、深刻的作品。

这套书的出版,首先我要感谢给我们授权的各位作者,是你们日复一日、年复一年的辛勤写作,为新浪的平台提供了这么多好的内容。对于每个国家而言,最可宝贵的财富都是那些民族的智者,而我们的各位作者就是我们民族的智者,是你们用深邃的洞见启迪着整个国家的读者。传播好你们的思想是我们义不容辞的责任。

然后我要感谢我的运营团队。曾几何时,网络编辑被讥讽为一个"劳动密集型"岗位,你们或许得不到职业共同体的高度认可。但是,作为中国网络媒体发展的见证者之一,我要说这毫无疑问是一种歧见。在中国传媒的现实语境下,网络媒体和其他媒体各有分工,各司其职,各具所长,各享精彩。你们的工作所表现出来的创造性和专业性丝毫不亚于传统媒体,你们和传统媒体一起推动了时代进步和社会发展。感谢你们的辛勤劳动,事实上我们每一天都在见证历史、创造历史。

同时我要感谢中央编译出版社的领导和各位编辑,是你们给了我们这个"为自己八年的努力"作个总结的契机。感谢你们专业的态度和孜孜以求的工作,为了能让本书及时与读者见面,感谢你们在这么短的时间内,如此高质量地完成这么大的工作量。

最后,我要感谢最重要的人——新浪博客的每一位用户。我们所做的一切努力和坚持,其实都是为了得到你们的认可。我们推荐每一篇文章,实际上都抱着"妆罢低声问夫婿,画眉深浅入时无"的情感,像新妇对郎君一样,惴惴不安地期望得到用户的认可。希望新浪博客的每一位用户都能一如既往地支持我们,同样也希望你们能喜欢这套书。

新浪网总编辑　陈　彤

2013 年 11 月 11 日

序言

博客：中国思想市场的重要策源地

前不久(2013年9月2日)，在美国芝加哥仙逝的制度经济学大师、诺贝尔经济学奖(1991年)得主科斯教授生前(2011年12月)曾经尖锐地指出，缺乏思想市场是中国经济险象丛生的根源。科斯在与王宁教授(执教于美国亚利桑那州立大学)合著的《变革中国》一书中，也特别谈到了中国正是因为缺乏自由的思想市场直接导致了科技创新乏力。

其实不用科斯来批评，我们自己也会知道中国无论是传统的过去还是现在，思想市场一直都是稀缺的，而且是被强力压制的。秦始皇搞"焚书坑儒"，汉武帝搞"罢黜百家、独尊儒术"，乾隆搞"文字狱"，乃至20世纪60、70年代的"文化大革命"，无不是以摧残思想市场、钳制自由声音为目的，导致的最终结果是专制、黑暗的封建帝制竟在我们这个民族存在了2133年(公元前221—公元1911年)，为世界各民族文明历史所罕见。即使到了21世纪的今天，落后、腐朽的封建传统思维，仍然在我们许多人特别是个别领导干部中存在着，其主要表现便是循规蹈矩、因循守旧、拒绝创新、害怕异端。前几年曾经一度被媒体热议的"钱学森之问"，其实和科斯对我们的批评几乎是完全一致的，没有自由的思想市场，不发展思想市场，不保护思想市场，不仅科技创新难，经济发展也会受到阻碍，民生福祉难以保障，恐怕我们民族的明天也不会有多美妙了。

因此无论是科斯的坦率批评，还是我们自己人——钱学森先生的诘问，毫无疑问是需要我们今天的执政者和民众作深入反省的。但是，我个人也很愿意说一说问题的另一方面。众所周知，中国自上世纪70年代末开始，仅用了30几年的时间，不仅经济迅猛崛起，而且人民福祉也有了显著的提升。对于中国崛起背后原因的解读其实是有着巨大分歧的：首先是官方主流的解读，长时间认为是"中国模式"的成功，即归结为依靠政府有形之手强力推动经济发展的结果——当然，刚刚结束的中共十八届三中全会似已修正了看法，即重新明确了走已故领导人邓小平开创的市场化取向的改革道路；另外的看法则认为，中国崛起就是因为执政党和政府勇敢摆脱了毛泽东僵化封闭的计划体制，在一定程度上放松了对经济的过度管制，让市场经济有了长足发展的空间，交还给企业和公民一部分自由权利，进而为中国社会提供了进步的动力。我自己自然一向是持后一种看法的。同时，我也认为，尽管30多年来中国的思想市场还没有像经济市场一样获得广阔的自由发展空间，甚至依然受到某种程度的抑制或者压制，但不能说没有任何进步——因为经济改革必然伴随着思想的解放，没有思想的解放，经济改革每前进一步都是不可想象的。回想我们70年代末的改革起步，如果没有之前思想理论界发动的"真理标准的大讨论"，又怎么可能有中共十一届三中全会的"工作重心"向经济领域"转移"呢？90年代之后，有关市场经济体制目标的确立，如果没有邓小平南方谈话所引发的第二次思想解放，同样也是不可能实现的。进入新世纪后，中国经济全面崛起、国力迅速增强，在我看来，既是市场经济体制建立的必然结果，同时也有赖于我们思想市场的不断发育——虽然很弱小、很扭曲、很困难，但却是极其顽强地成长着。

可以确信的是，中国思想市场发育的春天已经越来越近了！对此我从未彻底悲观过，相反一直持较乐观的态度，这是因为我们人类已经进入了一个全新的时代——互联网时代。伟大的互联网极大地改变了世界（地球正变成地球村）、改变了社会（走向开放民主），更改变了我们的生活（网络成为工作生活的组成部分）。

序言

尤其是在2001年9月11日,美国世贸大楼遭遇恐怖袭击,博客成为了重要信息来源。从此,博客正式步入了世界主流社会的视野。博客在中国的兴起,似与2003年木子美事件(其在个人博客上发表性爱日记引起社会关注),才让中国民众了解到了博客,并运用博客。2005年,国内各大门户网站,如新浪、搜狐等纷纷加入了博客阵营。特别是新浪博客,由于其在较短时间内网罗了中国最优秀的学者、作者、明星开博,而迅速崛起,成为了中国大陆最主流的博客网站。

由于博客具有"自媒体"的特点,她可以让每一个人都有条件成为思想者、表达者、传播者;同时让那些宝贵的、有价值的思想观点,在自由讨论中、自由争鸣中、自由传播中走入民众的心田。在博客出现前,人们只能在传统媒体上(报纸、图书、电台、电视)表达思想、阐述观点——不仅常常受到审查的限制,传播范围也是有限的,更不可能即时传播,而且还只能是少数社会精英才有机会。博客则彻底打破了传统媒体的藩篱与弊端,真正把言论自由、思想自由的权利交还给了普罗大众。对于我们这样一个刚刚走向民主开放的国家,很显然互联网博客责无旁贷地成为了我们思想市场最重要的策源地之一。

我个人的博客经验开始于2004年,即"非典"过后的第二年。某天当自己笨拙地将个人文章发布到网上时,看到有熟悉的旧友,当然更多的是陌生的网友回复评论,油然产生了久违的幸福感觉。记忆中最深刻的一件事,则是自己写的一篇怀念风入松书店创办人王炜老师的博文,被一位同行读到(我自己也供职于出版机构)并选入了出版的书籍《长歌唱罢风入松》(纪念王炜文集)。

毫无疑问,直到今天,中国影响力最大、最棒的博客仍然是"新浪博客",在那里聚集了最敏锐的学者、最大牌的明星、最勤奋的写手,每时都有观点交锋、思想激荡、学术讨论,每天都为全球华人所瞩目。八年多的斗转星移,中国思想市场中最耀眼的那一颗星星还是新浪。中央编译出版社一向以"思想文化的摆渡者——在东西方之间"作为自己的神圣使命,在迎来建社20周年之际,非常荣幸与新浪网亲密联手合作出版这套"此间中国——新浪博客八年文章精选"。分享，是互联网本质，也是出版的本质。现在我们有机会与读者朋友们一起分享好思想、好文章、好文字、好意境，是一件多么快乐而有意义有价值的事情！

当然更有意义有价值的是，我们的工作或许能为今天中国的思想市场的繁荣发展起一点点微小的传播作用。想到此，不禁再次让我拥有了某种幸福充实的感觉。谢谢各位。

中央编译出版社总编辑　刘明清
2013 年 11 月 22 日

目录

《此间中国——新浪博客八年文章精选》书系序言（陈彤）
博客：中国思想市场的重要策源地（刘明清）

一 帝国晚钟

    1. 乾隆大帝的"上国心态"（马勇）   001

    2. 清王朝到底还能撑多久？（雷颐）   004

    3. "中国"在哪儿？（上）（雷颐）   008

    4. "中国"在哪儿？（下）（雷颐）   011

    5. 圆明园浩劫始末（马勇）   015

    6. 我们今天应该怎样理解《北京条约》（马勇）   019

    7."国进民退"引爆辛亥革命（雷颐）   023

    8. 近代中国"悲情叙事"的定型（马勇）   032

二 甲午/辛丑

    1. 威海之战：甲午战争的转折（马勇）   039

    2. 李鸿章忍辱负重马关讲和（马勇）   043

3. 天津之战：八国联军率先对中国使用化学武器（金满楼） 048
4. 国耻1900：八国联军的杀戮、掠夺与报复（金满楼） 053
5. 庚子和谈：俄国公使逼死李鸿章（金满楼） 062
6. 重新认识外国资本在近代中国（马勇） 067

三 立宪/共和

1. 梁启超：坚定的超级立宪派（解玺璋） 071
2. 孙中山为何要抢着当总统？（金满楼） 079
3. 黄兴为何下令镇压革命军？（金满楼） 086
4. 袁世凯几分嫌疑：最不可能的谋杀主犯（金满楼） 093
5. 反向思维：谁不是"宋教仁遇刺案"的指使者？（金满楼） 100
6. 宋教仁遇刺前，孙中山为何避而不见？（金满楼） 109

四 民国旧事

1. 民国四公子的政治情怀（马勇） 115
2. 民国时代的帅哥名媛（岳南） 119

目录

  3. 民国风景旧曾谙（解玺璋）   128
  4. 七七卢沟桥事变后的平津危局（岳南）   133
  5. 西南联合大学的定胜糕与耗子肉（岳南） 146
  6. 抗战胜利时的中国（岳南）   155
  7. 梁思成：日本京都的恩人（岳南）   161

五　思想文化

  1. 梁启超万木草堂回忆与想象（马勇）   165
  2. 新文化与新教育（雷颐）   172
  3. 因为五四（雷颐）   176
  4. 教育总长蔡元培（雷颐）   181
  5. 梅贻琦的儒家思想与治校精神（岳南）   185
  6. 太炎何以成大师（马勇）   199
  7. 大国与大师的命运之变（岳南）   201
  8. 劝君免谈陈寅恪（易中天）   206
  9. 大学改革议（马勇）   229

六 人物春秋

1. 郭嵩焘的"反腐"悲剧(雷颐)   237
2. 许宝蘅所见帝后之死(马勇)   242
3. 张状元挥别朝廷(马勇)   245
4. 梁启超的双城记(解玺璋)   251
5. "绿林党"王金发：一个山大王的革命记(金满楼)   255
6. 袁黎冯段：北洋四大元首家产大公开(金满楼)   260
7. 投名状：张宗昌的"革命变身记"(金满楼)   267
8. 蒋介石赠林徽因二万元之谜(岳南)   274
9. 钱锺书与恩师吴宓从轻狂到愧悔(岳南)   279

一 帝国晚钟

1. 乾隆大帝的"上国心态"

马 勇

乾隆晚年,中国经济不仅是历史上的巅峰状态,而且在世界经济构成至关重要,举足轻重。但是中国经济的基本结构还是农业经济,能够将全世界白银引入中国,大部分人没有温饱之外的消费。换言之,康乾盛世在某种程度上说是老百姓省吃俭用积累起来的。

传统的中国农业经济没有办法接纳西方更多的工业品,中英贸易在中国市场无法扩大的情况下问题越来越大,开放市场,自由通商,成为英国商人的普遍要求,这就是马戛尔尼使团访华的直接原因。

其实,从后世立场看,中国如果在那个时候顺势接受英国人的建议开放市场,自由通商,凭借中国强大的经济实力,应该比较轻松地完成产业升级,消费转型,比较容易地与西方新发生的经济形态同步。

然而，这种期待都被当年的经济繁荣蒙蔽了，经济繁荣没有成为社会转型的助力，反而衍生了、强化了乾隆皇帝的"上国心态"。中国由此错过了千载难逢的转型良机。

根据英国政府指示，马戛尔尼此行肩负着如下使命：第一，向中国政府表达贸易关切，要求中国进一步提供贸易方便，扩大英国工业品市场份额。

第二，为中英贸易稳步推进，请求中国政府在靠近优质茶叶产区提供一个或两个"居留地"，由英国负责建立警察、司法制度，直接管理到中国从事贸易的英国人；假如中国政府不能满足此项要求，希望中国政府切实改革"十三行"制度，消除弊端，增加透明度。

第三，要求中国政府同意互派外交使节，驻扎彼此首都。

当然，马戛尔尼使团也为中国皇帝准备了丰厚的礼物。

经过九个月的海上旅行，1793年6月20日清晨六点，马戛尔尼使团四艘轮船浩浩荡荡抵达澳门外海停泊，随行副使斯当东勋爵迅即奉命登岸与东印度公司专员接洽。

两天后，斯当东回到船上，向马戛尔尼报告在澳门所获情报，知道中国政府得知马戛尔尼使团将来消息后，文武官员均表满意，乾隆帝以为"己身克享遐龄，以古稀天子之身，至政幕将闭之候，而犹得一远国如英吉利者，使臣万里东来，共敦睦谊，则其毕生之威名荣誉，至是而益增"。乾隆帝通令各海口留心探听，凡有英使船只经过处，给予必要方便、帮助和礼遇。

斯当东打探来的情报是不准确的。清政府确实早就知道英国政府将派员前来中国，但他们对英国政府的用意几乎作了完全相反的猜测。这也是马戛尔尼使团失败的根本原因。

中国政府确实在几个月之前就通过洋商知道英使将来，但中国人没有弄明白英使来华使命。根据过往经验，中国人以为英使来华，就像诸番邦朝贡一样，因

一 帝国晚钟

而乾隆帝指示沿海各口给予必要协助，"即将该贡使及贡物等项派委妥员迅速护送进京，毋得稍有迟误"。乾隆帝关怀所在还是朝贡及贡物，这注定马戛尔尼使命无法达成。

另一方面，清政府对想象中"新附"番邦心怀戒惧。乾隆帝历次指示不断提醒沿海各省督抚加强戒备，当英使贡船进口时，先期派委大员，多带员弁兵丁，列营站队，"务必旗帜鲜明，甲杖精粹，同时要不动声色，密加查察防范，以肃观瞻而昭体制"。这显然是"天朝上国"心态的自然流露，无形中为马戛尔尼使团完成任务设置了障碍。

中国的期待与马戛尔尼的使命相差太远，但是这个时候，中英双方并不真切知道对方底牌，尤其是中方根本不知道英国人此行主要任务在通商，在建交。这两件大事，对于中方，对乾隆大帝来说，闻所未闻。

马戛尔尼使团在澳门逗留了几天之后启程驰往浙江舟山，稍事休整继续北上，7月25日抵达天津大沽口外抛锚停泊。中国方面负责接待的长芦盐政徵瑞迅即派遣天津道乔人杰等前往迎接，并送去大量牛羊米面果蔬茶酒，传旨颁赏。乾隆帝根据徵瑞的报告，再次指示在接待中要做到"不卑不亢，以符体制而示怀柔"。至此，清廷上下依然将英国使团视为一支专程前往北京朝贡的队伍，毫无近代意义上的国家交往想法。因此，中国方面关怀所在不是询问、了解英国人为何而来，而是见面伊始就查看"表文"，以及贡品礼单。

使团提交的礼品清单有天体仪、地球仪、座钟、气象仪、毛瑟枪、连珠枪、铜炮、榴弹炮，及军舰模型等。这些礼品，为英国最近百年创造，尤其是作为欧洲第一海军强国，礼品中的枪炮、军舰，以及天文地理仪器等，应该说还是很有价值的。

然而，作为"天朝上国"，乾隆帝看到清单似乎有点失望，他在随后的指示中强调，英国人的礼品清单俱不免张大其词，由此可知英国人境界不高，"自为独得之秘，以夸耀其制造至精奇"，其实不过尔尔，"天朝原亦有之"。

乾隆皇帝未见其人而先失望，马戛尔尼使团完成使命的机会越来越小。

2. 清王朝到底还能撑多久？

雷 颐

如果不是曾国藩回乡组织湘军拼死镇压太平军、不是他开启引进西方"船坚炮利"的洋务运动，晚清不可能出现所谓"同治中兴"，清王朝可能更早就寿终正寝了。然而，尽管他对清王朝忠心耿耿、效尽犬马之劳以保其江山社稷，但与机要幕客赵烈文的一次小小论辩，却使他开始忧虑清王朝究竟还能支撑多久、其寿命到底还有多长。在《能静居日记》中，赵烈文详记了他与曾的这次谈话及此后曾国藩对清王朝命运的思索。

只要没有紧急繁忙的军政事务，曾国藩晚上往往喜欢与幕客聊天。同治六年六月二十日，即公历1867年7月21日晚，时任两江总督的曾国藩与赵烈文聊天时忧心忡忡地对赵说："京中来人云：'都门气象甚恶，明火执仗之案时出，而市肆乞丐成群，甚至妇女亦裸身无裤。'民穷财尽，恐有异变，奈何？"赵烈文回答说："天下治安一统久矣，势必驯至分剖。然主威素重，风气未开，若非抽心一烂，则土崩瓦解之局不成。以烈度之，异日之祸必先根本颠仆，而后方州无主，人自为政，殆不出五十年矣。"就是说，现在"天下"统一已经很久了，势必会渐渐分裂，不过由于皇上一直很有权威，而且中央政府没有先烂掉，所以现在不会出现分崩离析的局面。但据他估计，今后的大祸是中央政府会先垮台，然后出现各自为政、割据分裂的局面；他进一步判断，大概不出五十年就会发生这种灾祸。听了赵烈文这番话，曾国藩立刻眉头紧锁，沉思半天才说："然则当南迁乎？"

一 帝国晚钟

显然,他不完全同意赵烈文的观点,认为清王朝并不会完全被推翻,有可能与中国历史上多次出现的政权南迁、南北分治、维持"半壁江山"的王朝一样。对此,赵烈文明确回答说:"恐遂陆沉,未必能效晋、宋也。"他的认为清政府已不可能像东晋、南宋那样南迁偏安一隅,恐将彻底灭亡。曾国藩反驳说:"本朝君德正,或不至此。"赵烈文立即回答道:"君德正矣,而国势之隆,食报已不为不厚。国初创业太易,诛戮太重,所以有天下者太巧。天道难知,善恶不相掩,后君之德泽,未足恃也。"赵的谈话确实非常坦率,他实际上否定了清王朝"得天下"的道德合法性。清军因明亡于李闯王、吴三桂因红颜一怒大开城门而入关,所以"创业太易";入关后为镇慑人数远远多于自己的汉人而大开杀戒,如"扬州十日"、"嘉定三屠",所以"诛戮太重",这两点决定了清王朝统治缺乏"合法性"。而清王朝后来的君王——可能他心中所指为康、乾、嘉——的"君德"固然十分纯正,但善与恶并不能互相掩盖弥补,何况"天道"已给他们带来了文治武功的"盛世"作为十分丰厚的报答,因此这些后来君主们的"德泽"并不能抵消清王朝"开国"时的无道,仍不足补偿其统治的合法性匮缺。对赵从清王朝得天下的偶然性和残暴性这两点否定其统治的合法性的这番言论,曾国藩并未反驳,沉默很久后才颇为无奈地说:"吾日夜望死,忧见宗祐之陨。""祐"是宗庙中藏神主的石屋,"宗祐之陨"即指王朝覆灭,曾国藩也预感到清王朝正面临灭顶之灾。

当然,在一段时间内,曾对此问题看法仍十分复杂矛盾。虽然有时承认现在"朝无君子,人事偾乱,恐非能久之道",但有时又对清王朝仍抱某种希望,认为现在当朝的恭亲王奕訢为人聪颖、慈禧遇事"威断",所以有可能避免"抽心一烂"、"根本颠仆"的结局。而赵烈文则坚持己见,认为奕訢"聪明信有之,亦小智耳",慈禧"威断"反将使她更易受蒙蔽。要想挽救颓局,像现在这样"奄奄不改,欲以措施一二之偶当默运天心,未必其然也"。"默运天心"颇有些神秘主义色彩,但在此更可将其理解成为一种"天道"、某种"历史规律",现在局面如此不堪,如无体制的根本性变革仅靠现在这样头痛医头、脚痛医脚的修修补补,实则无济于事，而奕䜣、慈禧均非能对体制作出重大改革之人，所以清王朝难免分崩离析的命运。赵烈文端的是富有洞见，不仅对历史大势看得透彻，而且作为一个远离权力中心、根本无法近观奕䜣、慈禧的"幕客"，对此二人的判断却准确异常，为以后的历史所证明。奕䜣确是朝廷中少有的开明权贵，近代初期的一些革新措施大都与他有关，因此当时有视野开阔、思想开明之誉，但作为1898年清王朝救亡图存最后的机会的维新运动兴起时，他却坚决反对，证明赵在1867年对他作的仅"小智耳"的论断不虚。慈禧，乃至大清王朝以后不断为其"威断"所蔽所误已为众所周知，无须再赘。赵的眼光，确实老辣。

不过，曾对赵的论断仍无法或不愿完全相信，总感到清王朝总还有一线生机，尤其是当不久朝廷下谕依总理衙门奏请令督、抚、将军对外交问题开诚布公畅所欲言时，曾国藩兴奋异常，认为这是当政者将振衰起弊之兆，清王朝振兴有望，最起码可以像东晋、南宋那样长期偏安。

同治七年七月下旬（1868年9月中），曾国藩被任命为直隶总督。由于直隶管辖京城四周，曾国藩终于有机会第一次见到慈禧太后、同治帝、恭亲王奕䜣及文祥、宝鋆等高官，在几天之内四次受到慈禧太后的召见。对此，他当然备感荣耀，直隶总督之职位不仅使他能近距离观察清王朝的"最高层"领导，而且使他能对全国的形势有更多了解，这时他才知道国家的颓败远远超过自己原来的预料，而朝中根本没有可以力挽狂澜之人。同治八年五月二十八日（1869年7月7日）晚上，他对刚刚来到保定直隶总督府的赵烈文坦承自己对时局、朝政的失望，对慈禧太后、慈安太后、奕䜣、文祥、宝鋆、倭仁这些清王朝最高统治者们的人品、见识、能力、优点与弱点逐一分析点评了一番，分析点评的结果是他们皆非能担当王朝中兴重任之人。他们尚且如此，其余的人更加庸碌无为，曾国藩不禁哀叹清王朝的未来"甚可忧耳"。这种局面，正是一个衰朽政权用人制度"逆淘汰"的结果，但反过来，这种"逆淘汰"又会加速这个政权的衰败。最终，他不得不同意赵烈文两年前的论断，清王朝已经病入膏肓，难以救药。

一 帝国晚钟

历史惊人准确地应验了赵烈文的预言，清王朝终于在 1911 年土崩瓦解，距 1867 年预言它不出五十年就彻底垮台正好四十又四年；而且，接踵而来的也是赵所预言的长期"方州无主，人自为政"，即军阀割据的混乱局面。当然，曾、赵已分别于 1872 和 1894 年去世，并未看到自己的预言、预感"成真"，对他们来说，这或许倒是一种安慰。因为虽然预料到清王朝行将就木，他们也只能做大清王朝的孤臣孽子，难有他选。

3. "中国"在哪儿？（上）

雷 颐

中国在哪儿？位居地球上的什么位置？今天看来是不成问题的问题，或纯"地理"学的问题，当年却是牵一发而动全身、敏感至极的"政治问题"。徐继畬的《瀛寰志略》当年即因此而被封杀，而后人却因此而盛赞其巨大的启蒙意义。

《瀛寰志略》共10卷，约14.5万余字，收图42幅，其中只有一幅关于日本和琉球的地图未用西方所绘地图，其余都按西方原图描摹。在当时，这可是大胆的非法之举。但他认为："地理非图不明，图非履览不悉。大块有形，非可以意为伸缩也。泰西人善于行远，帆樯周四海。所至辄抽笔绘图，故其图独为可据……此书以图为纲领，图从泰西人原本钩摹。"在这部著作中，他首先比较全面地介绍了地球的概貌和各大洲的基本知识、经纬度的划分等，然后分别介绍亚洲、欧洲、非洲和美洲这四大洲各国地理、历史和现状，还介绍了太平洋、大西洋、印度洋及南极的基本情况。可以说，他的著作是当时中国最高水平的世界地理、历史著作，代表了当时中国人对世界认识的最高水平。

在这样一幅如实客观的世界图景中，中国位于"世界之中"的神话自然破灭，"天朝上国"的迷梦也将破碎。对此，徐氏实际已有相当认识，但面对现实却又无可奈何。所以他虽在初稿中明确写道"亚细亚以中国为主"，但在定稿时却心有余悸地将此话改写成"坤舆大地以中国主"。由"亚细亚"改为"坤舆大地"虽只一词之易，但徐氏内心那种不得已的苦衷，却可从中略窥一斑。还是在此书的刻印过程中，

一 帝国晚钟

他的同乡好友、地理学家张穆见徐将《皇清一统舆地图》置亚细亚图之后深感不安，甚为他担忧，急忙致书徐继畬，提醒他应将《皇清一统舆地图》置于卷首，因为中国传统的"春秋之例"最严内外之词，严守"夷夏之防"，而且"执事以控驭华夷大臣而谈海外异闻，不妨以彼国信史，姑作共和存疑之论。进退抑扬之际，尤宜慎权语助，以示区别"。他特别以明代徐光启等人在此方面未加注意结果"负谤至今"为例，要徐继畬吸取教训。"负谤至今"的确可怕，徐继畬立即采取张穆的建议，将《皇清一统舆地图》放在卷首。同时，徐氏在"凡例"中谨小慎微地申明"此书专详域外"，于中国情况"不敢赘一词"，以避免中外对比。因为"对比"起码意味着可以"并列"，而这是中国是世界中心的"主流话语"断难容忍的。因此，在介绍亚洲不得不提及中国时，便不得不将中国说成是"壤尽膏腴，秀淑之气，精微之产，毕萃于斯。故自剖判以来，为伦物之宗祖，而万方仰之如辰极"的中央之国。尽管他已知道中国实际位于何处，但仍不得不说中国居于"万方仰之如辰极"的地位。的确，诸如"天朝上国"、"世界之中"这类根深蒂固的社会性观念，并非理性、知识等可轻而易举打破的，面对这种巨大的力量，徐继畬也不得不屈从。

而且，《瀛寰志略》并不是一部单纯的地理学著作，它以更多的篇幅介绍了各国的风土人情、宗教社会、政治制度、历史沿革等。从这些介绍的重点和评论中，可以看出徐氏的苦心所在，即中国的安危与富强，向对鸦片战争的意义仍毫无觉察、仍沉迷于"天朝上国"幻觉中的朝野人士呼吁，这实际是"古今一大变局"，中国当前的处境不仅不是什么处于世界之中，而是"求隔绝而不能"，面临"天下从此多事矣"的局面。

在对亚洲、非洲的许多国家的介绍中，徐继畬强调的是其亡国原因和反抗精神。他对文明古国印度沦为英国殖民地的过程作了较为详细的记述，并发出"哀哉"的感叹，意在提醒国人以印度的沦亡为前车之鉴。他尤其提醒人们注意西藏南界、滇省西界及粤东的安全。对南洋小国苏禄人的英勇反抗，他称赞道："当西班牙、荷兰虎视南洋,诸番国咸遭吞噬。苏禄以拳石小岛,奋力抗拒,数百年来,安然自保,殆番族之能自强哉!"对以前是中国藩属的"南洋"诸国被西方殖民后给中国的安全造成的威胁他忧心忡忡,格外关注,认为这是"古今一大变局",中国"求隔绝而不能","中土之多事,亦遂萌芽于此","天下从此多事矣"!

然而,徐继畬更加关心的是欧美等国是如何强盛的。所以他对欧美诸国作了更加详细的介绍。他认为欧洲"其人性情缜密,善于运思,长于制器……火器创自中国,彼土仿而为之,益加精妙……越七万里而通于中国,非偶然也"。正是这"非偶然"使他对鸦片战争的意义、对当时的世界大势、对西方强盛的原因等诸多方面的认识远远高于当时的其他人。所以,他要探究这"非偶然",也就是西方强盛根本、必然的因素到底是什么。

这种探索使他初步意识到在华夏文明之外还有别种与之相当的文明,所以他对伊斯兰教、佛教和基督教都作了公允的介绍评价。在谈到西方文化源头之一的基督教时,他这样写道:"摩西十诫,虽浅近而尚无怪说。耶稣著神异之迹,而其劝人为善,亦不外摩西大旨。周孔之外无由宣之重译,彼土聪明特达之人,起而训俗劝善,其用意亦无恶于天下。"以徐继畬当时的身份,对"周孔之外"的文明能如此公开称赞,确属"骇人之论"。可以说,徐继畬此时已隐约触及到文化比较的价值层面,而中国社会是在此大半个世纪之后,历经器物——制度层面的接触比较之后,才触及到文化的价值问题。对欧洲文明的另一个源头希腊文明、尤其是雅典政治,他也作了详细介绍,并得出因此"势益富强"的结论。在对古罗马的介绍中,他也强调废除国王之后"选贤者二人,居高爵,立公会以治事。高爵每年一易,由是国无王而势益强盛。"明确说出"国无王而势益强盛",当时确是石破天惊之论,这本身亦透露出重要的历史信息——新的时代已经来临。

一 帝国晚钟

4. "中国"在哪儿？（下）

雷 颐

在对欧洲 16 个主要国家和美国的介绍中，徐继畬认识到这些国家富强的主要原因在于"以商为本"，同时，他对闻所未闻的民主政治也抱有浓厚兴趣，因此在这两方面作了大量的评价。应该说，这表现出了徐氏的远见卓识，他的确抓住了事物的本质，更抓住了近代中国的时代课题。

在经济与国家强盛的关系方面他写道："欧罗巴诸国，皆善权子母，以商贾为本计。关有税而田无赋，航海贸迁，不辞险远，四海之内，遍设埔头，固因其善于操舟，亦因其国计全在于此，不得不尽心力而为之也。"同时，他多次指出英、荷等国侵略它国的动机是为了牟利："逆夷以商贩为生，以利为命，并无攻城掠地割据疆土之意，所欲得者，中国著名之码头，以便售卖其货物耳。"以此为框架，他对欧洲许多国家的富强之因一一评述，极力推崇"以商立国"。在长期以农为"本"、以"商"为末的中国，这是极具启发意义的，确是几十年后郑观应等人疾呼"商战"的先声。

作为一名政府要员，他对各国政治自然极为关注，难能可贵的是他能超越政治、文化和个人身份的限制、偏见，对民主制度情有独钟。在介绍英国政治时他介绍了议会制度，将国会译为"公会所"，上院译为"爵房"，下院译为"乡绅房"："英国之制……都城设有公会所。内分两所，一曰爵房，一曰乡绅房。爵房者，有爵位贵人及耶稣教士处之；乡绅房者，由庶民推择有才识学术者处之。

国有大事，王谕相，相告爵房，聚众公议，参以条例，决其可否。复转告乡绅房，乡绅酌核，上之爵房。爵房酌之，可行则上之相而闻于王，否则报罢……大抵刑赏、征伐、条例诸事，有爵者主议；增减课税、筹办帑饷，则全由乡绅主议。此制欧罗巴诸国皆从同，不独英吉利也。"在当时，对英国的国会制度，上院和下院的功能作如此准确的介绍，实属不易。在介绍荷兰的情况时，尤其强调其"税饷颇重，听绅士筹办，王不得专"。他还热情地将瑞士比作中国传统中理想的"桃花源"，该国"推立乡官理事，不立王侯"，"国无苛政，风俗简朴淳良，数百年不见兵革"，为"西土之桃花源"。将现实中"化外"西方一蕞尔小国比作中国"三代"中"圣人之治"的理想国，在当时也是"冒天下之大不韪"的言论。

在风土人情的介绍中，他对伦敦、巴黎等现代化大都市的繁华胜景都有生动的描绘，特别是对图书馆、大学等公共文教设施的介绍，更使人闻所未闻。他以客观的态度介绍了英国的婚姻自主、一夫一妻制。在男女授受不亲、"父母之命、媒妁之言"、一夫多妻制视为天经地义，自由恋爱、婚姻自主被视为伤风败俗的当时，他的这种"客观"而不带批评、谴责性的介绍，本身就被视为伤风败俗。同样，他还以这种客观的态度介绍了英国晋见国王的礼仪："英国宾主相见，以脱帽为恭，各伸右手相握为礼。除跪拜天帝救世主外，见君主亦无叩头之礼。"

当然，他对西方在非洲的殖民统治，尤其是黑人被贩为奴的惨境深为同情；对西方本是"同宗"的新、旧教间宗教战争的频繁和惨烈亦深表不以为然。

徐继畬最为倾慕的，还是一开始就没有皇帝、国王的美国的民主制度。在这部书中，对美国的介绍所占篇幅最大（当时美国建国不到百年，并非最强大的国家），对美国当时的26个州都逐一作了介绍。特别是对其政治体制，徐氏情有独钟，似乎是他理想中的模式："米利坚政最简易，榷税亦轻。""统领虽总财赋，而俸万圆之外，不得私用分毫。"对美国的议会制、总统制，他更是赞口不绝。他之所以如此推崇华盛顿，是因为华盛顿在举兵起义、使美国获得独立后却"谢兵柄归田，众不肯舍，坚推为国主"，但华盛顿坚持"得国而传子孙，是私也"，

一 帝国晚钟

"宜择有德者为之",因此奠定了美国的总统制。而且,正是这种总统选举制使美国开国不久就迅速强大,这种制度使"各部同心,号令齐一,故诸大国与之辑睦,无敢凌侮之者"。当然,他在相当程度上仍是通过儒学的眼光来看待这些的,如认为美国的民兵制"与古人寓兵于农之法暗合焉",而华盛顿更是"提三尺剑,开疆万里,乃不僭位号,不传子孙,而创为推举之法,几于天下为公,骎骎乎三代之遗意"。"不僭位号,不传子孙","推举之法,几于天下为公",虽未明言,但无疑是针对中国皇帝"万世相传"、以"天下"为一姓之家产而写。在他的理解中,正是华盛顿、是美国的民主制才秉承了中国传统儒家理想社会中的尧、舜、禹这"三代"的遗志!

这本书一经印行,即受到猛烈抨击,有人还上章弹劾,要求将此书毁版。有人攻击此书是"张外夷之气焰,损中国之威灵";"其轻信夷书,动辄铺张扬厉",特别是"于华盛顿赞其以三尺剑取国而不私有,直为环宇第一流人。于英吉利尤称其雄富强大,谓其版宇直接前后藏。似一意为泰西声势者,轻重失伦,尤伤国体。况以封疆重臣,著书宣示,为域外观,何不检至是耶"!甚至以"经世"著称的曾国藩当时也指责此书"颇张大英夷"。甚至有人将书中论日耳曼联邦有"西方王气,方兴未艾"之语的"西方"这个限制词去掉,这样便可诬陷他说日耳曼是包括中国在内的世界范围内有"王气";中国要以日耳曼为王,真是罪大恶极!由此,也可见国人"打小报告"的手段之精巧。

与魏源的《海国图志》一样,此书在国内被批判抵制,在日本却大受欢迎,被多次翻刻,对日本的明治维新起了启蒙作用。直到19世纪60年代中期、此书出版二十年后,形势大变,此书才重新为国人重视,总理衙门重刊此书作为同文馆教材,此后被不断刻印。首任驻外大使郭嵩焘到英国伦敦后,发现自己原来认为此书对伦敦繁华的描写肯定言过其实,现在才知道果真如此,并感叹徐氏从未到过西方,但"所言乃确实如是,且早吾辈二十余年,非深识远谋加人一等者乎?"王韬、康有为都不止一次谈到《瀛寰志略》对自己了解世界、研究"西学"的巨大思想启蒙作用。梁启超直言自己是 17 岁时入京会试归途中在上海购得此书后，"始知有五大洲各国"，他将此书列为重要的必读"西学"书籍。他后来写道："中国士大夫稍有世界地理知识，实自此始。"此书介绍的西方或曰现代地理知识"颠覆"了中国传统中国位于"世界之中"的地理知识，改变了中国人的"世界观"。如果按照当代某些"后现代"、"后殖民"论者的观点，这是典型的"西方话语霸权"、用"西方知识改变本土知识"、在"西方知识之后的一套殖民话语"。然而，果真能将其拒之门外、仍用中国传统的"皇清一统舆地图"吗？然而，抗日战争期间在某些战斗中，却发生过中国军队只能用清朝地图，而被早有准备、使用精确现代地图的日本军队打败的事情。若一定要用中国传统地图，别的不说，我们还能有飞机、火箭、卫星吗？

总之，这部启蒙之书在中国的曲折命运，也即启蒙在中国的曲折命运。

一 帝国晚钟

5. 圆明园浩劫始末

马 勇

在北京西北角，有一组著名皇家园林圆明园。圆明园与附近相连的长春园、绮春园（又称万春园）组成"圆明三园"，占地五千亩。规模庞大，气势辉煌，融合了东西方各式园林风格，被中外园林学家一致判定为世界园林艺术巅峰之作，是中国古典园林平地造园、堆山理水的典范，为"万园之园"。

然而遗憾的是，这个园林已不复存在。人们对圆明园的记忆，主要来源于历史文献。

圆明园毁于1860年那场战争，毁于英法联军，这是历史事实。只是细节、缘由，可能远超出人们的想象。

1860年10月6日，英法联军兵临城下，要求清政府立即无条件释放巴夏礼等被囚外国人。中方拒绝，僧格林沁、瑞麟指挥清军在德胜门、安定门外与联军交战，不敌，退至彰仪门、右安门一带。联军随即由黄寺、黑寺直趋西北，进占圆明园。

圆明园为清廷夏宫，在此之前并不被一般中国老百姓知晓。圆明园藏有无数稀世珍宝，有中国古典文明精华，有通过各种方式收藏的西方文物，令人眼花缭乱，叹为观止。

无数珍藏让联军官兵垂涎欲滴，而刚占领的混乱也让一些贪心的官兵有了顺手牵羊的机会。联军在圆明园毫无忌惮大肆抢掠。这只是联军先遣部队，圆明更大的灾难还在后头。

两天后，10月8日，联军再扰圆明园。作为东方艺术结晶的圆明园已面目全非，无数珍宝不见踪影，昔日豪华只剩下残垣断壁。

圆明园劫难伴随着清军与联军的争夺。当中方还没有同意联军进入北京城时，联军将领一再要求恭亲王交出安定门或德胜门。恭亲王当然不会轻易就范，于是在北京城外的圆明园一再成为联军囊中之物，随意伸手。

10月9日，原本晴朗的北京刹那间骤然变脸，下起了大雨，寒冷的东北风卷地而来。英军司令格兰特来到法军司令拿皮耳将军住处，谈话间拿皮耳将军告诉格兰特，他的副官从圆明园带走了一大块黄金。拿皮耳想将黄金分给他的部下，问格兰特是否反对。

为了表示对别的部队公平起见，格兰特觉得他无法同意拿皮耳的请求，他决定发布一道命令，请官兵将从圆明园拿来的所有财宝一律交出来，随后平均分配。

许多英国官兵看到法国人对圆明园财宝进行抢劫，认为自己拿点也没有什么妨碍。现在命令下去了，官兵们把财宝拿回来了，这让格兰特很高兴，使他情不自禁为官兵的宽广胸怀、高尚行为感到骄傲，于是格兰特决定甘冒不韪，承担责任，当即把战利品分发给英国官兵。

遵照格兰特的安排，英国官兵将那些战利品先在德胜门外英军驻地进行拍卖，把拍卖所得和法国人交给他们的合在一起，然后成立战利品委员会，负责分发。所得三分之二归士兵，三分之一归将领。

格兰特后来承认，严格意义上讲，他并没有权利这样做，但考虑到法国人在这个问题上的宽松政策，格兰特只好尽最大力量制止官兵肆意抢劫。

巴夏礼目睹了全程，他有一个观察，认为法军纪律太坏。当军队进入圆明园后很快抢完了、毁坏了几乎所有值钱的东西，法国人甚至对皇帝私人寓所放火。后来大多数运到英格兰的文物，都是英国人从法国士兵手中买来的。英国军事当局不允许他们的官兵进行抢掠，尽管也发生极少数这样的行为，但就本意来说，

一 帝国晚钟

英国人确实没有趁火打劫的意思。

对于圆明园惨剧，恭亲王向英法公使表示强烈抗议。为避免更大灾难，恭亲王同意将安定门交给联军。咸丰帝也对圆明园洗劫极端痛心，10月12日，下令革僧格林沁、瑞麟爵职，理由是他们在联军焚烧抢劫圆明园时没有及时前往救护。

联军在圆明园的抢劫，在一定程度上看应该是其军事行动的一个组成部分，是一种威慑力。在这种压力下，中方13日中午将安定门向联军开放。联军将领、外交官认为这是一个巨大收获，以为对抗大致可以结束。然而恰恰在这个时候，中方向联军移交先前被囚禁的那些外国人，发现短短几十天，竟然有十多人命归黄泉了。

据巴夏礼当时写给他妻子的信，联军获知被囚同胞悲惨遭遇引起普遍性恐慌，死难同胞所受到非人待遇无法用言语描述，令人发指：

> 手脚被捆绑着，在空旷的庭院里暴晒了三天三夜，只有少量的食物和水，却受尽拳打脚踢，绳子在他们身上勒出了血印。

悲惨的描述、不堪目睹的惨状，引发联军官兵复仇的联想。联军将领，还有两国外交官，不得不设法采取重大行动，以惩罚中国皇帝、政府，更是为了平息官兵愤怒。

处罚是必然要发生的，只是怎样进行，联军将领、外交官，还有争议。有人提议让中国支付巨额赔偿，其他人则提出焚烧北京城，或者火烧紫禁城。

英国公使额尔金经过审慎考虑，决定火烧圆明园，其理由，据巴夏礼10月27日家信，英国人是这样认识的：

> 我想额尔金勋爵的决定是正确的。圆明园是皇帝的夏宫，离北京城只有五英里，皇帝和他的朝廷有三分之二的时间都在这里度过，这里也

是我们可怜的国人最初受到拷问和虐待的地方。联军已将这些地方收入囊中，虽然有人说这样的复仇行为是不高尚的，但是看来除了毁坏城市里的宫殿，我们没有其他的选择。既然圆明园是我们的同胞受难的地方，我认为毁掉它是非常合适的。把整座北京城烧掉太过残忍，毕竟这城里的人民有很多是无辜的，他们并没有伤害我们。在圆明园，我们针对的只是朝廷。它对中国人而言就像是我们的白金汉宫。如果我们只是要求赔偿金，那无异于用国民的鲜血来换钱。圆明园注定要灭亡。

烧掉了圆明园，确实可惜，但面对愤怒的英国人，面对死而不能复生的那些英国、法国被囚禁的人，还能有什么办法呢？只是巴夏礼不太清楚中国的社会结构与英国并不一样，圆明园与白金汉宫依然有差别。白金汉宫或许是英国皇室的私产，而圆明园实际上是中国人民的血汗，与将要让中国人支付的赔偿金一样，最终都必须由人民买单。

基于这样的思路，额尔金、葛罗于10月17日向恭亲王提交了一份照会，以为两国原本被中国方面囚禁的共26人，今被送还的仅13人，其余13人处死"甚凶"，因此，为抵偿，英法两国决定将圆明园中未经毁坏的殿宇，全行拆毁。

中国方面意识到了理亏，所以北京留守大臣面请俄国公使伊格纳切夫出面调停。伊格纳切夫表示同意，但要求恭亲王正式照会，要求中方向他介绍与英法两国交涉的内情。当然，伊格纳切夫不忘趁火打劫，要求中方必须同意他前此提出的领土要求。

还没有等到俄国公使出面调停，数千名英国骑兵于10月18日奉命到圆明园放火。大火三日不熄，圆明园以及位于万寿山、玉泉山、香山三山的清漪园、静明园、静宜园三园等处的宫殿、文物，全部化为灰烬。

一 帝国晚钟

6. 我们今天应该怎样理解《北京条约》

马 勇

由于英法联军不愿顾及中方感受执意焚毁圆明园，负责交涉的恭亲王极端愤怒，差点拂袖而去，离开北京，终止交涉。

对于恭亲王的想法，俄国公使伊格纳切夫耐心劝阻。他告诉中方：英法就是逼着中国接受《天津条约》，就是公使进驻北京。假如恭亲王不谈了，交涉终止，战争不会结束，中国必须承担更大损失。丢掉和谈机会，对中国绝对不是一件好事。

俄国公使的说辞深刻影响了清政府。1860年10月15日，咸丰帝下达几道命令：任命胜保为钦差大臣，总统各省来京援军，做更坏打算；令恭亲王尽快派恒祺前往英法营地，弄清情况，假如两国仍遵前约，即可画押换约。如英法节外生枝，再事要求，那就让胜保厚集兵力，放开手脚大打一场。

根据咸丰帝指示，恭亲王适度变通，在与英法公使额尔金、葛罗直接交涉同时，商请俄国公使伊格纳切夫居间调停。

伊格纳切夫接受了中方邀请，迅即从通州赶往安定门外，与英国公使额尔金、法国公使葛罗举行会晤。伊格纳切夫劝说两国应设法与中国讲和，并表示愿意提供帮助。为此，伊格纳切夫参与了两国公使致清政府最后通牒的起草。

英法两国公使准备画押换约的消息通过各种渠道传到了朝廷，咸丰帝10月17日明白指示恭亲王及留守北京的王公大臣积极行动，准备画押换约。咸丰帝对于联军占领北京毫无心理准备，他觉得英法此举羞辱了中国，是奇耻大辱，因而他的指导思想，就是想尽一切办法让联军尽早撤兵。所以，咸丰帝利用一切机会、理由要求恭亲王抓住机会，从速进城，画押换约，让那些令人讨厌的英法人离开北京，以定人心。

有了咸丰帝的指示，又有俄国公使居间说合，恭亲王与额尔金、葛罗两公使通过外交照会就善后逐项问题进行了讨论，中方同意按照两国要求抚恤在这场战争中"被难"和"受刑伤"的人；同意两国提出的其他要求。中方惟一要求是联军必须尽快离开北京。

恭亲王和中方的态度让英法两国公使和军事当局心满意足，渐渐地，他们也认为应该与中方尽快达成相关安排，让联军早点离开北京，尽快恢复北京的平静，不要让中方对英法过分反感，毕竟画押换约后还要打交道。

中方与英法两国外交官的技术谈判紧锣密鼓进行，只有极个别问题尚未解决。10月21日，恭亲王致函额尔金、葛罗，请其预定画押换约时间。

对于恭亲王的姿态，额尔金、葛罗相当满意。22、23日两天，中国代表恒祺、崇厚等与英法两国代表就续增条约密集协商。英方提出增加三条：一、广东九龙司地方并归英属香港界内；二、续增条约请明降谕旨颁布；三、中国人赴英无庸禁阻。法方提出增加两条：一、照道光26年谕旨，准军民学习天主教，给还各省教堂、学堂、茔坟、田产、房产；二、准华民出口。

对于这些新要求，恭亲王全部照准，没有丝毫犹豫。这在一定程度上推动了谈判进程。英法两国公使对此似乎很不好意思，同意用最快速度与中国签约。

一切都布置完成了，签约仪式即将进行。就在这个时候，英军司令格兰特接到法国罗马天主教传教士马埃的报告，说他从许多可靠的中国教徒那里听到，在额尔金和英国军队将要经过的地方安放了地雷，而架在城墙上的大炮已对准选定签约的大楼。马埃还说，中国有大批军队驻扎在城西。

从今天的观点看，马埃说的这些情况只是传言，清政府并没有准备在最后时刻反悔，更没有准备其他行动。但格兰特从自己的职责考虑，以为这些传言有一

一 帝国晚钟

定可靠性,于是派遣普罗宾少校带着两个非正规骑兵团去侦察。很快,英国人看到了用壕沟围住的营地,边上还有步兵拿着火绳枪巡逻。根据格兰特的说法,普罗宾已掌握了必要情况,如果此时双方冲突不会带来任何好处,于是很明智地决定撤回,通知格兰特做好一切必要准备以防不测。

突如其来的情报打乱了签约安排,原定于10月24日早上的中英《北京条约》签约仪式只能推迟。格兰特派拿皮耳率第二师占据了通往礼部的主要街道。此外,格兰特还在安定门部署了一个野战炮连,以应付各种可能出现的情况。

在作了这些准备后,英国公使额尔金在格兰特和参谋部人员陪同下向北京出发,两支军乐队作前导,四百名步兵和一百名骑兵浩浩荡荡列队前进。额尔金乘坐一台装饰华丽的轿子,格兰特跟在身边,前往三英里外的礼部。

根据格兰特的描述,北京的大道宽阔漂亮,但路面状况非常糟糕,大街中央的路面稍高,坑坑洼洼,两边是小径。坑洼和积水使人难以通行。道路两旁挤满了男女老少,但都没有表现出丝毫的敌意。

额尔金一行花了大约一个小时来到礼部大门,穿过院子,走在修铺好的路上,在门口碰到了正在那里迎候的恭亲王。恭亲王身后簇拥着约五百名官员,有些穿着王公的丝绸礼服。

恭亲王走上前来双手抱拳,行中国礼,但额尔金却只高傲而轻蔑地看了恭亲王一眼,微微欠身,以示回礼。恭亲王对额尔金的无礼并没有计较,而是以绅士风度继续进行预备中的议程。

陪同恭亲王的是恒祺。恒祺是此次交涉的中方特使,外表看上去苍老柔弱,但显然是一位非常聪明、头脑清楚而又有良好教养的人物。

中英双方代表被安排在左右两边最体面的椅子上坐下,条约就放在钦差特使面前。在谈了几个问题后,恭亲王批准了先前签订的《天津条约》。

在签约过程中,不知疲倦的英国摄影师贝·阿托急于要拍摄一张签约仪式的照片,他将照相设备放在门口,把镜头对准忧郁的恭亲王。恭亲王抬头一看大惊失色，面如死灰，他看看额尔金，又看看格兰特，似乎在猜贝·阿托手中的这个大家伙会不会把他的脑袋炸掉。那架相机看起来确实像一种迫击炮，贝·阿托扛着这架相机确实像准备开炮。

人们急忙向恭亲王解释贝·阿托并无恶意，他只是为了给王爷拍张照片。这时，恭亲王才慢慢缓缓过神来。

签字仪式很快就结束了，中方准备了茶点，但额尔金拒绝了邀请，鞠躬行礼后迅即退出。

中英《北京条约》共九款，主要内容为：一、增开天津为通商口岸；二、割九龙半岛南端的九龙司（即尖沙咀）给英国；三、准允华人赴英做工；四、赔偿英国兵费八百万两。

中英达成协议的第二天，10月25日，法国公使葛罗进入北京城，入住贤良寺，与恭亲王在礼部将中法《北京条约》画押，并互换了两年前的《天津条约》。

中法《北京条约》共十款，主要内容为：一、允法籍教士在中国自由传教，赔还以前所没收的天主教堂、学堂、茔坟、田产、房廊，并任法国传教士在各省租买田土，建造自便；二、准允华人赴法做工；三、增开天津口岸；四、赔偿法国兵费八百万两。

一 帝国晚钟

7. "国进民退"引爆辛亥革命

雷 颐

甲午战争前,清政府一直严厉禁止私人创办新式企业,李鸿章采取"官督商办"的变通形式,使私人得以参与新式工商业的创办与经营。这是中国现代"民营"的起点,但毕竟又头戴一顶"政府"之帽,埋下了以后"产权不清"的隐患。

甲午战争中国惨败,引起了中国社会的巨大震动,一些有识之士认为应像日本那样发展民族私营企业才是强国的根本;同时由于清政府与日本签订了丧权辱国的《马关条约》,允许外国可在华设厂投资,于是不便继续禁民间设厂;再加上清政府此时财政极为困难,无力"官办"新式企业,清政府在危机面前不能不公开改变以前禁止民间办新式企业的政策,颁布了"饬令招商,多设织布、纺绸等局,广为制造"的电旨。而1895年8月,光绪皇帝颁布诏书,敕令官办企业"从速变计,招商承办",更开启了清末官办企业私有化之端绪。这些使中国民族资本主义较前开始有了较快条件的发展,中国出现了一个民间兴办新式工业的小浪潮。

清政府虽然此时制定了种种政策、法规,成立有关机构以奖励、发展私营工商业,使私人企业这一阶段相对发展较快,但其内部其实一直又有股强大的力量反对私营企业。因此清廷这时的经济政策是对纺纱、碾米、造酒等等这类于"国计"影响不大的行业放开民营,而对航运、电报、铁路这类于"国计"有重大关系、原本"官督商办"企业则一直摇摆不定。因为官督商办是1872年李鸿章为了突破官无资金、不会经商，而有资金、有经商才干的商人没有合法办近代企业之权的困境，"遇到红灯绕道走"想出的一个变通办法，简单说就是由政府出面，商人出资办近代企业，"官为维持"，"商为承办"，即官府督办，商人自筹股资，并且具体经营。用今天人们熟悉的语言来说，就是"戴红帽子"。这种企业一个天生的缺陷就是产权不明，对这类企业，清政府内部一直就有两种不同观点：一种观点认为这是国有企业，官家自可任意处置，因为本来就是以政府之名而设，而且在经营过程中得到政府的多种优惠待遇，甚至享有某种垄断权。更重要的是，他们认为私人资本强大之后，将削弱统治者的统治力量。另一种观点则认为私人资本强大反会使国家富强，朝廷统治基础更加巩固，而且这些企业是商家出资经营，理应为商家所有，国家不应收回，如果收回，应给商人合理的补偿价格。两种政治力量斗来斗去，一时这派占优势一时那派占上风，直到甲午战后同意发展私营企业但对"官督商办"企业的"性质"仍无定论，结果必然是清政府在重大经济政策上的大幅度摇摆，最终成为清王朝垮台的导火线！

两种力量的激烈较量与斗争，集中表现在"轮电之争"和"铁路之争"。

"轮电"之争

"轮电"之争中的"轮"，是指"轮船招商局"。1872年创办的"官督商办"轮船招商局大获成功，在此鼓舞下，洋务派又兴办了一批官督商办企业，有些官办企业后来也改为官督商办。但清政府内反对官督商办的顽固派依然十分强大，一直想将这些企业完全收归国有。1877年山西道御使董儁翰奏请"轮船招商局关系紧要，急需整顿"，提出要收归国有，由南北洋大臣统辖。招商局成立以来，参劾招商局的奏本便一直不断，此奏一出，更得到许多官员响应，纷纷要求收归官办，起码要加强政府的监督控制。面对这汹汹群情，李鸿章立即坚决反驳，他提出办招商局是"为收回中国利权起见"，"商局关系国课最重"，如果任意干扰，"殊

一 帝国晚钟

于中国商务大局有碍"。在首先强调招商局对国家富强的意义之后,他接着辩解说招商局全是商股,创办时就奏明"盈亏全归商认,与官无涉。诚以商务由商任之,不能由官任之也。轮船商务,牵涉洋务,更不便由官任之也。"由于李鸿章的坚决反对,此次收归国有之议才不了了之。

1880年国子监祭酒王先谦又上奏弹劾招商局,认为企业"归商不归官,局务漫无钤制,流弊不可胜穷",再次提出要收归官办。这一次次弹劾,引起的呼应比上次要强烈得多。李鸿章知道最为反对者忌恨、最为朝廷所担心的是这类企业对统治者的政权所起的作用究竟是巩固还是削弱,所以他首先详细列举几年来该局的成就,证明正是招商局使洋人在长江水运所得之利大为减少,因此强调"其利固散之于中华,关于国体商务者甚大",当然使统治者的政权更为巩固。有趣的是,李鸿章在此折中用得利的是"中华"而不用"华商",说明他深知朝廷对"华商"等私人获取巨额利益仍心存警戒,所以刻意回避"华商"这种容易联想到私人的词汇。在激烈争论中回避朝廷敏感的字眼儿,当然更容易赢得朝廷的支持,而且华商得利确也可说是"中华"得利。一词之选,煞费苦心,反映了李鸿章写奏折的老练。然后,李鸿章才从有关章程、规定说明政府应遵守早先订立的章程,如果"朝令暮改,则凡事牵掣,商情涣散,已成之局,终致决裂,洋人必窃笑于后,益肆其垄断居奇之计。是现成生意,且将为外人所得,更无暇计及东西洋矣!"值得注意的是,他强调政府遵守章程必要性的立论基础主要不是政府也必须遵守条约的"契约论",而是一旦违约、生意受损的后果将是洋人垄断得利这种"民族主义"话语。因为他很明白,朝廷根本不会将政府与私人所订之约放在眼里,不会将此作为一个决策的参考因素,只有这种与朝廷根本利益有关的"民族主义"话语才是打动、说服朝廷的最有力的理由。所以,他强调一定要坚持"商为承办,官为维持",如果开始垫有官款,则"缴清公款"后"商本盈亏与官无涉"。当然,他又一再表明"并非一缴公帑,官即不复过问",而是强调官仍要尽督管之责。其实,这类企业的问题就在于政府从未放弃管制,干预太多,只是顽固派要求国家所有制应纯而又纯、容不得丝毫私人因素才会认为"商"的权力过大。李鸿章的观点,得到权力越来越大的"总理衙门"的支持，轮船招商局仍维持官督商办，而未被收归官办或官商合办。

十几年后，即甲午战后的1896年，李鸿章因甲午大败为万民所指、被清廷投闲散置，大权尽失。这时，御史王鹏运认为时机来临，上奏请特派官员到招商局"驻局办事"，有些现在派"工作组"的意思，虽未明说，实际意图仍是收归官办。但"总理衙门"以"若无商局，则此利尽属洋商。是该局收回利权，实明效大验。"反驳了王鹏的建议，维持了官督商办原状。

所谓"电"，是指创办于1880年的"电报总局"。架设电线、成立相关机构对近代以来一直军情紧急的清政府本是重中之重，但与所有新事物在近代中国的命运一样，因顽固派认为这些是西方的奇技淫巧不能学而迟迟未有进展。李鸿章于1879年在自己的辖区内试架短短一线，后又于第二年藉沙俄准备侵略新疆伊犁以"电报实为防务必需之物"上奏请敷设电线。在这种情况下，清廷才批准架线设局。1880年10月，电报总局在天津成立，标志着中国近代电讯业的诞生。

官办电报局经营未久，便面临经费严重紧张问题。在李鸿章的支持、筹划下，电报总局于1882年春改为官督商办。改制后的电报总局，完全是商股商办。

或许因为轮船招商局创办在先，容易成为众矢之的，而成立稍后的电报总局命运则相对平稳，在1902年前未遇将其"收归国有"之议。

1902年秋，李鸿章病逝未及一年，新任直隶总督、北洋大臣的袁世凯开始设法要将轮船招商局和电报总局收归国有。袁以强硬著称，主张"强政府"，由政府兴办新式企业，所以想办"北洋"的官督商办企业都收归国有，增强政府、同时也增强自己的实力。此时，轮船招商局、电报总局的经营者盛宣怀父亲病故，袁世凯乘盛丁忧守制之机，夺去了盛宣怀的"督办"之职。

刚开始，清中央政府想派人将轮、电二局收归"央企"，以利中央财政，对此盛宣怀坚决反对，错误地想争取"实力派"袁世凯的支持。袁世凯当然也反对将此二局收归中央，但他的真实想法是一定要将其收归"北洋"，即"地方国企"。

一 帝国晚钟

盛宣怀是个复杂异常的人。他是李鸿章的心腹幕僚，精明超常，本身即是官员，对官、商两界都非常熟悉，深谙为官之道与经商门路。李鸿章、乃至后来张之洞创办企业，都对他十分倚重。他于1885年担任招商局督办，与前任相比，他主政时的"官督"大为加强，官的色彩较浓；但与那些要完全官办的人相比，他又是"商"的代表，坚决反对"官办"。这种亦官亦商的两面性，在他的官、商生涯中表现得非常明显。早在1894年2月初，他奉李鸿章之命接办官督商办的上海机器织布局时就担心企业办好后为官收回，向李建议道："股商远虑他日办好，恐为官夺，拟改为总厂，亦照公共章程，请署厂名，一律商办。"以前的企业都是"局"，"局"乃官方机构名称，"厂"则是企业名称。由"局"改"厂"，一字之易，却是大有讲究。李鸿章同意盛的方案，将其改为"华盛机器纺织总厂"。1901年，由于棉花价格猛涨，工厂亏本，盛宣怀串通两江总督刘坤一上奏称由于亏损严重，"自应准其另招新商顶替，改换厂名，再接再厉"。经清政府批准后，盛宣怀以原价买下自己股权占优、一手经营的企业，改名为"集成纺织公司"。上海机器织布局变为华盛机器纺织总厂再变为集成纺织公司，此厂终于从产权不明的"官督商办"经过逐步改制变成了产权明晰的盛氏"私产"。对他的这种改制是"合法"还是"非法"，是否"化公为私"或曰"侵吞国有资产"，一直争议不断。而吊诡的是这两种观点确实各有道理，正说明了在社会转型期造成了"制度灰色地带"，很难以简单的非黑即白来作判断。今天许多"戴红帽子"企业其实也是如此改制，盛氏百余年前的手法依然适用，历史何其相似乃尔！

由于早就担心这些"官督商办"企业可能被收归国有，盛宣怀在经营轮、电两局时就多次想设法将盈利及各项收入转为商股，以便万一将来政府按票面价值将轮、电二局购归国有时，包括他在内的股东利益不至损失太大。

然而，此时"商人思维"的盛宣怀面对的却是"强政府思维"的袁世凯，他根本无意按股票票面价值将官督商办企业收归国有。1903年1月中旬，袁世凯被清廷派为电务大臣接收电报局。袁世凯以政府资金紧张、无法全付商股为由，表示商人仍可"附股一半",而另一半商股则以大幅度煞价"购回"。此法一出,商情哗然,但毫无办法。但此时清政府因要支付巨额"庚子赔款"连超低价的"价购都付不起,在降旨袁世凯接收之时宣布:"该局改官办之后,其原有商股不愿领回者,均准照旧合股",对这种完全的"商股官办"朝廷还说是在维护即有体制之中"寓体恤商情之意"。无论盛宣怀及众商人多么不满,想出种种办法,都无法改变收归官办的命运。袁世凯的基本思路是:取之于商,用之于官。

接收完电报总局,袁世凯紧接着就强迫盛宣怀辞去招商局督办之职,派自己的亲信杨士琦担任该局总理。这样,袁世凯通过将电报局收归官办、轮船招商局由他派人督办,从而将这两个大型企业实际收归已有。

以前有李鸿章作靠山,盛宣怀做事一直顺风顺水,现在靠山已去,且面对的是"强势政府"袁世凯,自然毫无招架之力,顿时败下阵来。他当然不甘就此作罢,于是暗中准备,窥测时机,以图夺回企业。他本来就是亦官亦商,现在对"官"权之大的体会更深,于是在积极联络股东的同时又向大太监李莲英巨贿买官,终于在1908年3月授邮传部右侍郎。铁路、电报、航运和邮政都归邮传部管,盛氏顿时权力大增。有了权后,他首先联络电报总局的入股商人与政府交涉,要求退还收归官办的电报总局的商股。经过一番讨价还价,清政府最终按每股180元的价格将全部股票从股商手中买回,股商挽回部分损失。

就在这年11月,光绪、慈禧相继去世,政坛风云突变,袁世凯骤然失势,被贬归家,盛宣怀明白机会来临,于是开始努力夺回招商局。在被袁世凯收归官办的短短几年中,轮船招商局亏损严重,不仅未添几艘船只、未增加一处码头、栈房,反而不得不将上海浦东、天津塘沽、南京下关的码头卖掉。盛宣怀以挽救招商局为理由,于1909年8月在上海召开股东大会,会上"组织商办隶部章程","注册立案",并选盛宣怀为董事会主席。会议上报后,邮传部(盛宣怀任右侍郎)复电承认轮船招商局"本系完全商股",同意其设立董事会。招商局终于完全商办。

在"轮电之争"中,中央(清廷)、地方(袁世凯)和商人都尽力争取自己的利益,在"产权不明"的混沌状态下,自然是谁的力量大,权益就归谁所得。

一 帝国晚钟

铁路之争

铁路最开始引入时受阻力最大,但铁路的巨大利益终于显示出来,成为各方争夺的对象,因此铁路的"国有"与"民营"之争渐渐成为斗争的焦点。

修路耗资巨大,财政极为紧张的清政府根本无此力量,所以又不得不招商股,而更多靠举借外债。1905年秋,湖北、湖南、广东三省民众集股从美商手中收回了粤汉铁路利权,朝廷也曾下令这三省由商民集股兴建铁路。而1904年在成都成立的官办的川汉铁路公司也于1907年改为商办。湖南、湖北主要是绅商集资,广东主要是华侨商人集资,而四川的股本来源主要靠"田亩加赋",靠"抽租之股"。抽租的办法一般是随粮征收,值百抽三,带有强制征收、集资的性质,贩夫走卒,都被迫参与。这样,全川民众无论贫富,都与汉川铁路有紧密的利益关系。

而清政府一方面允许民间自办铁路,另一方面又于1908年任命调入军机处的张之洞为粤汉铁路督办大臣,不久又命其兼督湖北境内的川汉铁路,实际又企图把铁路改为官控,遭到这几省民众反对,领导者恰恰是清政权的统治基础——地方绅士和富商。在地方强烈反对下,清廷于1909年末和1910年初又先后准许粤汉、川汉铁路民办,于是入股民众更多。然而仅仅一年,"立宪运动"已经风起云涌之际,清政府却又不顾广大民众的强烈反对,于1911年5月在新任邮传部尚书盛宣怀的主张下又悍然宣布"铁路干线国有"政策。几年之内,于国计民生大有干系的铁路政策竟如此反反复复,清政府真是"自寻短见"。

一石激起千层浪,不久前还同意铁路民营、允许民众大量入股,现在突然宣布"国有",广大股民认为这是政府有意设套圈钱,怒不可遏,轰轰烈烈的"保路运动"应声而起。使问题变得更加严重的是,财政极其困难的清政府根本无力给股民以合理(或者说让股民满意)补偿,而只能以折扣的方式,即以远远低于股民实际投资额的方式赎买股份。

清政府对湖南、湖北采取的倒是路股照本发还政策,由于绅商损失不大,所以最先兴起保路风潮的"两湖"却也最先平息。而广东路股,清政府只发还六成,不过由于广东股商主要为华侨,在备感愤怒之下一走了之,却也未有更大波澜。对四川路股,清政府采取的也是"低价"政策。由于入股的中下层民众最多,所以四川反抗"铁路国有"的风潮最为炽烈,"保路运动"风起云涌。正是清政府派兵镇压保路运动,引爆了武昌起义,最终成为埋葬清王朝的辛亥革命的导火索。

值得再次一提的是,当年极力维持商民利益的盛宣怀一旦就任邮传部尚书,观念即随地位的变化而变,成为"铁路国有"的主要策划者。因铁路属邮传部管,一旦铁路"国有",邮传部的"地盘"、实力将大大扩充。在"国有"的名义下,实际是为了他的个人利益,并不考虑在各种矛盾已经十分尖锐激烈的情况下,强行此项政策将危及整个王朝的利益甚至统治的根基。在清末"国有"与"民营"的斗争中,国家、政府的力量强如压卵之石,商民只能设法谋官才能维持自己的权利。而商一旦成了官,往往会如盛宣怀那样,反过来又以政府的力量为自己谋利。这样,官、商的界限便永难划清,腐败也将日甚一日。

最先起来保路的"两湖"之所以最先平息,因为清政府对"两湖"实行的是路股照本发还政策,这也说明"民营"并非刻意反对"官营"、反对政府收购,只是政府也应尊重契约、尊重市场规则、尊重"等价交换"。而清政府秉承中国"强政府"的政治传统,毫无契约意识,认为自己权力无限、强大无比,手操对民企的生杀大权,更可对其予取予夺。正是在这种观念主导下,才可能做出以低价"收买"四川民营铁路股权的错误决定。它以为自己"低价收买"降低了成本,其实是付出了巨额代价,即以政府信用为代价,代价之高,难以想象,最终付出整个王朝作为代价。

导致清王朝灭亡的因素当然很多,从经济层面上说,先是为民营经济发展设置重重障碍,而后虽允许民营经济发展、但政策却又极不稳定经常大幅度摇摆,不能不说是重要原因之一。经常的大幅度摇摆,根本原因是清政府面对社会转型、面对从农业经济向近代工商经济转向这种深刻的结构性变化、面对新崛起的近代工商阶层完全不知所措,因此制定不出一个基本稳定的经济政策,更谈不上基本

一 帝国晚钟

稳定的制度建设。由于没有稳定的政策和制度，结果必然是"人治"。而政坛风云向来变幻莫测，今天赞成商办的官员得势，政策自然是"商办"导向；明天力主国有的官员上台，政策立即转向"国有"。

经济政策和制度是最重要、最基本的社会政策和制度，能否制定出大致稳定的经济政策和制度，是统治者执政是否成熟的基本标准。没有大致稳定的经济政策和制度，人民不会安居乐业，社会没有安定和谐，统治者的政权基础自然也不可能巩固。清末的历史再次证明了这一点。

8. 近代中国"悲情叙事"的定型

马 勇

近代中国就是从传统走向现代，就是面对西方工业革命挑战，中国如何回应。中国错过了最初同步发展的好时机，直至十九世纪中叶打了两次鸦片战争，中国不得不踏上学习西方的路。这是中国数千年历史的大转折，是值得庆幸的事情，中国终于向世界开放，标志着中国的进步，中国的觉醒。这一点在晚清七十年，尽管知识界有检讨有反省，但并没有人从敌视的立场将1840年代以来的变化描绘成一片黑暗，一无是处。

但是到了晚清最后十年，尤其是到了民国，到了共产革命，人们的看法随着中国地位的改变在改变，一个充满悲情的历史建构悄然发生，直至共产革命即将胜利，胡绳发表《帝国主义与中国政治》，终于将这个悲情故事完全定型，此后的中国近代史研究，直至胡绳去世，其实都是在胡绳研究的基础上进行补充。

胡绳的《帝国主义与中国政治》1948年在香港生活书店首次出版。这本小册子貌不惊人，却是以宏大叙事手法比较全面深入地研讨1840年之后的中国政治，对于这段历史给予了非常个性化的解读。

1949年后，胡绳长期担负理论宣传责任，继续中国近代史研究。1950年代发表《中国近代史提纲》、《中国近代历史的分期问题》等，既具个性化又兼具主流意识形态特征。其实，追根溯源，胡绳的这些解释，都来源于《帝国主义与中国政治》。

一 帝国晚钟

《帝国主义与中国政治》不仅是胡绳的成名作,也是中国意识形态的重要基石之一。胡绳在这本书中所要说明的问题只有一个:

帝国主义怎样在中国寻找和制造他们的政治工具,他们从中国的反动统治者与中国人民中遇到了怎样不同的待遇,一切政治改良主义者对于帝国主义者的幻想曾怎样地损害了中国人民的革命事业等等。

据该书第七版序言,这本二十万字的作品在 1996 年之前的四十年间仅在人民出版社就先后印制过六版,并相继被译成英、俄、德、西班牙,以及日文出版,其影响力由此可见一斑。

在该书六版序言,胡绳描述了这本书的写作背景。他说,1947 年的中国,是中国政治大变动的前夜,共产党领导的战争已经进入一个伟大的转折时期。这就像毛泽东 1947 年 12 月在《目前形势和我们的任务》中所说的那样:"这是一个历史的转折点。这是蒋介石的二十年反革命统治由发展到消灭的转折点。这是一百多年以来帝国主义在中国的统治由发展到消灭的转折点。"胡绳《帝国主义与中国政治》,实际上是按照毛泽东这个提示,解释一百多年来帝国主义与中国的关系,是与现实政治紧密联系在一起的。这些研究,曾以论文形式交给上海左翼刊物发表。

作者在该书六版序言中指出,"与现实政治密切相关并不意味着不科学,不历史,并不妨碍作者严格地从历史真实出发来写自己的书。为了说明只有彻底地从帝国主义的统治和压迫下解放出来,只有彻底地打倒作为帝国主义的工具的中国反动阶级,中国才能有真正的国家的统一、人民的民主和民族经济的发展,为了警惕帝国主义会用这样那样的方法来破坏中国人民的革命,为了指出中国的民族独立只有依靠无产阶级的领导而不能依靠资产阶级的领导来实现,作者当然不需要在写作时丝毫离开历史事实的真相,恰恰相反,越是深入揭露历史事实中的本质的、规律性的东西,越是能说明问题。"这是作者的自信,也是那个时代中国马克思主义史学家最普遍的看法。

由于历史条件的制约，胡绳的这本书只写到1924年，而且由于作者当时还是一个非常年轻的学者，具有青年写作者的普遍弱点，掌握的资料也非常有限，时间也比较匆忙，因而疏漏以及论述不充分在所难免。评论界对这本书有褒有贬，在充分肯定其原创性的同时，也善意指出其主要缺点是对社会经济条件缺少必要分析，因而对于所要处理的主要问题，帝国主义各国对中国的统治和中国社会各阶级与外国帝国主义之间的关系，没有深入地从经济条件上给予说明，残留一些概念化分析。

胡绳认为，近代中国全部问题就是因为西方势力东来，而西方势力东来，主要因为产业革命。在他看来，英国人十八世纪之前在东方还是比较规矩，他们虽然所到之处对于过着落后经济生活的人民从事抢掠与残酷暴行，但对于远东这个具有悠久历史文化传统的大帝国还是心有畏忌，不敢太过放肆，只在可能范围内进行掠夺、欺诈性贸易。但到了十八世纪中叶之后，英国人的做法就不同了，新型工业资本家凭借巨大财富、实力向外拓展，好像他们此时随着技术手段改进，生产力提升，他们有着永远推销不完的产品，他们总想着让这个庞大帝国成为自己的市场。

英国需要中国这个庞大市场，中国就开放这个市场不就行了吗？开放市场，并不只是对英国有利，对中国产业换代、提升，也是一个非常重要的机会。清政府为什么没有这样做，为什么在英国使臣马戛尔尼访华时断然拒绝了呢？胡绳从两个方面解释了清政府的心态、决策困境：第一，清朝闭关锁国政策是对十六世纪以来欧洲海盗商人不法行为的一种合理答复；第二，清朝政府此时这样做，又是因为保卫自己政权的需要，因为中国历史上每一个王朝，"外患"往往与"内忧"同时出现。作为一个周边族群，满洲人趁着明王朝内乱入主中原，夺得政权，因此满洲人从自己的经验出发，更是深谋远虑地防御着来自远方不相识的势力，尤其是在满洲人统治不稳的时候，其防范也就势必加紧。

胡绳对清朝政府闭关锁国政策的分析是有意义的，确实是内外两个原因影响

一 帝国晚钟

了中国，使中国错过了"柔性"进入世界的机会。这是非常可惜的。

进入十九世纪，英国对华贸易仍占第一位，美国也在建国不久与中国建立贸易联系，而且发展很快，尽管与英国还有相当距离，但迅速超过法国和别的国家，一跃而居中国第二大贸易伙伴。庞大的中国市场对世界具有超强吸引力，当然各个国家之间也往往因为利害发生冲突，怎样平衡各国在华利益，端看势力最大的英国。

然而，中国此时无心无力处理这些问题。清朝在经历了康乾盛世之后进入了疲态，从农村开始的危机渐渐浮上台面，陷入困境的农民纷纷加入秘密结社，官僚统治的效率明显不如往昔，统治者的自信一落千丈。

1816年，英国在相隔二十三年之后再派阿美施德使团访华，他们期待接续1793年马戛尔尼使团与中国继续谈判，试图与中国建立近代国家关系。然而英国人的努力再次失败，清朝更因而下令不准以后再有外国使臣进入北京。这个结果今天看起来很奇怪，但在当年就是如此。

清政府的决断或许有自己的理由，"我的地盘我做主"。但在英国人以及西方各国却不这样认为，他们信奉贸易自由原则，不会轻易接受中国这样的闭关锁国。1834年，英国政府取消了东印度公司对华贸易独占权，派遣贸易代表前往广州，试图与中国建立官方贸易联系，但又被中国政府所拒绝。

中国政府对贸易的统制与限制，在英国资本家看来，便是他们开辟远东市场的惟一障碍。如果不能打破这个障碍，远东其他国家也会仿效。所以，胡绳认为，即便没有林则徐1839年严禁鸦片，战争依然会在别的借口下发生。胡绳的这个猜测是对的，中国与外国的僵持需要一场战争去打破。

胡绳指出，鸦片战争对于英国来说当然不具有正义性，清政府的抵抗合理合法，但胡绳对清政府不能利用人民的力量持久抵抗非常惋惜，对于清政府内部的动摇、妥协，很不以为然。这个说法显然与蒋廷黻等人看法明显不同，与范文澜的看法非常一致。当时的中国，究竟是否具有坚持到底的资本，而且从中国根本利益说，中国是否只有通过战争去解决中英之间的问题，都应该值得仔细研究。

战争的结果是签订了《南京条约》及其相关联的一个比较完整的条约体系。对于这个体系如何评价，一百多年来见仁见智众说纷纭。胡绳认为，这个体系表示着清政府在战争失败后自动作出一连串让步，资本主义各国对中国的帝国主义政策由此建立了稳固的基础。清政府内部负责外交事务的伊里布、耆英等，已渐渐失去过去自负不凡的骄态，此后所考虑的只是如何满足"洋人"的要求，而又不丧失自己的"面子"。胡绳的这个评价与蒋廷黻等人从现代化视角进行评估完全相反。在蒋廷黻看来，战后的妥协标志着中国开始在国际规则中进行游戏。

胡绳指责伊里布、耆英的妥协，主要是用这些"官"去反衬"民"的抵抗、不妥协；而强调人民的不妥协，又是为了论证"夷人"是"外国强盗"，"干了许多伤天害理的事"，而"肉食的官员实为之帮凶"。其实，这些问题的焦点，主要还是中国能否顺应时代，对外放开，让世界进入中国，让中国走向世界。

鸦片战争之后，中国原本可以利用五口通商的历史性机遇阔步走向世界，慢慢将一个农业文明转变成以农业文明为主，而又兼容工业文明、商业文明的"复式文明形态"。然而，清政府没有这样做。中国在浑浑噩噩中浪费了二十年。

就在这个时候，在鸦片战争结束不到十年的时候，太平天国起义爆发。英法美三国在与太平天国进行联络之后认为，为了他们自身利益，各国应该在太平天国与清政府之间选择中立，不介入不偏袒。对于帝国主义"中立"政策，胡绳评论道：外国人对中国内战保持中立自然是应该的。如果当时各国是在道义上同情太平天国，而在实际行动上则承认双方为对等的交战团体，力避干涉中国内战，应该说是一个比较公平的选择。

但胡绳并不完全这样认为。胡绳指出，我们必须进一步看出当时各国"中立政策"的实际意义，决定各国政策的出发点不是中国的政治进步，科学发达，而是他们的利益。他们之所以选择中立，只是为了要观察一下，看清究竟用什么方法利用这一复杂局势为自己取得更多的利益。

一 帝国晚钟

各国政策的出发点为自己谋取最大利益有什么错吗，只要各国没有利用别人的内乱损人利己，不是一个中国最应该期待的政策吗？

其实，胡绳所遗憾的不是各国的"中立"，而是他们为什么没有支持太平天国的"革命事业"？胡绳说："太平天国方面，对待外国侵略者，虽然还不能恰当地运用革命的外交政策，但天然抱着革命的人民的气节，并没有一点媚外的表示。外国人虽然希望太平天国能开放全国，全部容纳外国人的要求，但他们并没有从太平天国的领袖得到任何确实的保证。"这个表达显然高估了太平天国的觉悟，是作者的理想，而非太平天国领导人的决断。

胡绳指出，第二次鸦片战争的动因，决不是因为清政府以坚决态度对付外国侵略者的缘故。相反的，这只是因为清政府虽已愿意对外让步以求全力对内作战，但清政府所应许的让步还不够使外国侵略者满足，而只足以鼓励他们的欲求。同时，也决不是因为各国同情太平天国，所以才发兵威胁清政府。恰恰相反，这倒是因为各国已看出"革命的"太平天国未必能尽如其意，宁可还是同清政府打交道，其用兵正是为了使清政府更为驯服。

确实，胡绳将清政府、太平天国与外国势力三方作为一个有机整体进行分析是对的，但英法联军执意北上，可能与太平天国并没有太大关系。事实上，英法美三国在与太平天国进行联系的尝试失败后，三国已近乎彻底放弃了与太平天国联合的想法，更没有利用太平天国形成三角关系的企图。英法联军执意北上就是要让清政府兑现《天津条约》中扩大开放的承诺，就是要与中国构建真正意义的近代国家关系。第二次鸦片战争确实是一场可以避免的战争，这在战后签署的《北京条约》中有比较含蓄的表示。

在太平天国运动早期，胡绳抱怨帝国主义采取中立立场，他期望帝国主义能够帮助太平天国干掉清政府。这种想法可能与当时胡绳所属政治背景有关，但胡绳并没有将这种看法贯彻到底。当《北京条约》签署后，中外联合镇压太平天国时，胡绳竭力反对，抱怨帝国主义不该帮助清政府。胡绳的这些看法与"革命叙事"、"革命传统"有关，是那个特殊时代中国马克思主义史学家想当然地将太平天国看作"中国革命"的前驱。

其实，从历史主义的观点看，太平天国与"共产革命"风马牛不相及，洪秀全说到底不过是传统社会一个鲁莽的造反者，如果计谋超群，比较幸运，或许也能胜利，改朝换代，但无论如何与"共产革命"不可同日而语。至于各国帮助清政府平定太平天国之乱，如果从执政者、统治者立场看，名正言顺，光明正大，是任何一个政权都会采取的措施。

胡绳的研究极富启发，由此我们看到十九世纪以来的"悲情叙事"渐渐成型，这与此后的外交"一边倒"互为因果，相互催动。

二 甲午 / 辛丑

1. 威海之战：甲午战争的转折

马 勇

日本大本营的作战计划非常清晰，就是要寻找中国海军主力决战；而李鸿章的战略意图也非常清晰，就是尽量让北洋海军主力避开日本海军的锋芒，最大限度保存实力，无论如何也不要出海决战。李鸿章心里清楚得很，北洋海军只是纸糊的灯笼，中看不中用，经不起风雨。

在北线日军大举进犯辽东的同时，南线日军第二军在攻占旅顺口后，也取得了渤海湾的控制权，与旅顺口隔海相望的威海卫成了日军的下一个重要目标。日军大本营的作战目标，就是占领威海卫，封锁直隶湾，消灭北洋海军。进而逼迫中国政府缴械投降，又可避免列强以各种借口进行干涉。山东作战和攻占威海卫，成了日军攻占旅顺口之后最重要的战略目标。

威海卫位于山东半岛东北端，濒临黄海，西连烟台、蓬莱，北隔渤海海峡，与辽东半岛旅顺口势成犄角，共为渤海锁钥，拱卫着京津海上门户，素为重要军事基地。

从历史演变看，威海卫原为滨海渔村，汉称石落，元称清泉夼，明洪武年间为防倭寇设卫，始称威海卫。1875年即光绪元年始建炮台；十四年，设水师提督署，驻水雷营，置制造所和水师学堂，并于海湾南北两岸和刘公岛、日岛、黄岛等地新筑炮台多处，成为海防要塞和新成军不久的北洋海军最重要的基地。威海卫拥有不冻良港，三面环山，口门向东，刘公岛扼其前，形成向东、向北两条航道和进出口，日岛、黄岛、牙石等岛罗列在刘公岛两侧，构成港域天然屏障，形势堪称险要。

黄海之战后，北洋海军只剩下"定远"、"镇远"、"靖远"、"来远"、"济远"五艘战舰，而"镇远"在驶进威海北口时，不慎触礁，受伤严重，抢修后虽勉强还能使用，但实在难以让其出海作战。在这种情况下，原本号称亚洲第一的北洋海军所拥有的战斗能力非常有限，仅有的四艘战舰如果真的出海作战，主动出击，可能正中日军下怀，因为大东沟海战后，日舰一直采取措施，引诱北洋舰队出海决战，目的当然是要一举摧毁北洋海军。面对日本人的计谋，北洋海军进退两难，出海决战，凶多吉少，很可能将几十年举国之力建设的北洋海军彻底摧毁；不出海，或者不敢与日本海军决战，这也是军人的耻辱，北洋的耻辱。大东沟海战之后的北洋已经没有什么本钱可言，战，或不战，对北洋海军将领来说，都是一个难题。

1895年1月20日，日军第二军司令官大山岩大将指挥两万五千大军，在日本联合舰队二十五艘军舰掩护下，绕开威海卫正面，由荣成龙须岛登陆，三天后全部登陆完毕。

荣成登陆完毕后，日军在那里从容休整。30日拂晓，日军集中优势兵力迂回威海侧后，猛攻南岸炮台。中国守军顽强抵抗，几次打退日军冲锋，激战至傍晚，守军全部阵亡，炮台失陷。

二 甲午/辛丑

日军占领南岸炮台后，随即从南、西两个方向逼近威海卫城。2月1日，北岸炮台守军纷纷逃散，海军提督丁汝昌闻讯即派兵至北岸炮台，将火药库、大炮全部炸毁，以免资敌。

2月2日，日军占领威海卫城。至此，除刘公岛和日岛外，整个威海全在日军手中，北洋舰队失去后防，海军衙门所在的刘公岛成为北洋海军的唯一依托。实际上，刘公岛只是一座孤立无援的孤岛。

日军围住刘公岛和北洋舰队后，并没有立即发动攻击，而是想尽一切办法诱导海军提督丁汝昌投降，以不战而屈人之兵。面对日本人的诱降，丁汝昌不为所动，严词拒绝，既然无法战胜，无法逃脱，那么他就准备以一个军人的姿态面对一切，最坏不过就是以身殉国。

2月5日凌晨三时许，日军派遣鱼雷艇从威海南口潜入港内，偷袭北洋旗舰"定远"。"定远"舰中弹后搁浅。无奈中，北洋将士只好自己动手，将"定远"炸毁，以免落入敌手。

炸毁"定远"后，北洋水师督旗移至"镇远"，后又移至"靖远"。坐困孤岛的北洋水师顽强坚持，期待清军将领有办法拯救他们，或者能够从外围对包围刘公岛的日军给予打击。然而，他们的这种期待始终没有成为事实，他们的绝望情绪在滋长在蔓延。

6日晨，日军故伎重演，再次派遣鱼雷艇进港偷袭，很快将"来远"及练习舰"威远"击沉。至此，北洋舰队名存实亡，已经彻底丧失战斗力。

2月9日上午八时，日本联合舰队向刘公岛猛攻，丁汝昌登上"靖远"舰指挥，坚守至中午。很快，"靖远"舰中弹搁浅，被丁汝昌下令炸沉。

"靖远"舰沉没，对坚守刘公岛的北洋将士是毁灭性的打击，援军无望，军心浮动，投降的意识开始在洋员及岛上绅士中弥漫。面对此情此景，丁汝昌承诺再坚守三天，如三天后援兵不至，各人可以根据自己的意愿自找生路。

2月11日，丁汝昌许诺的三天之期到了，援军依然无望，他只好在这天夜里吞鸦片自尽。刘步蟾、张文宣等将领也在此前后自尽身亡。他们不是选择一条逃生之路，而是坦然走向永生，用最后的选择兑现了一个军人的承诺。

丁汝昌自杀后，美籍洋员浩威提议守岛将士借用丁汝昌的名义投降。2月14日下午，双方将领签署投降文书。17日，日军开进威海港，清政府倾三十年国家财力营建的北洋海军，虽然一度号称"亚洲第一"，甚至世界第六或第八，至此全军覆没，成为历史陈迹。

威海卫之战和山东半岛沦陷，使京畿门户洞开，日军长驱直入进逼京师的危险大增，这是清廷从来最担心的事情。因而威海卫之战就是甲午战争的巨大转折点，先前的清廷即便在朝鲜陆地、大东沟海战连续失败，但只要本土防线不被突破，日军不大规模登陆作战，京师不受战争的影响，战争总能支撑下去。现在京师门户洞开，清廷统治者终于在现实面前醒悟，终于知道李鸿章为什么在战前反复告诫不要轻启战端的理由了。

二　甲午/辛丑

2. 李鸿章忍辱负重马关讲和

马　勇

　　李鸿章遇刺后，中日之间的谈判并没有中断，反而因李鸿章受伤而加快。双方就日本原案和李鸿章的修正案进行多次书面争议，李鸿章也向朝廷多次请示，商量对策。

　　朝廷在这些天对日本议和草案进行了详细讨论，吵得一塌糊涂，皇太后坚持辽东半岛和台湾皆不可弃，即便谈判决裂再战，也在所不惜。根据这个精神，朝廷于4月8日电报指示李鸿章，强调奉天乃陪都重地，密迩京师，根本所关，岂宜轻让？台湾则兵争所未及之地，人心所系，又何忍辙弃资敌？至于赔款，万万以上，中国肯定付不出来，日本如果不肯多减，中国也没有办法。至于通商一条，朝廷已与赫德密商，寻求解决办法。增加通商口岸七处，重庆、沙市、梧州可以答应，京师、湘潭不太方便，苏州、杭州均系内河，亦多不便。

　　稍后，朝廷又指示，南北两地，朝廷视为并重，不到万不得已，都应竭尽全力驳斥对方。万一实在顶不住，那么谈判底线就是让地应以一处为断，赔款应以万万为断。这就是朝廷的底牌。

　　此前，由于李鸿章意外负伤，中方亦担心因此而耽搁正常会谈，经秘密协商，由中国政府补充任命李经方为钦差全权大臣，随同李鸿章与日本派出全权大臣商议和约，并于4月6日照会日本政府。于是，比较正规的谈判，也就没有因李鸿章无法赴会而中断。

4月8日，伊藤博文派人邀请李经方至寓所，提出质问，强调日方的媾和条件在一个星期之前就已经提交，而中国使臣何以到现在都不给予明确答复呢？现在休战时间只剩下十一天了，如果因此浪费时日，以致再动干戈，恐非中日双方所愿见到。伊藤要求中方明天即9日为期，对日方条件给予明确答复。

李经方回到行馆，向李鸿章报告了谈判详情，他们筹思良久，苦无对策，因为朝廷先前的指示要他们顶住要他们坚持不让步，现在日本方面如此态度，他们实在有点顶不住了，但是，李鸿章心中也非常清楚，朝廷不让他们让步，而他如果坚持让步，这个政治责任将来只有他个人承担了，这不是他能否承担得起的事情，而是事关重大，必须由朝廷来作主。

当天（4月8日），李鸿章给朝廷发了一个电报，详细报告这些谈判要点和细节，以为时迫事紧，如果不能适当满足日本方面的要求，谈判势必破裂，战火必将重燃。他建议朝廷适度让步，可以考虑将奉天之凤凰厅、安东、宽甸、岫岩四处边境割让，海城等地等到将来再说，这样较之日本所划经纬线界已减少入半。至于澎湖列岛，既然已被日军占领，只能暂时同意允让，因为即便我们不同意，日军也不会退出。关于赔款，李鸿章答应按照朝廷先前指示，以一万万这个标准进行谈判，他只是请示，假如日方实在不答应，始终坚持，那么他李鸿章是否能够答应适度增加点呢？李鸿章最后还不忘提醒朝廷，谈判前景不容乐观，还是及早命令前敌各将帅做好重新开战的准备吧。

李鸿章给朝廷的电报只是备案性质，因为当时的形势根本不容许他在马关静候朝廷进一步指示，更不要说朝廷是否能够给他一个明确无误的指示了。4月9日，李鸿章在日方不断催促下，担心如果继续拖延，可能会导致谈判破裂，为弥缝一时之计，向日方提交了一个修正案。

如果说日本人的媾和条件是漫天要价，那么李鸿章的这个修正案，就是就地还钱。这个修正案的要点，就是李鸿章告诉朝廷的那两点，一是同意割让辽南的安东县、宽甸县、凤凰厅和岫岩州及澎湖列岛，二是同意赔款一万万两。

日本方面对这个修正案极不满意。日本方面认为，他们最初的提案，本来是

二 甲午／辛丑

作为会谈基础而提出来的，并不是毫无修改余地。但中国的修正案内容与日方的要求相距太大。

鉴于如此分歧，日方蛮横地以为中国没有讲和的诚意，遂向中国提出一个反修正案，对李鸿章的修正案予以驳斥，重申日本的要求，并严厉声称，中方对这个和约修正案只有允或不允两个选择，其他也就不必罗嗦了。

日方的这个和约修正案的提出为4月10日下午，地点就是春帆楼。这是中日双方第四次正式会谈，李鸿章深知事关重大，因而力疾赴会。

下午四时，伊藤博文与李鸿章稍事寒暄，直接进入正题。伊藤表示，现在已经停战多日，留给我们谈判的时间已经很有限了，和约必须从速定夺，否则难免战火重燃。日方现在准备了一个改定条款节略，以免彼此辩论，空耗时光。

日本此次提出的和约草案仍为十一款，内容上更加集中在割地、赔款和通商条约修改三个方面。

关于割地。日本方面在这个新的和约草案中坚持台湾及澎湖列岛仍依原案；关于奉天南部之地，减为从鸭绿江口起，溯该江以抵安平河口，又从该河口起，通至凤凰城、海城及营口，划成折线以南地方，所有各城邑，皆包括在界线内。此外，凡在辽东湾东岸及黄海北岸属于奉天的岛屿亦在割让之列。

关于赔款。减为二万万两。

关于通商条约修改。日本不容变更其原案，但一、新开商港可减为沙市、重庆、苏州、杭州四处；二、日本国轮船的航线可修正为：甲、由长江上游湖北宜昌至四川重庆；乙、由上海入吴淞及运河，以至苏州、杭州。

在提交这个和约草案的时候，伊藤博文强调，这个方案实为日方最后让步，希望中国使臣对此只要给予接受或不接受的答复，其他的就不必罗嗦了，留给我们的时间不多了。

李鸿章将日方要求向朝廷作了汇报。4月15日一大早，李鸿章收到朝廷的最后指示：先前指示，原本希望能够挣得一分是一分，不料日本人竟是这样不可理喻不通人情不给面子，那么就这样吧，你李鸿章可以参照先前的指示与日本人定约吧。

　　有了朝廷明确指示，李鸿章于 4 月 15 日下午两点半至春帆楼与伊藤博文举行第五次会谈。这个时间较伊藤的约定早了一个半小时。

　　尽管有朝廷充分授权，李鸿章在这次谈判中仍作最后奋斗与努力。他表示，李某现在确实拿到了朝廷的御旨，有权酌量办理。只是这个事情实在棘手，我也不知道怎样酌量，还请贵大臣替我酌量。

　　伊藤对李鸿章的请求不为所动，他强调，李大人的处境不妙，我伊藤的处境也与中堂相似，各为其主，大家都很难。中堂在中国位高望重，无人可以动摇；而本国议院权重，我伊藤做事一有错失，即可被议。

　　李鸿章说，我去年在国内被满朝言官弹劾，大家都说我李鸿章与日本首相伊藤博文交好。想想也是，他们的说法也是对的，今天我有幸与伊藤首相议和立约，这不就是交好的明证吗？李鸿章想尽办法希望伊藤再作让步。

　　伊藤说，你就任他们骂吧。这么大的事情，相信他们也没有人担当得起，堂堂中国，大约也只有中堂一人能够担此重任。说便宜话的人到处都有，我伊藤在日本的处境与中堂相似。

　　李鸿章至此回归主题，坦言我并不是怕舆论批评，只是皇上让我来议和，授权我酌定，如能将原约酌改数处，方可担此重任，也算是我酌改了。请贵大臣替我想想，何处可以酌让？比如赔款、割地两端，总要少许让些，让我有个面子，即可定议。

　　对于李鸿章的请求，伊藤博文毫不退让，他劝李鸿章别像在菜市场买菜那样讨价还价，日方如有可让之处，早就让了，何必等到现在？

　　对于伊藤的坚持，李鸿章也不为所动。他说，前此会议结束时，我曾请你再让我五千万。当时贵大臣似有同意的意思。现在，如果贵大臣兑现这个承诺，那么我们二人立马定约。

　　伊藤说，如能少让，我肯定让了，何必等到这个时候？

　　李鸿章再说，五千万不能，那就让两千万吧。现有贵国一份报纸说日本此次

二　甲午 / 辛丑

战争的总兵费只用了八千万。这个说法或许不足为凭，然非无因。李鸿章说着将这份报纸递给了伊藤博文。

伊藤细看报纸之后表示，这种报纸全是道听途说，专与政府作对，万不可信。

李鸿章说，我也没有说就依这个报纸的说法为依据，我只是希望贵大臣再减去若干。

伊藤说，我日本此次用兵费用远多于八千万这个数字。

李鸿章说，究竟是多少数字我不管，我只希望你能够再让少许，即可定议。现在只等你一句话。李鸿章甚至以古稀之人向伊藤哀求，以此少许让步，作赠他回国的旅费。此种举动，如果从李鸿章的地位来说，不无失态，但可能是出于"挣得一分有一分之益"的意思，也算是他尽心尽责的表示。

他们二人你一句我一句，唇枪舌战，毫不相让，说了用兵费用，又说割让的土地将给日本增加多少财政收入，又说台湾矿产资源，但说来说去，李鸿章就是要让伊藤再让步，而伊藤则坚守不让。

眼见赔款数额不让，李鸿章又说到利息，希望伊藤能够免除利息。他们在这方面也有很多讨论。此外，他们还讨论了辽东割让的边界、割让境内居民的安排、换约手续、日本继续驻军的费用等非常琐碎的细节。此次会谈时间最长，结束时已到上灯时分，而其后果并无任何改变，李鸿章完全接受了日本方面的要求。双方定于后天（4月17日）上午十点钟签字。这个条约因在日本马关签署，史称《马关条约》，或称《中日讲和条约》。

这个条约承认朝鲜脱离与中国的宗藩关系，承认朝鲜成为日本的附庸；日本获得中国台湾及其附属岛屿、澎湖列岛和辽东半岛；中国赔偿日本库平银二万万两；两国间此前所定所有约章均自作废，俟《马关条约》批准互换后，重新谈判新的通商行船条约及陆路通商章程；日本臣民得在中国通商口岸城邑，任便从事各项工艺制造，又得将各项机器任便装运进口，只需交纳所定进口税；中国开放沙市、重庆、苏州、杭州为商埠，日本得派领事官于各口。

3. 天津之战：八国联军率先对中国使用化学武器

金满楼

早在西摩尔联军之前，天津便已经出现义和拳的活动，拳民们甚至公然持刀游行街上，铁匠铺打刀的声音也日夜不绝，地方官稍有禁止，拳民们便闯进衙门，拔刀强迫官府收回禁令。在这种情况下，天津城内谣言四起，传教士们（天津当时主要是新教，与北京主要是天主教不同）纷纷放弃教堂，前往紫竹林租界避难。在西摩尔联军强行前往北京后，天津义和拳的怒火立刻爆发了出来，他们在6月14日开始烧毁教堂；次日，拳民们又攻击了城内的电报局，并砍倒了路边的电线杆；当天晚上，天津城内再次火光冲天，望海楼等教堂被大火焚烧，连总督衙门的"东洋楼"等日式建筑也被烧毁，而官员们只能在一边观看。此时，"津城内外拳匪满街，公然来往，毫无忌惮。官兵遇之，反避道而行"。

事实上，天津和北京基本上是同时失控，混乱局面也很类似。唯独不同的是，北京洋人聚集的使馆区被清军以"围攻"的形式加以保护，而天津的租界则是义和拳直接加以攻击。不过，拳民们对租界的进攻手段大都以放火为主，非但难以成功，反被洋兵打死打伤不少。对于义和拳的行为，裕禄也是无可奈何。

6月17日大沽口炮台的战斗打响后，义和拳涌到总督衙门要求发放马匹和武器，不知道是病急乱投医还是因为局面失控，义和拳似乎得到了裕禄的允可并前往军械所领取武器。但令人浩叹的是，拳民们并不具备使用现代武器最基本的常识，他们或者一个人拿几条枪而不拿子弹，或者相反。由于不知道枪械如何使用，

二 甲午/辛丑

拳民们仅仅是把它们当成是长刺刀来使用。

6月17日下午，在得知大沽口炮台失陷后，裕禄调集军队进攻紫竹林租界，拳民们也参与了这次进攻。当时守卫紫竹林租界的洋兵大概2500人，他们在听到炮击后很快意识到这是清朝正规军的进攻。当时对租界威胁最大的是紫竹林对岸河边的一排3英寸克虏伯大炮，这些炮都设置在天津武备学堂中，由于离租界距离很近，因此构成了强大的杀伤力。当天傍晚，一支由英军和德军组成的突击队向学堂发动偷袭。黑暗中，武备学堂学员们与洋兵展开激战，尽管他们让洋兵们付出了沉重代价，但大炮群最终被摧毁，学员们也大都战死。

紫竹林开战的同时，聂士成奉命前往塘沽一带阻击联军，最后他率军在距离天津约20里的军粮城将乘火车前往天津的联军截住，双方在此展开了激战。作为天津之战的最高指挥官，裕禄当时认为紫竹林租界被攻克指日可待，当他得知西摩尔联军已经撤到天津附近的时候，于是他又下令让聂士成分兵一部分前去歼灭这支"残军"。

接到命令后，聂士成抽调了一部分防守军粮城的兵力，由他亲自率领前去寻找西摩尔联军，最终双方在北仓附近交上了火。但西摩尔联军虽然狼狈而回，疲惫不堪，但战斗力仍旧不可轻视。更加不可思议的是，西摩尔联军竟然误打误撞的发现了一座名叫西沽的中方弹药库，里面不但储藏了大量的武器弹药，而且弹药库还有坚固的城墙，因此聂士成的军队想要攻克这个堡垒并非易事。

与此同时，裕禄仍旧指挥清军猛攻紫竹林租界，但是收效甚微。当时双方在租界北面的老龙头火车站展开激战，尽管另有几万名义和拳前来助战，但拳民们的冒死冲击并不能构成对洋兵的实质性威胁。可笑的是裕禄，他还在给朝廷的报告中声称紫竹林租界"敌势日渐不支"、"巢穴难保"。事实上，天津同时开战的三个点，租界、军粮城和西沽炮台，清军都没有取得绝对优势，而增援的联军则是源源不断从大沽口外登陆而来。因此，时间越往后，就对清军越不利。

在后续联军的增援下，清军在军粮城一带的防线被攻克，塘沽线在6月22日被打通。随后,联军探知了西摩尔联军的位置,随后便前往增援。聂士成见在短时间内无法歼灭西摩尔联军,加上从大沽口外来的联军逼近,只得解围而回到天津。

随后,联军开始了解救紫竹林租界的战役,最终裕禄所指挥的马玉昆部不敌败退,紫竹林租界之围随即结束。6月26日,被困西沽炮台的西摩尔联军被前去救援的俄军解困,最终在结束了长达两周多的噩梦之旅,狼狈返回了天津。在这次失败的行动里,西摩尔联军总共伤亡了300多人,早没了当时出发时的锐气。

在紫竹林租界之围被解后,联军随后便开始了第二次天津战役——反攻天津城。6月27日,联军分成三路纵队向天津城外制造火药、炮弹、枪子的东机器局发动猛攻,因为这里有上千名清军士兵守卫,对天津租界构成了很大威胁。激战中,不知道是联军炮弹击中了"东局子"内的弹药库还是清军怕失守后弹药库会资敌,最终弹药库被炸毁,清军也随后撤出。"东局子"被联军占领后,租界洋人额手称庆。

随后几天里,双方都稍作休整,而联军这边每天都有新的援兵、武器等运到天津,形势对清军越来越不利。7月1日早上,枪炮声重新响起,清军向租界发动进攻而联军则用大炮猛烈轰击天津城,战斗持续到深夜都没有停歇的迹象。在随后的几天里,双方互有攻守,战局陷入僵持阶段。

但就在这时,清军和义和拳却发生了内讧。正如前文所叙,聂士成部曾经与义和拳发生过血腥的冲突,因而义和拳视聂士成部如仇敌;而聂士成对义和拳的神话把戏也是深恶痛绝,双方决无合作的可能。在进攻租界时,往往清军将义和拳驱赶上前,如有后退则杀无赦,因此造成拳民们大量的伤亡,其中既有联军消灭的,也有被清军打死的。《直隶提督聂军门死事记》中说,由于聂士成和义和拳的宿怨,后来拳民们在聂士成与联军激战时,将聂士成的老母妻女绑架而去,而同情义和拳的当地练军见聂士成追击义和拳,反枪击聂军,并称聂士成部造反。聂士成在进退失据的情况下,"自愤身为提督,拥兵十余载,被数十创而内不见谅于朝,外复见侮于匪,则大愤慨……每身轻前敌,欲以求死"。

7月9日,聂士成部在八里台与联军展开决战,战况空前惨烈。八里台前有

二　甲午 / 辛丑

一小桥，聂士成亲自骑马立于桥边督战，聂军无人敢退。聂士成系安徽合肥人，武童出身，最初随袁甲三（袁世凯的叔祖父）打捻军，后来进入淮军系统，深得李鸿章的信任。1894年甲午中日战争中，虽然清军连战连败，但聂士成的表现还算是可圈可点。1899年，聂士成所部三十营改为武卫前军，全部改换德式装备并驻守在天津芦台。相对而言，这支军队具有相当的战斗力，唯一的缺憾是按新式操法训练的时间过短。

在经过多日的激战后，聂士成部伤亡很大，减员严重，而联军方面则不断有生力军补充，因而优势明显。尽管如此，聂士成仍率部坚守不退，战马都连换了四匹，他的双腿也被枪弹击中，无法站立。在血战中，一块弹片飞来，划破聂士成的肚子，连肠子都流了出来，聂士成也的确是一个真正的猛将，他忍着剧痛将肠子塞回，继续鼓舞手下士兵们奋战。直到最后，联军的一发炮弹在他身边爆炸，一块弹片从聂士成的嘴里打进，从后脑穿出；另一块弹片射穿前胸，还有一块弹片直接击中聂士成的太阳穴。在巨大的爆炸声中，聂士成从马上栽了下来，几乎是体无完肤，全身破裂，"其死状最惨，天下闻而悲之"。阵亡时，聂士成已是65岁的老将，这一幕也可以说是庚子年中真正最有血性的一幕。

聂士成部失利后，天津城也很快陷入了被攻克的险境。7月10日，英军运来两尊特殊而可怕的大炮，名为"列低炮"（也称"裂地炮"），"其烈无比，开放时，在一百码地内之人，一闻其气，无不立毙"。这种炮，其实就是毒气炮，当时"为万国公法所不许，只非洲曾用过一次"。7月11日，联军对天津城展开了猛烈的炮击，其中便使用了"列低炮"，"至十六日（12日），津郡城厢内外，已无华兵踪迹。城内惟死人满地，房屋无存。且因洋兵开放列低炮之故，各尸倒地者身无伤痕居多。盖因列低炮系毒药搀配而成，炮弹落地，即有绿（氯）气冒出，钻入鼻窍内者，即不自知其殒命。甚至城破三点钟后，洋兵犹见有华兵若干，擎枪倚墙，怒目而立，一若将欲开放者，然及逼近视之，始知已中炮气而毙，只以其身倚戳在墙，故未仆地，列低炮之惨毒，有如此者"。

7月13日，天津陷落，裕禄见势不妙，慌忙率领残兵败将向北退至北仓一带。联军进入天津后大肆抢掠，随意杀人，其状可怖。《天津一月记》中记载，7月14日城破后，"城中既乱，奔走恐后，闻人呼曰：北门已启，可由北门出。于是阖城人皆往北门而去。顷刻间，拥挤不得行。……洋人率教民登楼，见北门拥挤不得出，连放排枪，每一排必倒毙数十人。又连放开花炮，其弹于人丛中冲出城门外，死者益众，而争逃者亦益多。有被弹死者，有失足被践死者……前者仆，后者继又仆，又践又死，层层堆积，继长增高。"

据某俄国记者的记述："我们的租界被中国人破坏得厉害，但是中国人的地界也为此受到了报复。到处可见欧洲人炮轰的痕迹。中国平民的房屋被圆形炮弹打穿，屋顶、墙壁和围墙上都是榴霰弹爆炸打穿的洞眼，一路上，我都遇到被炮弹片、子弹打死的中国平民的尸体，没有人来收尸，只有苍蝇和猪来光顾他们。"

战后的天津城陷入了空前的灾难，原本是繁华的街市经十多天炮火的洗礼后，"从前皆华屋高堂，今则无一存者"；"只见碎砖破瓦，狼藉满地而已"，"盖以锦绣繁华之地，一旦而变瓦砾纵横之场。"在混乱情况下，各大户、当典、官署都成了联军的重点抢劫对象，这种状况一直持续了好几天。

7月22日，联军当局成立"都统衙门"，对天津及附近的静海县等地实行殖民统治（与第二次鸦片战争时期广州被占领的情况类似），而他们要做的第一件事便是在天津一带清剿义和拳，特别是之前那些拳民活跃的城镇，往往遭到联军的焚烧和无端杀戮，其惨状亦不堪言。

勒庞在《乌合之众》中说，群体随时都会反抗软弱可欺者，对强权低声下气。如果强权时断时续，而群体又总是被极端情绪所左右，它便会表现得反复无常，时而无法无天，时而卑躬屈膝。作为这段话的证明，天津城破后，那些在门口写"大日本顺民"字样以求保护的，亦不乏昔日横行街上之义和拳民也。

二 甲午/辛丑

4. 国耻1900：八国联军的杀戮、掠夺与报复

金满楼

8月16日，也就是联军攻入北京的第三天，一位在京的美国人麦美德登上前门城楼，他看到的是如下凄惨的场景："这是一个令人悲哀的下午，我现在明白战争会使人间变成地狱……城墙下横七竖八地躺着清兵和义和拳民的尸体，使馆区附近的建筑物都成了一片废墟。我们看到一群一群的难民，男女老少都有，正在逃离这个死寂的城市。我们看到几个城门的门楼在燃烧，还看到城中很多地方有大火"。

八国联军很快便在北京和周围地区到处搜寻并射杀义和拳民，北京城内外顿时陷入了一片血雨腥风中。历史总有惊人的相似，与之前义和拳任意指认他人为教民一样，联军也任意指认无辜者为拳民，手段方法，几乎是如出一辙——同样的野蛮，同样的残忍。用当时一位美国指挥官的话来说就是："我敢说从占领北京以来，每杀死一个义和拳，就有50个无辜的苦力或者农民包括妇女和儿童被杀。"

曾经杀人无数的庄亲王府，在联军入城后再次成为生灵的屠宰场。为了实施报复，联军在将庄亲王府放火烧光的同时，上千名被指认为拳民的人在此被处死。法国军队在王府井大街抓获了20个中国人，由于他们拒不提供任何消息，"就被残忍的杀害了"，有一个下士"用刺刀一口气刺杀了14个人"。这样的记叙有很多，看来，英国记者辛普森关于法国军队用机枪把一群"拳匪、兵丁、平民相与掺杂"的中国人逼进一条死胡同连续扫射15分钟、以至不留一人的记叙，具有相当的真

实性。一个行抵北京的英国军官在他的日记中写道："有几次，我看到美国人埋伏在街口，向出现在面前的每一个中国人开枪射击。"

在联军进入北京后，麦美德又在日记中记道："俄军的行为极其残暴，法军也好不了多少，日军在残酷的烧杀抢掠……数以百计的妇女和女孩自杀而死，以免落入俄军和日本兽军之手，遭受污辱和折磨……在通州的一个井里有12个姑娘，在一个大水塘里，有位母亲正在把她的两个小孩往死里淹。"意大利公使萨瓦戈说，在联军攻占北京后，总理衙门的一位下级官员在围攻结束后来到使馆，告诉他们发生在哈德门大街西边令人发指的暴行，后来萨瓦戈亲自去了那里，看到小孩被劈开脑袋，妇女被脱光了衣服、被残杀，还可能先是被强奸了。萨瓦戈痛苦地说，"我真希望我能够否认这一切，但我不得不承认，这都是事实。"

此时的北京，已经如同地狱。义和拳的纷乱、残败清军的抢掠、八国联军的屠杀，北京的街道上满是尸体，有的地方甚至是堆积如山，惨不忍睹。由于当时已是七月酷暑，尸体一旦腐烂，不仅臭不可闻，还很容易引起瘟疫。洋兵们于是到大街上强行抓人去背尸体出城埋掉，不管是达官贵族还是平头百姓，只要抓住，就被强迫来背尸，稍有不顺，就一顿皮鞭猛抽。据《王公大臣受辱记》中说，"怡亲王为某国军所拘，既如楚，复令为诸兵浣衣，督责甚严，卒以困顿不堪而自裁。克勒郡王亦与庆部郎宽同时被拘，楚辱备至，复使同驮死尸出弃之，日往返数十次，不准稍息。日食以面包一枚，清水一盂。二人颐养素优，不耐其苦，数日后乘隙往诉李相（李鸿章），哭求设法。李无如何，慰而遣之。"

因战乱而引发的灾难还远不仅仅是屠杀。日本人植松良三在《北京战后记》中记载说："北京城内外惨状，颇有可记者。……居民四面逃遁，兄弟妻子离散，面目渗澹，财货任人掠夺者有之，妇女任人凌辱者有之。更可恨者，此次入京之联军，已非复昔日之纪律严明。将校率军士，军士约同辈，白昼公然大肆掠夺。此我等所亲见……。据某华人云：北清妇女惧受凌辱，往往深窗之下自经者不少，其未受灾害者，仅于房外树一某国顺民之小旗，坚闭门户，苟延残喘，情殊可悯。

二　甲午/辛丑

不幸而遇掠夺军人来，将银钱献出，以求保性命而已"。

罗在《拳变余闻》中记载："城内外民居市廛，已焚者十之三四。联军皆大掠，鲜得免者。其袒匪之家，受伤更烈。珍玩器物皆掠尽，其不便匿藏者，皆贱值售焉。妇女虑受辱，多自刭。朝衣冠及凤冠补服之尸，触目皆是。有自刭久，项断尸坠者。其生存者，多于门首插某国顺民旗，求保护。"一些官吏和家属，他们身穿朝衣凤冠自杀，尸体无人看管，吊的时间久了，首颈断裂，其惨状可知。至于洋兵闯入居民家中抢劫的时候，遇到井里填满死人乃是常有之事。

据《崇陵传信录》、《西巡回銮始末记》等清人笔记的记载，在北京城破后自杀的官员颇为不少。主张仇外的尚书崇绮，北京城破后逃到保定，听说其家人全部自杀身亡后，随后也在保定莲池书院服毒自尽。安徽巡抚福润，全家自尽，福润的老母已经九十多岁了，也不得善终。祭酒王懿荣夫妇和媳妇，一起投井自杀。主事王铁珊和祭酒熙元，也都自杀身亡。宗室庶吉士寿富与弟弟富寿，还有两个妹妹及婢女一起服毒自杀，其他人都死了，两兄弟一时未死，寿富于是横刀自刭，富寿处理完这些尸首后也从容引刀自尽。

八国联军进入北京后，曾公开准许士兵抢劫三天，但事实上，直到侵略军撤离之日，抢劫行动也没有停止。当时一个英国人说："凡是士兵所需要的，都是派出一队一队的士兵去抢劫中国人的财产而得来的。如果士兵需要一些东西，而中国人稍一迟疑的话，就免不了送命。"另外，洋兵通常以捕拿义和团、搜查军械为名，"在各街巷挨户踹门而入，卧房密室，无处不至，翻箱倒柜，无处不搜，凡银钱钟表细软值钱之物，劫掳一空，谓之扰城。稍有拦阻，即被戕害。……此往彼来，一日数十起。"

英国记者辛普森对这些抢掠行为做了绘声绘色的介绍，在他的笔下，野蛮的印度兵"于昏夜中走入教民妇女所居之屋，各抢女人头上所戴之首饰，即一小银簪亦抢之"；矜持的德国人从乡村"骑马而行，鞍上满系巨包，前面驱有牛、马等兽，皆于路上掠得"；凶猛的俄国人在满载颐和园中的掳掠之物后，还要将那些不便带走的珍贵物品施以破坏,"于是有三个美丽无价之大花瓶遂受此劫,尚有玉器数件,雕刻奇巧,亦同时粉碎",诸如此类,不胜枚举。就连当时也参与了这些劫掠活动的辛普森也对此颇有微词,称各国军队虽服装、面貌各异,其实都是"盛装骑马之盗贼","其所为之事无异,皆杀人耳,抢劫耳"。

面对这些暴行,北京城内的老百姓只得想尽一切办法来保护自己,他们挂出白旗或者匆忙间制作的各国旗帜,或者请洋人写些字条,大意是他们家已经被掠夺过了或者标明此处财产已被某个欧洲人所占有,希望能使自己幸免于难。但是,据辛普森的介绍,房主即使张贴了类似的标志和旗帜,"嘲笑着的抢劫者们"仍旧会把它们扯下,并毫不手软地进行劫掠。

康格夫人曾在《美国信札》中记载了这样一个令人心酸的故事:有一天,两个俄国士兵闯进了一个中国人家里,一路抢劫,并试图侮辱那家的女人和孩子。作为丈夫和父亲,那人反抗了,但没有用。最后他拿出短笛,开始吹奏俄国的国歌。那两个士兵放下抢下来的东西,终止了恶劣的行径。他们在这个乐手面前站得笔直,安静地听着那动听的乐曲,最后一个乐符结束时,他们向乐手致敬,然后空手走到了街上。说句实话,这个故事很有《读者》的风格,但真实的历史往往很残酷,即使这个故事是真实的,恐怕也是很偶然很伪善(也许仅仅是个故事)——据说这位乐手是赫德乐队的成员之一。

联军统帅瓦德西后来给德皇报告说,"此次中国所受毁损及抢劫的损失,其详数将永远不能查出,但为数必极重大无疑。"瓦德西只说对了一半,民间抢掠的当然无法算清,但下面公家损失的一些数据已经够惊人了:据内务府后来报告,皇宫失去宝物 2000 余件,内有碧玉弹 24 颗、四库藏书 47506 本;日军从户部银库抢走 300 万两银子和无数绫罗锦缎,还从内务府抢走 32 万石仓米和全部银两;联军洗劫的紫禁城、三海、皇史宬、颐和园等地,天坛损失祭器 1148 件,社稷坛损失祭器 168 件,嵩祝寺丢失镀金佛 3000 余尊、铜佛 50 余尊、铜器 4300 余件等;法军从礼王府抢走银子 200 余万两和大量的古玩珍宝,又从立山家里抢走 365 串

二　甲午 / 辛丑

朝珠和约值 300 万两白银的古玩；法军和德军还抢去了古观象台的天文仪器，德军抢走了诸如天体仪、纪限仪、地平经仪、玑衡抚辰仪和浑仪等，并将它们运到德国柏林，直到 1921 年才归还中国。

1860 年英法联军曾毁坏过的《永乐大典》和《四库全书》，这次再遭浩劫（不过现在伦敦和巴黎的博物馆里还能看到它们）。事实上，在法国、美国或者英国的大博物馆中看到任何一件中国的国宝奇珍的时候，人们都有理由联想到 1900 年北京的那次劫掠，正如时人的记载，当洋兵们撤出北京的时候，"每人皆数大袋，大抵皆珍异之物，垂（附图）而来，捆载而往。"

在毫无节制、持续了许多天的抢劫中，各国的参与者们都充分体现了他们鲜明的特点，譬如俄国人的粗野、法国人的凶蛮；相对而言，美国人要稍讲纪律，但美国的官兵大都是冒险家，他们"颇具精明巧识，能破此种禁令，为其所欲"（瓦德西语）。日本人和英国人的抢劫同样是无节制的，但却是抢劫活动中组织得最好的。日本军队的抢劫多为集体行动，据称他们在每一次行动前，指挥官的怀里都揣着北京的藏宝图，按图索骥，因而收获最丰；而且，日本人抢得的财物都归属于日本国家所有，并不是分给士兵个人。英国人稍有区别，他们的抢劫是自发的行动，但抢得的东西都由指挥官来进行拍卖，拍卖所得作为"奖赏金"在军队内部进行分配。据称，英国人的拍卖活动进行了将近两个月，除星期天外，每天都有交易，最终金额达到了 33 万美元，分配时每份为 27 美元，分配份额如下：中将指挥官 10 份，将级军官 8 份，校级军官 7 份，上尉 6 份，中尉、少尉 5 份，准尉和印度军官 4 份，未受任命的英国军官 3 份，未受任命的印度军官 2 份，英国士兵 2 份，本土士兵（印度和中国雇佣军）1 份。很显然，这些只是已经交公的抢掠品而已。

连传教士们也加入了抢劫的队伍。据一个外国记者报道，有几个著名的传教士说，"收集那些被丢弃的东西不是抢劫，而只有从所有者手中获得财物才叫抢劫"——所以他们都得到了很好的皮货。有些报道则说传教士占据了北京王公富人的住宅，并打着为贫穷的中国教民募款的旗号，把其中的东西廉价出售。令人吃惊的是，有些传教士还参与了北京及其近郊地区的劫掠活动，那就是到教会受到攻击或者遭到破坏的乡村地区去进行"纳贡远征"。

1900年圣诞前夜的《太阳报》刊载了对美国传教士梅子明的采访记录。在采访中，梅先生声称劫掠是正当的，他重复了其他一些基督教传教士的话："美国人温和的手比不上德国人的铁拳，如果你用温和的手对付中国人，他们就会利用它。"美国著名作家马克·吐温随后发表一篇名叫《给坐在黑暗中的人》的文章，对此进行了严厉的抨击。在文章中，马克·吐温以辛辣的笔调嘲讽了这种所谓的"传教士的道德"：

"梅子明牧师已为每一个被杀害者索到三百两银子，并强迫对所有被毁损的教徒财产给予充分的赔偿。他还征收了相当于赔款十三倍的罚金"；"梅子明先生从贫困的中国农民身上榨取十三倍的罚款，因此让他们、他们的妻子和无辜的孩子们势必慢慢地饿死，而可以把这样获得的代价用于传播福音。他这种搜刮钱财的绝技……正具体地表现出一种亵渎上帝的态度，其可怕与惊人，真是在这个时代或任何其他时代都是无可比拟的。"

马克·吐温的正义之言，不免让人想到40年前法国作家雨果对当年英法联军劫掠圆明园的评价："一天，两个强盗闯进了圆明园。胜者之一装满了腰包，另一个装满了他的箱子：他们臂挽着臂欢笑着回到了欧洲"；"我们欧洲人是文明人，我们认为中国人是野蛮人。而这就是文明对野蛮的所作所为"；"历史记下了一次抢掠和两个盗贼"。

海关总税务司赫德也说过，在欧洲人面前放一点点诱惑，就会很容易地使他们"退化到野蛮状态"。据当时在中国的摄影师詹姆斯·里卡尔顿说，李鸿章在参加后来谈判时，他对西方文明国家的所作所为也感到非常的遗憾和费解。据他说，李鸿章在翻阅了"摩西十诫"以后，建议"把第八条诫律（'不可偷窃'）修改为'不可偷窃，但可以抢劫'。"李鸿章虽然无力阻止联军的暴行，但他总会抓住机会

二　甲午/辛丑

拐弯抹角地讽刺文明国家那些抢掠的暴行。

在对北京的占领期间，德国人是最引人注目的。德皇听说公使克林德被杀，怒不可遏，立刻派出瓦德西大帅，点兵七千，杀气腾腾地赶往中国。1900年7月2日，威廉二世在为德国远征军的首批军队送行时，他咆哮道："德国旗帜受到了侮辱，德意志帝国遭到了嘲弄。对此，必须进行具有示范意义的惩罚和报复……我派遣你们前往征伐，是要你们对不公正进行报复，只有当德国的和其余列强的旗帜一起胜利地傲视中国，高高飘扬在长城之上，强令中国人接受和平之日，我才会有平静之时。"7月27日，威廉二世再度声称："你们应该对不公正进行报复……你们如果遇到敌人，就把他杀死，不要留情，不要留活口。谁落到了你们手里，就由你们处置。就像数千年前埃策尔国王麾下的匈奴人在流传迄今的传说中依然声威赫赫一样，德国的声威也应当广布中国，以至于再不会有哪一个中国人敢于对德国人侧目而视。"

在德皇的命令下，德军在北京的劫掠及其随后的远征活动中最为肆无忌惮。据杨柳青的某士绅记载，德军每经过一地，"如疾风暴雨之骤至"，所到之处，无论官绅百姓，都不乏被抢被杀被伤者。北京附近的永清县，时任县令的高绍祥记载了当时德军的如下暴行：1902年2月13日，一千多德军来到永清县西门，未加警告便开枪打死清军和百姓200余人。高县令和一个游击出城说理，被德军士兵用枪托打倒在地，并将两人的辫子结在一起，罚其长时间地跪在雪地里。随后，德军又将城内来不及逃走的400多人困在城中，直到勒索了一大笔银子后，德军才打鼓吹号、摇着旗子回去了。该文作者在文末沉痛地写道："余回城内，见死尸狼藉，恻裂心肝"。

最令人震惊的是，联军在攻占保定后，竟然将护理直隶总督廷雍等人擅自加以处死。在庚子年义和拳鼎盛之时，保定城内的教堂悉遭焚毁，当时已陷入"城内拳匪公杀教民，官不敢问"的无政府状态。当时的按察使廷雍是站在义和拳一边的，因此被联军认为是罪魁祸首。1900年10月中旬，英、法、德、意四国联军分别由京津两处前往保定，当时的护理直隶总督廷雍（当时直隶总督裕禄已于8月自杀）亲自率领僚属开城门迎接。联军进入保定后，第二天便将廷雍等人抓起来进行审判，最后以"纵匪仇教"等罪名将之处死（另外还有三名官员也是同样遭遇）。荒诞的是，联军在审判这个清朝的二品大员时，他们使用的法律依据竟然是《大清律例》。

联军这种带有"惩罚性"的远征遍及北京、直隶、陕西等地区，并且进行了很多次。在每次远征前，联军总以"剿除拳匪、解救传教士和教民"为由，但事实上他们往往是打听到某处有财宝才会采取行动。这些纯粹是抢劫的行为，往往被冠以军事行动的名义，当时被联军称为"惩罚野餐"。在远征娘子关的一次行动中，德、法联军甚至因为误会而相互攻击，"德兵入关占领，鸣炮祝贺，而忘将炮内子弹取出，直向娘子关射去，命中关门"，当时娘子关已由法兵驻守，在黑夜里，他们以为清军反攻，随后双方便交上了火，直到黎明后才知道是一场误会，但此时德法兵已经是死伤累累。

在经过了长时间的骚乱、动荡和杀戮后，京津一带死尸遍野，惨不忍睹。摄影师詹姆斯·里卡尔顿在此期间拍摄了大量的照片，据他所说，在当时天津的白河上，每天都要派人用长木杆到特定的河段去"疏散拥堵的尸体，使之顺流而下"，"在这些漂流物中看到了不少人头和许多无头的尸身"。另一个外国人埃玛·马丁在沿运河从北京到天津的路上，也对此作了以下描述："沿途有许多被枪打死的中国人的尸体，这些尸体在阳光下腐烂发臭，任凭狗咬蛆吃。许多尸体漂浮在水中，发出阵阵恶臭"。类似的记载，在当时进入北京的法国军人绿蒂（后来成为作家）的著作《在北京最后的日子》中还有很多。

李希圣在《庚子国变记》中说，"京师盛时，居人殆四百万。自拳匪暴军之乱，劫盗乘之，卤掠一空，无得免者。坊市萧条，狐狸昼出，向之摩肩击毂者，如行墟墓间矣。"绿蒂在其日记中曾这样描述当时惨状的："遍地尸骸和瓦砾，除了出没的狼群，还看得到被人肉喂饱的凶残的野狗在游荡，自今年夏天以来，它们

二 甲午/辛丑

已不满足于只吃死人了"。这篇日记时间为10月20日,他描述的是早已成为废墟的皇城一带。

当时在京的美国人麦美德曾这样反思,"人们会说中国是自取其祸——这不是战争,而是惩罚,但是,当我们能够分辨善恶的时候,我们为什么还要采用使欧洲文明史蒙羞的残暴行为,在19世纪的最后几页留下污点呢?"

但历史就是这样的残酷,残酷得让人扼腕叹息。在义和团和八国联军之乱后,原来很多人来人往的繁华之地,已经成为一片废墟,有的地方甚至白天都可以看见狐狸出没。糊涂的决策和暴行,竟然把偌大的北京城毁败到如此地步。笔者记叙这些,并非是要激起人们的仇恨,而是希望引发更多的思考:如何才能避免这种无谓的灾难呢?

5. 庚子和谈：俄国公使逼死李鸿章

金满楼

庚子年初夏，在大局已乱的情况下，慈禧太后电令贬至广东的李鸿章迅速赴京，以转圜当时局势。在广州登船准备北上之际，南海知县裴景福问他有何办法可以让国家少受损失，李鸿章叹道："不能预料！唯有竭力磋磨，展缓年分，尚不知做得到否？吾尚有几年？一日和尚一日钟，钟不鸣，和尚亦死矣！"

李鸿章当年已77岁，老病缠身，时日无多。到上海后，由于北京局势并未好转，李鸿章暂停脚步，在上海等候局势的发展。事实上，李鸿章的儿子和他的幕僚们也建议他暂时不要北上，因为当时北京这么混乱，李鸿章去了也办不成什么事情，弄不好在混乱中被杀也不是没有可能。因此，清廷于8月7日任命他为议和全权大臣后，李鸿章仍暂留上海，直到9月中旬，北京的大局已定后，李鸿章才乘坐轮船前往天津。

李鸿章在上海时期，表面上看来并无动静，但暗地里却与清廷的各驻外使节电报不断，并通过各种渠道打听参战列强的底线。国难当前，李鸿章再次拿出他办洋务中所擅用的"各个击破，以夷制夷"手法，要和列强们过过招了。唐德刚在《晚清七十年》里，将李鸿章的方法称之为"水鸟政策"——所谓"水上不动、水下快划"是也。

对于李鸿章这样老资格的谈判对手，列强们还是颇为忌惮的。由此，在联军占领北京后，他们并不急于与清廷议和，而是试图先在内部达成一致意见，以防

二 甲午/辛丑

止被李鸿章所离间。不过,俄国的表现最为积极。8月25日,俄国通过驻外使节通知列强政府:鉴于清廷已经撤离了北京,俄方将驻华公使馆的所有外交人员送到天津,届时俄军将执行护送任务并同时撤离。俄国的撤兵之举,无非是以此表示对清廷重返北京的一种支持,借此博得清政府的好感;更重要的是,俄国这种急于示好的姿态,目的还在于诱迫清廷签订一项有关东北的协定,以实现它长期控制东三省的野心。

对俄国的此项提议,英、德、奥、意等国对于俄国的建议大都嗤之以鼻,英国则率先以直截了当的方式拒绝了俄方的提议,而自认为是最大"受害国"的德国对俄国的提议更是大为光火,其讥讽俄国试图把自己扮演成"追求中国宠爱的情人",特地在有意无意间揭露俄国人的真实阴谋。

和谈迟迟不能开始的另外一个原因是列强对清廷的谈判人选,也就是李鸿章的全权大臣资格问题。为此,各国外交官发生了激烈的争论。众所周知,李鸿章曾于1896年签订过"中俄密约",因此俄国人很欢迎李鸿章作为清廷的谈判大臣。俄国的表态很快引起了其他列强的警惕和反感,特别是德国人,更是坚决反对以李鸿章为谈判对象,他们甚至企图将李鸿章逮捕起来作为"人质"。日本也不愿意与李鸿章展开和谈,因为他们深知李鸿章是"亲俄派",只会对俄国有利而对自己不利。英国对李鸿章的谈判资格问题左右为难,它既不愿意看到李鸿章倒向俄国一边,但由于担心这个问题拖得太久会导致清廷的垮台,最后反损害了自己的在华利益。美国和英国一样,他们最关心的是自己的商业利益,因此主张接受李鸿章为谈判对象。

最后,经过清廷和列强的多次交涉及列强之间的反复沟通后,列强终于接受了清廷派出庆亲王奕劻和李鸿章为议和大臣的建议,双方开始展开谈判。另外,清廷还令湖广总督张之洞和两江总督刘坤一遥为参预,据说这是李鸿章的提议———因为在上一次《马关条约》中,李鸿章一人前往谈判,回国后饱受诟病,因此这次他多拉了几个人进来垫背,以共同承担责任。

1900 年 10 月 10 日，李鸿章抵达北京。谈判最初，公使团最关心也是清廷争论最激烈的是"惩办祸首"的问题。在 10 月 28 日的会议上，各国公使向清廷提出要求，除了处决那些对围攻使馆负有责任的王公大臣之外，其他各省犯有杀害外国人罪行的官员也应处以死刑，其中他们特别强调了董福祥和毓贤这两个人的责任。

在"惩凶"的问题上，德国人表现最为激烈。9 月 17 日，德国向其他列强发出照会，要求以"清廷交出祸首"作为"进行外交谈判的一个先决条件"。英国也主张严厉惩办祸首，并试图扩大惩罚范围。对此，俄、美、日等国不以为然，他们主张从轻处理，不宜扩大打击面，以使得和谈能够顺利进行。

在英、德等国的压力下，清廷只得发布"上谕"，把庚子国变的责任推给了各王公大臣，说他们"昏谬无知，嚣张跋扈，深信邪术，挟制朝廷，于剿办团匪之谕，抗不遵行，反纵信拳匪，妄行攻战，以致邪焰大张"，由此"聚数万匪徒于肘腋之下，势不可遏，复主令卤莽将弁，围攻使馆，竟至数月之间"。随后，清廷宣布将载漪、载勋、载澜、载濂、载滢、溥静、英年、刚毅、赵舒翘等九人革去爵职或差事，并交有关衙门议处。但是，这道避重就轻的"上谕"显然和英、德等国的要求相去甚远，特别是德国，他们绝不会就此罢休。

当时一个极为隐晦但又很明白的问题是，对庚子年事件负有主要责任的慈禧太后是否需要惩办？德国是一度想惩办慈禧太后的，正如《庚子国变记》中说的，当时的联军统帅瓦德西对李鸿章说的："今罪人方居中用事，吾当自引兵往取之"，想必不是空穴来风，虚言恫吓。

但其他列强在经过反复考虑后，认为惩办慈禧太后既不现实也无可能，因为一旦惩办慈禧太后，极有可能引起更大的动乱或造成瓜分中国的局面，这对列强的利益并无好处；再者，惩办慈禧太后完全不符合东方人的传统和文化。英国外相索尔兹伯理在对德国驻英大使的谈话中就明确表示，"惩办皇太后是绝对不可能的"。

二　甲午／辛丑

在列强中名声尚好的湖广总督张之洞也曾强调说："由于皇帝是太后陛下的嗣子，而且由于中国的政治依赖孝顺的原则，如果皇帝陛下容许他的母亲遭受耻辱，那么，他就无面目见他的臣民或获得他们的忠顺。"张之洞的这番话事实上是提醒列强，之前那些外国公使因为太不懂中国国情而导致局势恶化，这已经是一个很大的教训了。

事实上，不但惩办慈禧太后决无可能，就连惩办那些王公大臣也颇成问题。英国曾主张对照会中所列举的罪犯一律处以死刑，这个提议虽然得到了法、德、奥、意等国的支持，但俄、日、美等国则认为对一些王公和敏感的大臣，如端王（载漪）、澜公（载澜）及董福祥等人处以死刑，既与中国的国情不合，也不利于和谈的继续。经过反复的磋商，各国外交团提出端王载漪判为斩监候，如果清廷赦免他，即应流放新疆，载澜也应同样如此；对于英年、赵舒翘、毓贤等人，外交团则要求予以斩首。1901年2月21日，清廷发布"上谕"，接受列强关于惩凶的全部要求，仅把对英年和赵舒翘两人的刑罚由斩首改为"赐令自尽"。

从法国最初提出六项条款到外交团会议上被扩充为十二款后，担任外交团首席公使的西班牙公使葛络干在1900年12月24日将此"议和大纲"面交庆亲王奕劻（李鸿章因病未出席），要求清廷迅速做出答复。12月27日，清廷以难得的高效率批准了列强提出的"议和大纲"。

在随后的九个多月时间里，列强主要在惩凶和赔款这两个问题上展开了激烈的斗争，直到1901年9月7日，各项条款才最终拟定，庆亲王奕劻和李鸿章作为清廷的代表与英、美、俄、日、法、德、意、奥、比利时、西班牙、荷兰11国签订了所谓的《辛丑条约》。《辛丑条约》共12款，另有19个附件，其主要内容包括为德国公使克林德树石碑，建牌坊，另派醇亲王载沣为头等专使大臣，亲自前往德国大皇帝面前谢罪；赔偿四点五亿两白银等，丧权辱国，莫过于此。

议和过程中，年老力衰的李鸿章因为多年的积劳成疾，终于一病不起。1901年9月7日，李鸿章在《辛丑条约》上签字回来后，再一次大口地吐血（医生诊断为胃血管破裂），他在病榻上上奏朝廷："臣等伏查近数十年内，每有一次构衅，必多一次吃亏。上年事变之来尤为仓促，创深痛巨，薄海惊心。今议和已成，大局稍定，仍希朝廷坚持定见，外修和好，内图富强，或可渐有转机"。

对于李鸿章当时的伤心与无奈，读者或当感之鉴之，"卖国贼"三字出口之前，亦当慎之又慎。令人疑惑的是，李鸿章在条约上的签字，貌似连笔，粗看上去有点像"肃"字（清廷曾封他为肃毅伯），实难辨认，这种用意恐怕只有李鸿章一个人知道。

《辛丑条约》签订两个月后，李鸿章终于油尽灯枯，溘然去世。更可恨的是，俄国公使格尔思为获得东北的侵略权益，一再苦苦相逼到病榻之前，直到李鸿章临终仍不肯离去。远在西安的慈禧太后得知李鸿章病势沉重后，言他"为国宣劳，忧勤致疾"，望他"早日痊愈，荣膺懋赏"。可惜的是，李鸿章已经等不到那一天了。

二 甲午／辛丑

6. 重新认识外国资本在近代中国

马 勇

我们在讨论近代中国历史时，一直借用列宁对帝国主义的分析，以为资本主义发展到了帝国主义阶段，就是资本输出，就是用资本对后发展国家进行疯狂掠夺。于是"帝国主义在中国"成为一个批判性最强的题目，只要探讨这个问题，无不将注意力放在外国资本对中国的剥削和超额剩余价值榨取上。一部丰富多彩的近代中国变革史被简约为侵略与反侵略的历史。

三十年前，近代史学者在进行这些探讨时，无论如何想不到中国有朝一日也会被指责为"中国帝国主义"、"新殖民主义"。这是历史的进步。表明中国在经历了三十年超常规发展后，至少在经济上已具备了资本输出、用资本说话的能力。

中国在非洲或其他较中国更落后国家的资本输出，按照我们一般理解，当然有利润的冲动，有资本本身的运行规律，但中国资本绝对没有去控制该国政治，或者垄断该国经济等"新殖民主义"或"新帝国主义"的政治诉求。中国对这些地区的投资，纯粹是商业性的，有资源的因素，有利润的冲动，但绝对没有政治诉求，其效果追求是双赢，是有助于该国经济自主发展的。

如果熟悉我们的近代中国历史表达，不难发现这些对今天中国的指责，其实就在过去几十年的中国历史教材中。时过境迁，我们今天确实有必要重新认识"帝国主义在中国"这样的问题，为中国的未来发展，为中国资本在全球经济中健康增长提供一个合乎情理的理由。

资本确实像马克思《资本论》所分析的那样具有榨取超额利润的冲突，这是资本的本性。资本也确实具有列宁所分析的那些特点，一旦在国内经济增长中过剩，必须向外输出时，总是与一国政治、经济、外交，甚至军事行动相关联。只是资本输出给被输出国所带来的后果，列宁的分析和我们过去几十年的表述，可能太表层化，因为我们从来没有过资本输出的经历，没有对资本输出需要保护的切身感受。

西方老牌资本主义国家的资本输出大约在十九世纪八十年代，那个时候的中国人也曾敏感地意识到一个新时代的来临，郑观应就呼吁朝野注意这些国家的"商战"谋略，这些国家非常注意从政治、经济、外交，甚至军事行动等层面保护自己的商业利益。然而那时的中国并没有对外国资本开放，中国虽说在那个时代引进了一些外国技术、人才，但外国资本对中国并不构成巨大压力，也不是中国增长的动力。过去很多年，我们在解读铁路为什么在《马关条约》前不能在中国获得发展时，总是以为铁路理念与中国人传统价值观和风俗习惯相背离，总是说铁路所经地方破坏了中国的风水，因而被抵制被拒绝。其实，这个说法是不真实的。铁路在《马关条约》前无法在中国获得充分发展，主要是因为那时中国没有足够物流和人流；而那时中国之所以没有足够物流和人流，是因为中国的资源没有获得充分开发；而中国的资源没有获得充分开发，主要的也不是中国人的传统理念，而是因为中国没有足够的开发资本，中国凭借自己的资本去开发矿产资源，去修筑铁路，那是一个不可想象的困难。

《马关条约》之后一切都不一样了。这个条约同意"日本臣民"有权在中国投资办厂，享受进出口政策优惠。根据条约体制，西方各资本主义国家对日本人获得的这个权利一体共享。于是，在1895年之后短短几年时间，外国资本像钱塘江大潮一样涌进中国，过去几十年中国人无法梦想的增长迅即实现，贯通南北的两条铁路干线迅速分段动工，开平煤矿、汉冶萍公司等矿产资源很快获得开发。至1903年，铁路已成长为一个具有巨大赢利空间的新兴产业，以致中国民间资本

二　甲午 / 辛丑

强烈要求政府将这些产业向他们开放。如果没有外国资本的介入，中国不可能在1895年之后获得迅速发展，新兴的资产阶级、无产阶级，也不可能在那个时刻发生。

外国资本对中国发展作出了巨大贡献，就像今天的中国资本在非洲一样，迅速带动了那儿的产业升级和资源开发。我们不能说这就是经济侵略，这只是资本凭着本性寻找利润空间和价格洼地。

对于资本来说，不仅需要利润，更需要安全，因此东西洋各国在向中国投入巨大资本的同时，也在想办法为其资本营造安全保障。在政治上，各国加强与中国的联系，相继调整和扩大了驻华外交官。在军事上，各国都向中国沿海派遣了海军舰队，他们除了沿途担负各国远洋货运及人员来往安全，其实还对在中国境内的各国资产、人员负有安全使命。在1898年秋天中国政治发生巨大变动时，在1900年京津地区政治动荡时，各国海军陆战队能够迅速向北京调兵遣将，拯救外交官和侨民，其实都是这些军事存在发挥作用。

用军事手段保护资本安全，是各国"商战"的一个重要经验。连带着，还有军事或商业基地构建。在近代早期中国开发过程中，由于外国资本分量巨大，外国资本总是希望能在中国沿海寻找一个比较优良的港口码头，建设一个基地。一方面用来供外国远洋巨轮抵达后停泊和休整，另一方面具有海军基地性质。对于这些基地，清政府当时遵从商业原则去处理，大致以租借方式去解决，很少使用香港早期那种"永久割让"方式。有期限的租借，意味着这些国家只是拥有一定年份（一般为九十九年）使用权。在这个期限内，租借者有权投资有权维护，到期归还。这种纯商业租借方式并不涉及主权和领土完整，因而尽管当年有不少反对声音，但清政府并没有因此而却步。

事实上，当中国资本已成为全球资本一个重要组成部分时，中国在全球租借港口码头，保护中国资本和人员顺理成章。从现实反观历史，我们应该重新认识"帝国主义在中国"，应该以一种理性精神重新检讨近代中国发展史，公平看待各国资本在中国发展史上的贡献和问题。

三 立宪/共和

1. 梁启超：坚定的超级立宪派

解玺璋

梁启超比较早地注意到立宪在中国政治体制改革以及建构现代文明中的重要性，至少在光绪二十五年（1899），他就写了《各国宪法异同论》发表在《清议报》上。此时，距戊戌政变发生不足一年，梁启超流亡日本亦不久，严复所翻译之《群己权界论》尚未发表，在中国，即使知识界，对宪法、宪政也是只知其一，不知其二，知其然不知其所以然，甚至一无所知。所以，梁启超的这篇文章在一般意义上普及了关于宪法和宪政的知识，同时，也在总结百日维新经验教训的基础上，提出了推进新的政治改革的目标。

在他看来，中国实行立宪的时机已经到来。光绪二十六年（1900），他发表了《立宪法议》一文，向清政府提出了六条建议，恳请皇上昭告天下臣民，"定中国为君主立宪之帝国,万世不替。"他认为,中国的立宪可以经过以下几个步骤:派重臣出洋考察、成立立法局,草定宪法、向国民解释和宣传各国宪法的相关知识、公布宪法草案,请全国士民展开讨论,并全民公决,他预测这个时间需要二十年。不管这个时间表是长是短,他一再提醒大家,由于日本已经"得风气之先",顺应时势,实行立宪,一跃成为亚洲强国,中国要迎头赶上,则不能不将立宪作为当务之急,而"须臾不可缓"。他总结戊戌变法、百日维新所以失败的原因,看到一个很重要的问题,即忽略了从制宪入手。他说:"日本之实行宪法也,在明治二十三年,其颁布宪法也,在明治十三年,而其草创宪法也,在明治五年。当其草创之始,特派大臣五人,游历欧洲,考察各国宪法之异同,斟酌其得失,既归而后开局一制作之。"他希望清政府也能像日本这样,将立宪确定为基本国策,并有条不紊、持之以恒地做下去,终有一天,中国也将以君主立宪国的新面目出现在东方。五年后,他的这套方案终于被清政府采纳,光绪三十一年(1905),清政府决定简派端方等五大臣出洋考察宪政,显然是在梁启超的启发下做出的重大决策。有意思的是,这时的梁启超,其实是个清政府悬赏十万两白银通缉的"大逆不道"的罪犯。

立宪非止一种,有君主立宪,也有民主立宪,前者以英、日为代表,后者以法、美为代表。他看到,"民主立宪政体,其施政之方略,变易太数,选举总统时,竞争太烈,于国家幸福未尝不间有阻力";而君主立宪就不同了,以英国为例,"君位之承袭,主权之所属,皆有一定,而岂有金壬得乘隙以为奸者乎?大臣之进退,一由议院赞助之多寡,君主察民心之所向,然后授之,岂有曹莽安史之徒,能坐大于其间者乎?且君主之发一政施一令,必谋及庶人,因国民之所欲,经议院之协赞,其有民所未喻者,则由大臣反覆宣布于议院,必求多数之共赞而后行,民间有疾苦,皆得提诉于议院,更张而利便之,而岂有民之怨其上者乎?"也就是说,这样做的好处,在于杜绝了野心家、阴谋家的权力欲望,并将每个人的权力限制在一定范围之内,防止出现国家权力集于一身的情况,不必因权力的更迭而引发

三　立宪/共和

动乱或流血冲突，国民的诉求和疾苦也有了伸张和落实的机会，从而使民怨得以化解。于是他得出结论，"君主立宪者，政体之最良者也"；而且是"永绝乱萌之政体也。"他希望当权者能看清时势，实行立宪，这样才能使国家走上独立富强之路，免除被列强瓜分的危险。

实际上，在清政府宣布"预备立宪"之前的几年里，梁启超一直在民间进行宪政的启蒙与宣传。光绪二十八年（1902），他写了《论立法权》、《论政府与人民之权限》等文章，同一年，他还创作了晚清第一部政治寓言体小说《新中国未来记》，当时便有人指出，这篇所谓小说，纯是为了梁启超要阐发他的宪政理想和见解，穿插几个人物于其间，里面最精彩的部分，正是黄克强与李去病关于政见的长篇辩论，整个第三回，写了一万六千余字，只写这一件事，翻来覆去地辩驳，你来我往，四十四次，在小说写作中也算作"至是而极"了。所以，五大臣出洋考察归来，请梁启超代为起草考察宪政的报告，以及奏请立宪、赦免党人和请定国是的奏折，可谓找对了人。他在光绪三十二年（1906）给徐佛苏的一封信中透露了这个绝大的秘密：

> 尔来送生活于海上者二十余日，其间履陆地者，不过三十余小时。公闻当亦大讶其行踪之诡秘耶……
> 　　近所代人作之文，凡二十万言内外，因钞誊不便，今仅抄得两篇，呈上一阅，阅后望即掷返。此事不知能小有影响否，望如云霓也。（诸文中除此两文外，尚有请定国是一折亦为最要者，现副本未抄成，迟日当以请教。）

任公此信未记日期，徐佛苏多年后追记为"乙巳年"，即1905年，应该属于误记。不过，请一位流亡海外的朝廷要犯起草给朝廷的奏折，这样的奇闻恐怕只能发生在清末这样一个特殊的时期。很显然，他并不相信中国的立宪可以一蹴而就，他始终认为，中国的立宪应该有步骤地进行，既然日本前后用了大约二十年的时间，那么，"中国最速亦须十年或十五年，始可以语于此"。这是因为，"立宪政体者，必民智稍开而后能行之"。在这里，制度建设和思想启蒙，应该表现为互为因果的辩证关系，没有绝对的谁先谁后、先有鸡还是先有蛋的问题。他有一篇长期以来一直为人们所诟病的文章，就作于1906年初，这篇名为《开明专制论》的文章，一直是梁启超"反对革命"、"维护专制"的铁证。其实，细读此文就会发现，梁启超所谓"开明专制"，并非维护专制制度，而是希望在实行立宪之前能有一个预备期，一个暂时的过渡阶段。当然，"此时代不必太长，且不能太长，所过之后即进于立宪，此国家进步之大顺序也"。如果不是从某种观念出发，而是从中国的历史和现状出发，那么就应当承认，梁启超的主张自有其道理在。这个道理就在于对国民素质的认知，应该实事求是，对于国家社会组织的状况，亦应实事求是。

然而，形势发展之快，变化之速，却是梁启超始料所不及的。自从光绪三十二年（1906）七月十三日清政府宣布"预备立宪"以来，朝野上下都以谈立宪为时尚。梁启超也主动结束了与《民报》长达两年多的论战，准备全身心地投入到立宪运动中去。他说："从此政治革命问题，可告一段落。此后所当研究者，即在此过渡时代之条例如何。"为此，他和蒋观云、徐佛苏、熊秉三等筹划成立了政闻社，并出版《政论》杂志，鼓吹立宪，制造舆论。这时的梁启超俨然就是立宪派的幕后导师和精神领袖。应当看到，清政府在关于预备立宪的上谕中对形势的估计，与梁启超并无矛盾，其中讲道："目前规制未备，民智未开，若操切从事，涂饰空文，何以对国民而昭大信。故廓清积弊，明定责成，必从官制入手，亟应先将官制分别议定，次第更张，并将各项法律详慎厘订，而又广兴教育，清理财务，整饬武备，普设巡警，使绅民明悉国政，以预备立宪基础。"这一番说辞都是梁启超在《开明专制论》中反复讲过的，而且，清政府提出九年的预备时限，较之梁氏先前关于二十年的建议，至少缩短了一倍。但也许是受到时代风尚的影响，

三　立宪 / 共和

又为形势所迫，光绪三十三年（1907）六月之后，梁启超逐渐放弃了稳健的主张，转而要求速开国会，及时立宪。

这种情况一直延续到民国之初，梁启超对君主立宪仍然情有独钟。他在宣统三年（1911）九月十六日冒险回国，就是看到了还有实现君主立宪的可能，还想为此而搏一搏。他说："本初（袁世凯）观望不进，今欲取巧，今欲取而代之，诚甚易，资政院皆吾党，一投票足矣。"他还说："所幸武汉之事，出自将军黎元洪，而汤化龙参之，皆士夫也，或可改为政治革命。"但南北双方的政治博弈不仅没给清皇室留下太多时间，也没给梁启超留下太多时间。他这次回国，几乎一事无成，很快就失望地回到日本，这时，他发表了《新中国建设问题》，尽管文章对于英国式的虚君共和政体与其它五种政体的利害得失做了非常详尽和深入的对比，认为前者最适宜于中国，并且详述其理由，但他对于君主立宪在中国的前景已经表示了深深的绝望。他在文章的结尾慷慨痛愤地说：

> 然则中国亦可行此制乎？曰：呜呼！吾中国大不幸，乃三百年间戴异族为君主，久施虐政，屡失信于民，逮于今日，而今此事，殆成绝望，贻我国民以极难解决之一问题也。吾十余年来，日夜竭其力所能逮，以与恶政治奋斗，而皇室实为恶政治所从出。于是皇室乃大憾我，所以戮辱窘逐之者，无所不用其极。虽然，吾之奋斗，犹专向政府，而不肯以皇室为射鹄；国中一部分人士，或以吾为有所畏，有所媚，讪笑之，辱骂之，而吾不改吾度。盖吾畴昔确信美、法之民主共和制决不适宜中国，欲跻国于治安，宜效英之存虚君，而事势之最顺者，似莫如就现皇统而虚存之。十年来之所以慎于发言，意即在是，吾行吾所信，故知我罪我俱非所计也。虽然，吾盖误矣。今之皇室乃饮鸩以祈速死，甘自取亡，而更贻我中国以难题。使彼数年以来稍有分毫交让精神，稍能布诚以待吾民，使所谓十九条信条者，能于一年数月前发布其一二，则吾民虽长

戴此装饰品，视之如希腊、那威等国之迎立异族耳，吾知吾民当不屑断断与较者。而无如始终不寤，直至人心尽去，举国皆敌，然后迫于要盟，以冀偷活而既晚矣。夫国家之建设组织，必以民众意向为归，民之所厌，虽与之天下，岂能一朝居。呜呼，以万国经验最良之虚君共和制，吾国民熟知之，而今日殆无道以适用之，谁之罪也？是真可为长太息也。

梁启超此时颇有些感伤，但也无可奈何。随着清室退位，民国成立，《临时约法》颁布，他选择了接受民主共和这个现实，但在政体方面，他希望能采取政党内阁制，以促进民主立宪的落实。这期间他参与了进步党的创建，并依托进步党，与袁世凯合作，对同盟会及后来的国民党加以制衡。他说："吾党一面既须与腐败社会为敌，一面又须与乱暴社会为敌，彼两大敌者，各皆有莫大之势力蟠亘国中，而吾党以极孤微之力与之奋斗，欲同时战胜两敌，实为吾力之所不能逮，于是不得不急其所急，而先战其一。"他从中外历史经验中看到，"革命之后，暴民政治最易发生。而暴民政治一发生，则国家元气必大伤，而不可恢复"，所以他选择了不甚满意之政府，勉予维持，而集中力量对付"祸国最烈之派"。于是便有了在二次革命期间对袁世凯的支持，有了在总统选举中力挺袁世凯，有了在国会中对国民党势力的排斥，直至最后宣布解散国民党、解散国会。它所带来的直接后果，就是袁世凯权力欲望的极度膨胀，最终走到恢复帝制，黄袍加身的老路上去。

民国四年（1915）八月十四日，杨度、孙毓筠、严复、刘师培、李燮和、胡瑛等在北京发起筹安会，使帝制运动公开化，梁启超随即发表了著名的《异哉所谓国体问题者》一文，不仅痛斥帝制之非，而且，借此机会阐明了他坚持立宪的态度："吾以为国体与政体本绝不相蒙，能行宪政，则无论为君主为共和，皆可也。不能行宪政，则无论（为）君主为共和，皆不可也。"很显然，梁启超是个坚定的超级立宪派，有人看到他曾经主张君主立宪，对他反对袁世凯称帝很不理解，或者以为他已改弦易辙，更醉心于共和。他则声明，他只是个"立宪党之政论家，

三 立宪/共和

只问政体，不问国体"。他说："盖国体之为物，既非政论家之所当问，尤非政论家之所能问。"如果政论家一定要对国体问题说三道四，那他就是"不自量之甚也"。不仅政论家如此，政治家也应如此。"常在现行国体基础之上而谋政体政象之改进，此即政治家唯一之天职也，苟于此范围外越雷池一步，则是革命家之所为，非堂堂正正之政治家所当有事也"。

在他看来，一个国家的国体是君主制还是共和制，主要的并不在于政治家的选择和政论家的鼓吹，而要看历史发展的必然性。政治家或政论家都没有理由也没有权力把自己的好恶强加给国民，如果他们强行选择一种国体要国民接受，都可能给国家带来动乱和灾难。所以他解释道："昔吾对于在君主国体之下而鼓吹共和者尝施反对矣，吾前后关于此事之辩论，殆不下二十万言，直至辛亥革命既起，吾于其年九月犹著一小册子，题曰《新中国建设问题》，为最后维持旧国体之商榷。吾果何爱于其时之皇室者？彼皇室之僇辱我岂犹未极，苟微革命，吾至今犹为海外之僇民耳。复次当时皇室政治，种种予人以绝望，吾非童駿，吾非聋聩，何至漫无感觉？顾乃冒天下之大不韪，思为彼勾垂绝之命，岂有他哉，以为若在当时现行国体之下，而国民合群策合群力以图政治之改革，则希望之遂或尚有其期。旧国体一经破坏，而新国体未为人民所安习，则当骤然蜕变之，数年间其危险苦痛将不可思议。"现在，经过数年的社会震荡，国民付出了惨痛的代价而喘息未定，不过，共和国体毕竟确立起来，这是非常不容易的，是每个人都应该珍惜的。所以，他绝不能容忍一班文人鼓吹第二次变更国体，更不能接受袁世凯要当皇帝的事实。虽然他一再表示"君主立宪"最适宜中国的国情，但既然共和国体已然既成事实，他宁肯选择"民主立宪"。他说："平心论之，无论何种国体皆足以致治，皆足以致乱。治乱之大原，什九恒系于政象，而不系于国体。而国体与国情不相应，则其导乱之机括较多且易，此无可为讳也。故鄙人自始不敢妄倡共和，至今仍不敢迷信共和，与公等有同情也。顾不敢如公等之悍然主张变更国体者，吾数年来怀抱一种不能明言之隐痛深恸，常觉自辛亥壬子之交，铸此一大错，而中国前途之希望，所余已复无几，盖既深感共和国体之难以图存，又深感君主国体之难以规复，是用怵惕彷徨，忧伤憔悴，往往独居深念，如发狂易，特以举国人方皆心灰意尽，吾何必更增益此种楚囚之态，故反每作壮语，以相煦沫。然吾力已几于不能自振矣。"这里所说，应该是梁启超真实且矛盾的心理活动，随后他与蔡锷等起兵反袁，与其说他功在再造共和，再造民国，不如说他心中的共和与民国，还是立宪的共和与民国，而并非专制的共和与民国。这一点，对当今的政治改革也有很多的启发。

三 立宪 / 共和

2. 孙中山为何要抢着当总统?

金满楼

武昌起义爆发时,孙中山正在美国犹他州盐湖城边一个小城市 Ogden 的一家名叫 Marion 的旅店内,当时他正带领两位洪门筹饷局演说员奔走于美国各埠四处演说,以筹募革命资金。唐德刚在《晚清七十年》中称孙中山此时"在美国洗盘子",此说流传甚广,但绝非事实,有孙中山当天用旅店信笺所写之信为证。

1911 年 10 月 12 日,孙中山才从报纸上看到武昌起义的消息,当时他刚抵达科罗拉多州的丹佛城。经再三考虑后,孙中山认为自己的任务不在"疆场之上"而在"樽俎之间",于是暂缓立刻回国的计划,而是继续留下来,以图通过外交活动帮助革命政府赢得列强的承认,并获取经济上的支援。

随后,孙中山秘密请见美国国务卿诺克斯,诺克斯未予回应。10 月 22 日,黄兴发来电报,催促其立刻回国,但孙中山不愿放弃自己的初衷而赶往纽约会见日本外交官,由于当时局势并不明朗,日本方面同样拒绝了孙中山的要求。之后,孙中山离开美国前往欧洲游说各国政要,企图获得列强对革命政府的贷款及外交支持。但是,孙中山的诸多努力并没有获得回报,英国外交部官员反应冷淡甚至暗讽孙为"喜说大话的政治家"。一番良苦并没换来回报,孙中山只得于 11 月 23 日离开巴黎启程回国。

1911 年 12 月 21 日,孙中山抵达香港,由此结束了长达 16 年的流亡生涯。25 日晨,孙中山携广东籍革命党人胡汉民、朱卓文等人乘英国邮轮"丹佛号"驶抵上海吴淞口,同船到达的还有美国友人咸马里夫妇及日本友人宫崎寅藏、池亨吉、山田纯三郎、太田三次郎、群岛忠次郎等人。孙中山的到来,一定程度上缓解了革命阵营的"领导缺位"危机,并使得原本涣散无力的同盟会有了主心骨。

事实上,南方阵营也不是铁板一块。具体而言,当时角逐主导权的有以黎元洪为代表的湖北革命派,有以张謇、程德全、汤寿潜等人为核心的江浙立宪派,而由各省革命党人(并非全是同盟会员)及少数立宪派或名流混杂而成的"各省代表会"也在新政权的形成过程中举足轻重。

此刻,由立宪派所支持的南北和谈此刻正在顺利进行,议和一旦成功,由"国民会议"表决国体,那么之后的形势将是,无论清帝退位不退位,袁世凯都将获取大权。如果真是这样,作为革命先导的同盟会即将被迅速边缘化,这显然是孙中山、陈其美、宋教仁等革命党所无法接受的。有鉴于此,陈其美等人在汉阳兵败后力举黄兴为大元帅即有此考虑。

孙中山抵达上海后,在随后的几天里应酬繁忙,白天他要接见各路记者及各省名流的采访与拜谒,晚上则与同盟会的重要干部密会于寓所,就民国未来的走向、政制的设计、人事的安排展开讨论。

因"临时政府"的组织一时难产,"各省代表会"于12月27日派遣代表马君武、王有兰、许冠尧赴上海拜谒孙中山。会谈中,双方就几个重大问题展开了讨论。

代表问:"代表团拟举先生为临时大元帅,先生之意如何?"

孙回答:"要选举就选举大总统,不必选举大元帅,因大元帅在国外并非元首。"

代表说:"在代表会所议决的《临时政府组织大纲》,本规定选举大总统,但袁世凯的代表唐绍仪,在汉口试探议和时,曾表示如南方能举袁为大总统,则袁亦可赞成共和,因此代表会有决议此职暂时留待。"

孙说:"那不要紧,只要袁真能拥护共和,我就让给他。不过总统就是总统,'临时'字样可以不要。"

三　立宪/共和

代表说:"这要发生修改组织大纲问题,俟回南京与代表会商量。"

之后,孙中山又提议改用西历并在西历1912年1月1日(即辛亥年十一月十三日)就职,代表们认为兹事体大,须报告给代表会决定。

由于时间紧迫,马君武三人当晚即启程返回南京。次日上午十点,三人向"各省代表会"报告了与孙中山的谈话内容,各省代表经讨论后认为,"临时大总统"的"临时"二字不能去除,因为此刻南北尚未统一,正式宪法也未制定,正式总统自然无从谈起;至于改用西历一说,各代表争论颇久,直至马君武起而强调孙中山持论甚坚,"各省代表会"这才勉强通过。当晚,各省代表即举行选举预备会,以投票选出临时大总统候选人。

12月29日午后一点,"各省代表会"召开正式的临时大总统选举会,会议以汤尔和为主席,王宠惠为副主席,刘之洁为监选员,袁希洛为书记。当日到会共十七省代表43人,按《临时政府组织大纲》规定的程序,各省代表无论到会几人均为一省一票(十七省即17票),投票不记名。之后,会议主席命打开候选人票箱,"孙文、黎元洪、黄兴"三人名字赫然在列。最后统计,孙中山得16票,黄兴得1票。黎元洪则于1912年1月3日以17票全票当选临时副总统。

投票结束后,各省代表会即决定派议长汤尔和、副议长王宠惠赴上海欢迎孙中山来宁就职。1912年1月1日上午,孙中山偕胡汉民、荷马李等一行数十人乘专列离开上海,下午5点抵达南京。当晚10点,孙中山在前两江总督衙门中(即临时总统府)举行宣誓就职仪式,誓词曰:"倾覆满洲专制政府,巩固中华民国,图谋民生幸福,取民之公意,文实遵之。以忠于国,为众服务。至专制政府既倒,国内无变乱,民国卓立于世界,为列邦所公认,斯时文当解临时大总统之职。谨以此誓于国民。中华民国元年元旦。"

据革命党人戢翼翘的回忆,孙中山当晚的就职仪式极其仓促简单,他看见"中山先生和胡汉民走进来,两人都穿着大礼服,戴大礼帽,胡汉民手拿文告,站在中山先生的身边。中山先生宣誓就职后用广东话演讲,我根本就听不懂。仪式很快就结束后,灯很暗,也没照什么纪念的相片。我们很奇怪为什么这样草率,第二天才明白原来是赶在这天改元,用新历。"

颇蹊跷的是,当时照相已非罕见,当晚就职典礼的相片也极具历史价值与意义,但目前似乎找不到这样一张建国照片,这不免令人感到有些遗憾(据说日本摄影师荻屋坚藏在场拍摄了相关影像,胶片现存于中央电视台新影制作中心)。诚如戢翼翘所说,这次的就职仪式"仓促简单",但无论如何,"中华民国"在这一天成立了,历史翻开了新的一页,这才是真正有意义的。

读到此处,读者或许会发现一个明显的问题,那就是12月29日"各省代表会"选举孙中山为临时大总统时,唐绍仪与伍廷芳在上海的南北和谈中也已达成"以国民会议决定国体问题"的初步协议;而在30日的第四次和谈中,唐、伍在达成国民会议召集办法时,南京的"各省代表会"却通过这样一个决议:就清内阁代表唐绍仪要求召开国民会议一节,应由本会致电伍廷芳代表,请其答复唐代表:本月初十日(即29日)十七省代表在宁开会,选举临时大总统,已足见国民多数赞成共和,毋庸再开国民会议。

离奇的是,南方议和代表伍廷芳并未受此决议的影响而仍于次日(12月31日)继续进行第五次和谈,并提出"国民会议"在上海召开,日期定于1912年1月8日。究竟是南京的"各省代表会"与在上海谈判的伍廷芳南方代表团之间的信息沟通不畅(主要通过电报来往),还是伍廷芳有意压下电文以迷惑唐绍仪代表团,其中玄机颇令人费解。

据一般史料记载,12月29日"各省代表会"选举出临时大总统后,即发贺电给当事人孙中山,而孙中山则在当日致电袁世凯:

北京袁总理鉴:

文前日抵沪,诸同志皆以组织临时政府之责相属。问其理由,盖以东南诸省久缺统一之机关,行动非常苦难,故以组织临时政府为生存之

三 立宪/共和

> 必要条件。文既审艰虞,义不容辞,只得暂担任。公方以旋转乾坤自任,即知亿兆属望,而目前之地位尚不能不引嫌自避;故文虽暂承乏,而虚位以待之心,终可大白于将来。望早定大计,以慰四万万人之渴望。
>
> 孙文

此处有两点颇值注意:一是"各省代表会"自称代表国民多数"赞成共和",以此拒绝召开"国民会议",这似乎是延续了伍廷芳在12月20日谈判时的"偷梁换柱"之辞,由于"各省代表会"主要由南方革命代表组成,无论代表选派方式还是政见倾向,乃至其所代表的省份(部分省份未派代表或代表资格存在明显问题),都不足以替代"国民会议",这点似无疑问;二是孙中山致袁世凯的电报更像是烟雾弹,其文字遮遮掩掩,并没有明白说出自己已被南方阵营选举为"临时大总统",而更多是强调自己只是暂时担任组织之责而虚位以待袁世凯之心。

由此或可推论,在1912年1月1日孙中山就任临时大总统之前,袁世凯(包括唐绍仪)似乎对孙已当选为"临时大总统"之事一无所知,否则的话,唐绍仪无论如何都应向袁世凯报告(除非唐绍仪有意与南方一起愚弄袁世凯)。而混迹官场数十年的袁世凯,不可能不明了南方选举"临时大总统"所包含的政治含义,因为南方此举等同于"另立新国",这也意味着袁世凯企图通过和谈达成妥协统一的想法完全失败,南北和谈已毫无必要。如果说,袁世凯对此掉以轻心,这几乎是不可想象的。

作为旁证,资政院议员于12月31日致电袁世凯内阁,其中指责唐绍仪过于让步而坚决主张"国民会议"应在京召开,其中对南方选举出"临时大总统"一事毫无提及;同日,直隶总督陈夔龙致电内阁也只提及"国民会议"之事,对"临时大总统"一事也是只字未提。可见北京方面似乎对南方的进展毫无了解。当时,就连消息灵通的《泰晤士报》驻京记者莫理循也是在1月5日才提及孙中山就职之事,如果他在1月1日之前获得此消息,无论如何也不会失去这条极具爆炸力的新闻——这势必是一条震惊整个世界的大新闻。

但作为反证的是，美国的《纽约时报》却在12月29日刊载了这样一条短讯："南京12月29日电：南京代表大会一致选举孙中山为中华民国临时大总统。"但是，除此之外，别无他文。直到1月3日，《纽约时报》才刊载了一篇名为《南京举行临时大总统就职典礼》的长篇报道，这一次则极为详尽，走笔之人似乎亲眼见证。

由此，孙中山当选为"临时大总统"是否只在革命党内部公布或通过革命党人的私人关系公诸于个别外电，目前尚不好下定论，但在1912年1月1日之前，此事处于一个相对保密的状态，应无疑问（至少北方对此一无所知）。

不过话说回来，南方抢先成立"临时政府"以定国体，此举无待"当局者迷、旁观者清"，事实上，南北双方对此都心知肚明，大家心里跟明镜似的。所谓"名不正则言不顺"，南北双方之争，表面上看是"君宪"与"共和"之争，实际上则为"名器之争"。南方抢在"国民会议"之前成立临时政府，目的就在于与清廷分庭抗礼，而孙中山急于就任"临时大总统"，目的也在于逼迫袁世凯将其视为平等的谈判对手，以便革命党在推翻清廷后更好地参与政治权力的再分配。

以袁世凯的用意，他未必对清廷有所好感并有意扶持，但袁毕竟不是新派人物，而且讲究实用。在他看来，清廷固然无药可救，但作为一种政治象征加以保留也未尝不可，毕竟中国有着两千年多年的帝制传统，其历史惯性不容忽视；而且，在仿造英国"虚君共和"的君主立宪体制下，对减少国内动荡并维护国家统一也是利多于弊，至少比新造一个共和的成本更低，也更容易操作（譬如满蒙问题，譬如军阀割据之风险）。但是，南方革命党在共和问题的决绝态度令袁世凯无所适从，退而求其次的方法只能是"以国民会议议决国体问题"，因为如此一来，袁世凯既可以避免欺凌"孤儿寡母"之讥，同时也为清廷倒台提供了台阶。

就法理而言，"以国民会议议决国体问题"的做法虽然在操作上会出现种种困难与变数，但如果得以顺利实施的话，应该说更加符合"民主"的要义并且遵从了程序的价值。但事与愿违，程序价值最终败在了政治权术的算计之下，袁世

三 立宪／共和

凯精心设计的这一中间方法亦无从实施,南方"另立中央"的既定事实令其回旋余地减无可减,而在当时"战既无饷,和又无策"的局势下,袁世凯也只能与南方继续周旋下去,以求最终的解决之道。

之后,南北双方函电交驰,相互指责,不亦乐乎。表面上看,和谈已完全破裂,但实则不然。在张謇等立宪派及外国公使们的斡旋下,双方的秘密谈判仍在持续进行,即便已辞职的唐绍仪,当时也仍旧留在上海。在反复争辩与谈判后,双方最终在一桩幕后的交易上达成默契,那就是:牺牲清廷并由袁世凯迫使清帝退位,在全国归于共和后,孙中山将临时大总统让于袁世凯,由袁世凯出面组织民国政府。而这,也是当时中外各方所能接受的最佳方案。

3. 黄兴为何下令镇压革命军?

金满楼

辛亥年中,江浙联军攻下南京,据亲历者马涯民回忆:当时下关很热闹,进进出出都是军人。他们手臂上缠了白布,写着"xx 司令"、"xx 参谋"、"xx 师 xx 连"等字样。大观楼旅馆里有很多官员在赌博,第二天搭小火车到电话局去,车上有许多军人,很是拥挤。铁路两旁有许多士兵在开枪射击路灯电泡。车开到制台衙门口时,有部队在那里开枪互射,听说一边是江苏都督程德全的部队,一边是黄兴的部队。沿路还看到许多尸首摊在路上……

南京光复后,因为号称要"北伐",当时驻扎在南京城内及附近地区的各路军队名目繁多且互不统属,城内有浙军、沪军、光复军、铁血军、卫戍军等合计不下 10 万余众,而加上江苏境内及各地陆续开来的援军,则不下 20 万。时任南京临时卫戍司令兼第一独立混成旅旅长的许崇灏回忆说:南京光复后,号称师长者二十六人。情形极为混杂,名虽曰师,而兵不过千人或数百人而已。此等师长皆自称革命有功者,终日奔走于南京留守之门,要索饷械,无所不在,甚至彼此利用种种手段,钩引他人之营连长投编所属,以期巩固自身之地位,而为营连长者,每有朝秦暮楚以求升官发财之目的,廉耻道丧,革命精神扫地无遗矣。

东南底定不过旬日,即有 20 万义军云集金陵,这固然是革命大义的感召,但革命将士们也不是神仙,他们也要吃饭穿衣、要发饷、要武器还有各种日常的补给,这每天下来,维持费用可不是小数目,何况这些人所要的东西还远不止日常开支

三　立宪/共和

这么简单。

据革命党人李书城回忆，孙中山之所以能够当选为临时大总统，其中有一个很大的原因是众人以为他与外国政府关系良好，能使革命政府获得外国承认并借得巨款而归，"但结果都成泡影，因而他们对孙先生多不谅解，说孙先生只是'放大炮'"，这样一来，孙中山名为总统，"乃同木偶"，"政令不出南京，甚至出不了总统府"。据李书城所述，革命元老冯自由来南京后，当他为革命胜利大呼"痛快"时，孙中山却苦笑着说："何来痛快，直苦恼耳！"

钱不是万能的，但没有钱是万万不能的，这虽不是亘古不变的真理，但在大多数时候都是适用的。孙中山先生是回来了，但只带回了"革命精神"而没有带回真金白银，那些满怀希望的人不免心生埋怨，"孙大炮"之名不胫而走，也在情理之中。对此，莫里循在1月5日的评论中即有预言：孙中山迄今给人们良好的印象。人们认为孙中山随身携带巨额的外币，因此对他有好印象，但印象好，到底多少是由于所传他带来巨款却很难说。据我了解，实际上他什么钱都没有带来。一旦此事为人所知，人们很可能会对他产生反感。

没有钱，孙中山、黄兴等人在南京临时政府的日子简直就是度日如年。被提名为实业部长的张謇，他最初把解决财政困难的希望寄托在孙中山身上，谓"孙中山先生久在外洋，信用素著"，如能在新政府成立之后，担任募集外债一万万两或至少五千万两以上，那么临时政府的问题将迎刃而解。客观的说，孙中山并非没有做过努力，当时他之所以要任命陈锦涛为财政总长，就是想通过他与列强的关系向外国借债，陈锦涛受命之后专驻上海，但直到临时政府解散，仍旧一事无成。正因为如此，张謇在察觉到临时政府的惨淡前景后知难而退，不敢上任。

据查，南京临时政府财政部3月份支出975万元，其中陆军部即支出893万元，占到了总支出的绝大部分。由于财政困难，革命军中普遍拖饷缺饷，每天来陆军部要钱的少则十几起，多则几十起，黄兴这个陆军总长当得可谓是焦头烂额，每日疲于应付。据黄兴之子黄一欧的回忆：先君担任陆军总长、参谋总长兼大本营兵站监督，发军饷、买军火都要钱，因为军饷没有着落，经常奔走于南京、上海间，累得吐了血。想通过张謇设法向上海借几十万应急，他一拖就是个把月，急得先君走投无路。

为缓解经济上的困窘，孙中山等人也想了很多办法，如发行军需公债、发动南洋侨民捐款、向外国银行借款等，但筹集的经费杯水车薪，到手即尽。1月8日，临时政府发行1亿元军需公债，但结果并不理想，总共才募得500万元，其中还有不少是来自美洲及东南亚华侨的支持。之后，临时政府又发行100万军用钞票，但因毫无信用担保，商人不惜以罢市相拒绝，而轮船招商局、汉冶萍等借款也都无功而返。

此时的南京，城内外到处都是骚动的士兵，他们成群结队地嚷着要发放欠饷，几有哗变之势。私下里，孙中山曾无奈地承认：倘若数日之内无足够的资金以解燃眉之急，则军队恐将解散，而革命政府也将面临瓦解之命运。胡汉民也说，当时的革命政府，"军队不堪战斗，乏饷又虑哗溃"，随时有兵变的可能。身为陆军总长的黄兴甚至自称：和议若不成，自度不能下动员令，唯有割腹以谢天下。

南北和议进行之时，黄兴曾对率桂军来援的革命党人耿毅说：我何尝不想北伐扫荡虏廷，直捣黄龙，但附和革命者，不是盘踞地方，就是拥兵自卫，只求目前名利，不计将来祸患，有的甚至还与袁世凯暗通声气。黎元洪本非革命者，我若过于强制，他即与袁世凯单独媾和，大势如此，我何能独持异议。孙大总统初回国，尚不知其中内容，责我过于软弱，我只好忍受。李书城当时是黄兴的参谋长，他对此也有同感并列举了七八个都督和民军将领，认为如果革命军与袁世凯开战，"他们很可能反戈相向"。

没钱就不能办事，如此一来，革命党非但不能北伐，就连临时政府都难以维持，当时也只能与袁世凯妥协和议了。从经济角度来说，就算袁世凯篡夺了革命的果实，但下野之后的孙中山、黄兴在感到遗憾的同时，恐怕也会感到一丝轻松。

南京临时政府解散后，临时参议院随后北迁，这些搞政治的人拍拍屁股就走

三　立宪 / 共和

了,但南京的问题并没有解决,因为各路革命军并不能随同北上,而和议告成后,南方军队在军事上已无用武之处,他们的数量是如此庞大,已大大超过各省财政所能承受的范围。就事论事,这些军队的兵员素质大多参差不齐,很多人根本是为了吃饭而来,谈不上什么革命精神和政治素质。很多军官也是如此,他们一个个自称对革命有功而终日奔走于陆军部(之后为南京留守府)索要军饷枪械,但其目的,不过是为了日后的升官发财打下基础罢了。

对此,《民立报》也痛加批评:江南各地到处都是兵!军官的数量多如牛毛!陆军部不但不知道这些兵够不够用,就连有多少兵也不清楚!调查也没有办法,遣散也没有办法,要编制这些军队,又不好编这个不编那个。军队要求发饷,陆军部又不敢不答应。呜呼!长此以往,这些兵就足以让我们的国家灭亡!

革命军一日不去,南方局势即一日不宁,其遗留问题让袁世凯很是头疼。考虑再三后,解铃还须系铃人,这个重担便落在了黄兴的身上。唐绍仪内阁成立后,袁世凯同时发布命令,委任黄兴为南京留守,目的就是要借黄兴之手来处理南方革命军的裁撤问题。毫无疑问,这是个烫手的山芋。

黄兴是个忠厚人,他很爽气地接受了任命,并随后通电称:两江一带军队,维持整理刻不容缓。兴纵怀归隐之志,也断不敢置经手未完事宜于不顾,以负我军界同胞。4月6日,黄兴正式就任"南京留守"并委任李书城为总参议,府内设政务、军务两厅,以马相伯为政务厅长,张孝准为军务厅长,何成浚为总务厅厅长,林虎为警卫团团长。

之后,黄兴一直留在南京处理各省革命军的裁撤与遣散事宜,但很不地道的是,袁世凯给了黄兴维持与整理革命军的权力,但没有给予相应的财政支持。无可奈何之下,黄兴也只能以"爱国"为号召,鼓励军人们自动离职,共济时艰。口头上这样说是很容易的,真做起来,那是千难万难——在没有得到合理的补偿前,谁会轻易放下手中的武装呢?直白的说,袁世凯的这般做法,就是故意给黄兴出难题。

前车之鉴，后事之师。当年李自成农民军推翻明廷后，集结在京的大顺义军足有40万人，这些人在胜利之后很快变质，"贼将各踞巨室，籍没子女为乐"，当时有人提醒主将刘宗敏，说这样下去会激起民变，刘宗敏却直截了当地答道："此时只忧兵变，民何足言！军兴日费万金，安所取给？"

鼎革之际，军饷的匮乏令北洋军兵变频发，革命军也同样因为欠饷而发生了多起兵变。黄兴的主要任务是裁军，最大的难题是没钱，没钱不能维持军队而且还要将之廉价遣散，这引起了部分革命军将士的强烈不满。据李书城回忆：南京留守府最困难时，不得已将军队的伙食从干饭改为稀粥，以后连稀粥也不能维持，乃将南京城的小火车向上海日商抵借二十万，暂维现状。某夜，江西军俞应麓所部突然哗变，在南京城内肆行抢劫，经请广西军王芝祥军长派队弹压，到天晓才平定。除由军法处将证据确凿的犯兵予以惩处外，其余均遣送回籍。

李书城说的这场兵变发生在4月11日晚，参加哗变的部队主要是赣军第七师（师长俞应麓）第十四旅（旅长邓文辉）所辖的第二十七、二十八团，其所属两千多人趁黄兴赴上海筹饷之际突然发动兵变，叛军冲出营房后，在白门桥、太平桥一带大肆抢劫商店并滥杀无辜。就性质而言，赣军的这次哗变和北京兵变其实差不多，正所谓，你不发钱，我就抢劫；自己动手，丰衣足食。只是在手段方式上，北洋军要相对文明一点，但也仅此而已。

事变发生后，南京留守府总务厅长何成浚以副官长的名义调城外驻军王芝祥部入城勘乱，驻南京的各官长及警备司令、宪兵营长等"或亲巡市街，或躬往捕缉"，至12日晨八、九点钟，哗变基本平息。与李书城的轻描淡写所不同的是，这次兵变后的处理极其残酷，当夜格毙除外，事后处死的革命军士兵高达七八百人之多，其中大多不经军法审判，有些甚至只要是该旅官兵，即被拉到留守府后面的水塘中枪决。

更可怕的是，由于人数太多，部分"乱兵"甚至被铡刀行刑，一次十人，惨不忍睹，受害者的头颅很多都抛掷于水塘之中。更有一种离奇的说法，叛乱平息之际，军

三 立宪/共和

法处将几百名乱兵的名单送到留守府后,系由黄兴的夫人徐宗汉在名单上批了个"杀"字,字上画了个大圆圈,表示立即执行。

得到消息后,黄兴急忙坐夜车往回赶,但等他回到南京时,天色已亮,兵变也已被残酷镇压。对此,黄兴何尝不感到负疚万分,当时南京的一些革命军,不仅军饷拖欠,而且供应也极其微薄,有的部队甚至连饭都吃不饱,这些亲历革命的人,何曾想到落得如此结果!

兵变后,南京局势仍旧危急万分,黄兴于5月12日发电报给北京,其中称:不但各军积欠饷项无从发给,即目前伙食已无术支持,告急之声,不绝于耳。似此情形,一两日内必有绝大险象。两日后,黄兴再发一电:告急一电,谅邀鉴察,未蒙赐覆,五内焦灼。前尚可靠军钞救济,今则坐困穷城。此间军队伙食已数日不能发给,今日有数处竟日仅一粥,每日索饷者门为之塞。危险情形,日逼一日。加以急报密陈,日必数十至。哗溃之势,已渐发端。二日内倘再无款救宁,大乱立至。

袁世凯对此却是置若罔闻——不要说当时的北京政府确实没钱,就是有钱,那也不能给南方的革命党啊。刻薄的说,袁世凯就是要把黄兴放在火上烤,要看革命党人的笑话——民军既然以革命精神而起,那就以革命大义解散嘛,就看你们能不能做到!

赣军兵变后,黄兴加快了裁军的步伐,但其间究竟裁兵多少,因革命军本身即不稳定,因而也难拿出准确的数据。据事后估算,有说裁军20万的,也有说整个南方,江苏、湖南、江西、广东、安徽、福建六省共裁去27师36万,另外还有说黎元洪也裁兵7师7万人的,不一而足。

在北京政府无法提供经济支持、特别与财长熊希龄闹翻后,黄兴在财政上已毫无办法,他不顾同盟会激烈派的反对而向袁世凯一再要求辞去南京留守府的职位,去意甚决。说句公道话,整理裁撤军队的任务确实让黄兴感到身心憔悴,已是不堪重负。

1912年5月13日,黄兴致电袁世凯请求撤消南京留守府。对此结果,袁世凯早已料到，事实上他就是要通过这种手段来消磨革命党人的斗志。因此，黄兴提出辞职后，袁世凯仍旧刻意挽留，直到5月31日，江苏都督程德全答应接手南京留守府，这才批准了黄兴的辞职。半个月后，黄兴发表解职通电、告将士书及解职布告，之后悄然离开南京。当年9月，黄兴返回阔别多年的家乡湖南，途中正值他39岁生日。在饱览了祖国的大好河山后，黄兴回想起这十几年的革命生涯，他不禁感慨万千，并赋诗一首：

卅九年知四十非，大风歌好不如归；惊人事业如流水，爱我园林想落晖。
入夜鱼龙都寂寂，故山猿鹤正依依；苍茫独立无端感，时有清风振我衣。

此时的黄兴，将届不惑之年，对他来说，之前的革命事业已成昨日烟云。在经过多年居无定所、漂流海外的生活后，如今革命成功、民国新立，黄兴萌生出功成名就的退意，也属情理之中。久动思静，掉臂林泉，革命党人主动放弃军权，固然是情非得已，但革命者最终选择一条和平建设的道路，岂非国家之幸、国民之福哉？！

三 立宪/共和

4. 袁世凯几分嫌疑:最不可能的谋杀主犯

金满楼

赵秉钧在接任直隶都督后,不到三个月就突然暴死于天津督署,而在他死前一个月,"宋案"中的另一凶犯应桂馨也被人在火车上乱刀劈死,这一系列的连环凶案,不免让人感到有些惊悚而诡异,而这里面又会有什么样的惊人秘闻呢?

据天津《大公报》的报道,赵秉钧自上任以来,一直抱病办公,其间还多次前往北京晋见袁世凯,并无异常之事。1914年2月26日下午,赵秉钧在都督府与手下议事,晚上回到私宅后,饭前服用一剂中药,饭后又开始批阅文件。当晚没有什么特殊情况,但到凌晨5点时,赵秉钧突然感到腹中剧痛,之后是上吐下泻,情况极为危急。其家人急忙派人将天津最有名的军医官屈永秋、徐德顺和名医王延年请来,但这三大名医到后也是毫无办法,虽然连续给赵秉钧注射了强心针,但最终回天乏力。当日上午,赵秉钧宣告死亡。

赵秉钧死后,袁世凯下令按照陆军上将的规格从优议恤,发给治丧银一万元,并特派次子袁克文赴天津治丧。之后,袁世凯又先后派陆军上将荫昌和秘书长梁士诒前往致祭,并送祭幛一幅,上题"怆怀良佐"四个大字。1916年袁世凯称帝后,赵秉钧被追封为一等忠襄公。这等礼遇,袁世凯算对得起赵秉钧了。

赵秉钧死后殊荣固然很难得,但当时又有一种传闻,说赵秉钧不是病死而是中毒而死,更有人绘声绘色地说他七窍流血而死,并直指袁世凯为灭口而将赵秉钧毒死。至于如何毒死,至少有三个版本:一是民国闻人章士钊说的"毒葡萄"版,说赵秉钧喜欢吃葡萄，袁世凯就派人将毒汁用针打入葡萄内，然后将葡萄送给赵秉钧。赵秉钧是袁世凯多年的部属，葡萄看上去也完好无损，赵秉钧于是吃了下去，不久便觉腹痛，结果在厕所内一命呜呼。

对此说法，与赵秉钧颇有私谊并同样担任过内务总长的朱启钤认为，虽说是毒杀，但"津门传言"的是"厨师版"，即赵秉钧的厨师被买通后在食物中下毒，结果赵秉钧午夜暴死于厕所中，但没有吐血情形，更没有所谓的"七孔流血"。

奉袁世凯之命亲往天津吊唁的袁克文，他在《辛丙秘苑》中提供了另一版本，说赵秉钧死后，"目合口张，面肤青灰"，另外，指甲、嘴唇、手臂也是青紫色或黑紫色，嘴角似有口水流出。袁克文打听到，赵秉钧当日在外未进食，只喝了一杯茶，喝茶后即回家，未再进食而突然发病。根据他的说法，赵秉钧是因为与部下即警察厅长杨以德发生矛盾而被毒杀的。

官方消息靠不住，流言满天飞。传闻越多，离真相也就越远。如果说赵秉钧是被毒死，其家属和医生似乎应提出疑问，但当时并没有人这样做。赵秉钧之孙赵纯佑也认为，其先祖赵秉钧只是病死而已，后人作传，妄加枝叶，引人猜疑认为系袁世凯有加害之嫌，其实赵秉钧是死于中风，即今天所说的"脑溢血"，死前倒卧在卧室床头侧旁，并无七孔流血症状，这是当时家属所亲见的。由此，认定赵秉钧是被袁世凯毒死，多少有些武断，只是其死亡的时间与应桂馨的被杀过于接近，这才有了各种附会传闻。

读者也许要问，应桂馨不是被关押在上海吗，如何会跑到北方被杀呢？原来，"二次革命"爆发后，应桂馨趁乱脱逃，后跑到北京向袁世凯索要暗杀宋教仁的酬金，结果钱没要到反被人恐吓，应桂馨见势不妙，慌忙乘火车逃往天津，走到半路就被人砍死在车厢内。据说，赵秉钧听到这个消息后不免抱怨了袁世凯一句："你这样做，以后谁还敢和你共事？"

赵秉钧是否说过这句话，目前已无法查证，不过附会者多引用这句话作为袁世凯杀赵秉钧以杀人灭口的证据，但正如《论语》中说的，"君子恶居下流，天

三 立宪 / 共和

下之恶皆归焉",因为讨厌袁世凯,于是把所有相干、不相干的罪名全扣在袁世凯的头上,很多历史的真相由此被扭曲,进而导致一个完全失真的逻辑链。

以"宋案"为例,目前的主流写法是,袁世凯是谋杀宋教仁的主谋,为了杀人灭口,他又派人毒死武士英,接着派人砍死应桂馨,进而毒死赵秉钧,好在袁世凯死得早,不然后来洪述祖的死恐怕也要算到他的头上。一言以蔽之,袁世凯是坏人,所有的恶行都与他有关。

事实上,这条逻辑链看似完美,细加推敲则处处漏洞。首先,杀手武士英死于上海沪军军营,当时上海远不是北洋系的地盘,袁世凯并没有能力到上海的地界上为所欲为,如果说武士英是被谋杀,背后的主谋倒极有可能是应桂馨或陈其美。赵秉钧的死也是一样,仅仅因为时间上的巧合而被附会成系列死亡案的一环,实则以现任大总统谋杀原任总理未免有些匪夷所思,而赵秉钧担任的直隶都督乃是当时最重要的地方军政长官,此时革命党已被打垮,风头早已过去,袁世凯又何必如此呢?

就算袁世凯与宋教仁的关系,也远不是想象中的那般对立,各种传闻往往充满了历史的误会与以讹传讹。据民国记者黄远庸的记载,袁世凯得知宋教仁遇刺后的第一反应是极为意外,随后即发电慰问并令江苏及上海方面缉拿凶手,等到第二天下午4点,袁世凯午睡初起,秘书前来报告宋教仁去世的消息时,袁世凯为之愕然,说:"有这等事吗?快拿电报来。"看完电报,袁世凯说了这样一句话:"这如何是好呢?国民党失去了宋教仁,少了一个明白事理的首脑,以后越难讲话了。"这句话是很耐人寻味的。

从宋教仁这边的表现来看,他遇刺后想到的第一个人并不是国民党领袖孙中山而是北京的袁世凯,这个态度对整个案情的判断有一定的参考作用。在给袁世凯的电报中,宋教仁也是殷殷相托,始终没有把谋刺的怀疑对象指向袁世凯。或许在宋教仁的直觉中,袁世凯应该是不会干这种勾当的。

从经历上看,袁世凯与宋教仁的交往并不算多,时间也很短。在清末"间岛问题"

的交涉中，袁世凯对宋教仁是"只闻其名、未谋其面"，但宋教仁的才华与爱国热忱应该给袁世凯留下了很好的印象。民国成立后，宋教仁加入唐绍仪内阁为农林总长，他每次去总统府见袁世凯时，袁对他都是非常客气而尊重。据张国淦回忆，他当时因为担任国务院秘书长，需每日进总统府办事，袁世凯偶尔谈及宋教仁时，也多为推许之词。

据说，宋教仁初次见到袁世凯时，袁看见他身上穿的衣服非常破旧，便问宋的制服是否还是留日学生时代所购买，宋教仁说是，袁世凯当场没说什么。事后，袁世凯请人做了一套高级西服给宋教仁送去，宋穿上后非常合身，原来袁世凯谈话的时候就把尺码给记住了。这段故事，往往被说成袁世凯收买宋教仁的证据，但如果真有其事的话，也说明袁世凯在做人方面确实有一手。

另外还有个袁世凯送给宋教仁五十万元支票的故事，不过这个没有什么事实根据。这段故事出于革命党人蔡寄鸥的历史演义《鄂州血史》，其中有一份所谓的宋教仁"致袁世凯书"，其中称"袁总统惠赐五十万元，实不敢受，教仁退居林下，耕读自娱，有钱也无用处，请将原支票奉还"云云。

这封信，其实是蔡寄鸥自己编造出来的。且不说当时北京政府的财政极其困窘，即使袁世凯手头宽裕，当年的50万大洋是一笔巨款，大到足以武装一支军队。也有人说，这可能是袁世凯拨给宋教仁的办公经费，但从语句中看，宋教仁已经辞去农林总长的职务，即使是总长的办公费，50万已经是很大的数目，何况这是公费而不是私人馈赠。无论从手续还是财政上看，一次性赠给50万巨款都是不可想象的。

当然，袁世凯与宋教仁也不是没有矛盾。据张国淦所说，首次国会选举期间，宋教仁到南方各省四处演说拉票并不断抨击北京政府，有一次袁世凯从报上看到宋教仁在黄州的演说词后，脸色就很不好看，说他"口锋何必如此尖刻"，但对宋教仁的不满之情，也仅此一次。

国民党人在国会选举中大获全胜固然让袁世凯有些惊慌，但老袁毕竟在官场上摸爬滚打了几十年，各种凶险场面他都见过，还不至于被年轻的国民党所吓倒。

三　立宪／共和

袁世凯的对策有两个，一是联合由清末立宪派组成的共和党、民主党、统一党合并成一个新的政党，即后来梁启超领导的进步党，以抵消国民党带来的政治影响力；二是用金钱、官职等大肆收买国民党议员，以达到分化、削弱国民党的目的。由于国民党是同盟会与其他小政党合并而来，扩党时期不免泥沙俱下，结果袁世凯这招果然奏效，很多国民党议员纷纷脱党，国民党在众议院很快丧失了优势地位。由此可见，袁世凯的两种对策都很成功，而且都在允许的法律、政治框架之内，在这一敏感时期去刺杀宋教仁，显然并不明智。

退一步说，即使将宋教仁给暗杀掉，国民党在宋教仁死后依然会推举新的代表来做总理，除去一个人并不能改变政治格局。作为国民党内的稳健派，宋教仁显然更符合袁世凯的利益，而且宋教仁还是革命党中与袁世凯私交比较好的，如果宋被刺死，国民党推举一个激烈派出来组阁，这恐怕会让袁世凯更加为难。对此，袁世凯应是心知肚明。

再退一步说，即使宋教仁当上了内阁总理，国民党控制了国会，那又会怎么样呢？袁世凯就没有办法了吗？这种说法未免有些乐观。事实上，袁世凯的威望不仅仅是来自他的历史，而且来自北洋系和地方实力派的支持，这种枪杆子和官僚的力量，是年轻的宋教仁和国民党所不能比拟的。从袁世凯执政的历史来看，从没有哪个内阁总理对袁世凯起到过制约作用，总理没有，国会也没有。事实上，整个北洋时期，总理都不曾拥有过实权。

从政治态度上看，即使宋教仁当上内阁总理，也未必就会与袁世凯发生激烈的冲突。在赴北京之前，宋教仁就曾表示，实行责任内阁的话，大总统处于超然地位，政党只求组阁而不必争总统，换言之，宋教仁并不认为当时国内有谁比袁世凯更适合做大总统。既然如此，袁世凯又何必如此惧怕宋教仁做总理呢？再说了，在政治经验、人脉各方面都远胜于宋教仁的唐绍仪尚且三个月就狼狈下台，宋教仁做上总理后，如果没有袁世凯的支持，他究竟有多大作为，这显然是未知数。

再者，从刺杀时机来说，袁世凯也绝不会选在宋教仁即将北上之时进行。要知道，就在宋教仁遇刺前一天，袁世凯刚宣布将于4月8日召开国会，并发电报催促宋教仁立刻来京,如果此时将宋教仁刺死,未免有些太不明智。而且,上海并不是袁世凯的地盘,他如何会安排在上海的地界上干出这等勾当?如果说袁世凯与应桂馨合谋在上海刺死宋教仁,那他应该尽可能拖延宋教仁在上海的时间,为何反而一再催促宋教仁离开上海呢?这一切在逻辑上都是说不通的。

从各种迹象来看,袁世凯最大的可能是与赵秉钧一样,只了解到"毁宋"(即毁坏宋教仁名誉)这一层面,至于从"毁宋"到"杀宋",很可能是应桂馨与洪述祖的小人之谋。国民党人、时任国会参议院议长的张继有这样一段记载,说他在拜访赵秉钧时听王治馨说了这样一件事:洪述祖南下之前曾去见了袁世凯一次,说国事艰难,不过是二三人反对所致,如能设法剪除,岂不甚好。袁世凯说,一面捣乱尚且不了,何况两面捣乱乎?宋教仁被刺后,洪述祖又去见袁世凯,袁问宋教仁究竟为谁所害,洪说,这都是我们的人替总统出力。袁世凯听后,脸色很不好看。洪述祖出了总统府后,即请病假赴天津养病。

从这段记载来看,洪述祖与袁世凯的关系并不像赵秉钧说的那样等级森严,难得一见,反可能比与赵秉钧的关系更加密切一些。得知宋教仁被刺后,赵秉钧在内阁会议上当众失态,也很可能是怀疑袁世凯与洪述祖策划了此事,而自己却有被拿出去顶罪的担忧。

还有一种更离奇的说法,说洪述祖是袁世凯最信任的六姨太(即所谓"洪姨")近亲,如蔡东藩在《民国演义》中说的,"老袁一妻十五妾,……洪姨是老袁第六妾,貌极妍丽,性尤狡黠,最得老袁宠爱,看官若问她母家,乃是宋案正凶洪述祖的胞妹"。接着,书中又绘声绘色地描述洪述祖如何钻营,如何将胞妹献给袁世凯以换取自己的前程,简直就是一幕无耻的权色交易丑剧。

更有意思的是,蔡寄鸥在《鄂州血史》中干脆把"洪姨"指为刺杀宋教仁的谋主,说宋教仁在拒绝五十万支票后,"洪姨"在袁世凯盛怒之时怂恿了一句:"堂堂的大总统要解决一个宋教仁,还不容易吗?"这段倒有些像后宫干政的味道了。

事实是否如此呢,这些倒不难厘清。袁世凯一生共一妻九妾而不是一妻十五妾,其中也没有什么姓洪的姨太,这些都是有据可查。而且,袁世凯对妻室、姨太太

三　立宪/共和

及子女们管理相当严格，所谓干政，似乎没有事实上的佐证。

从整个事件来看，洪述祖得到袁世凯、赵秉钧的信任并不是因为裙带关系或情色交易，而是论功行赏，凭借非凡的功绩才得到重用的。可惜的是，袁世凯、赵秉钧都错看了这个新进之徒，他们只看到洪述祖出众的才能与办事能力，但对这个人胆大妄为、贪财敛钱等恶劣品德没有给予足够的重视。应该说，像洪述祖这样"有才无德、唯利是图"的小人，在各个时期都有，这种人一旦任事，不啻于定时炸弹，随时都会捅下大娄子。

跟随袁世凯多年的机要秘书张一麟曾有这样一段评语，说："宋案之始，洪述祖自告奋勇谓能毁之。袁以为毁其名而已，洪即唆使武刺宋以索巨金，遂酿巨祸。袁亦无以自白。小人之不可与谋也，如是。"这段话简短有力，应该是离"宋案"最近的真相了。

值得注意的是，袁世凯死后，袁克文在上海《晶报》上撰文为父喊冤，说宋教仁遇刺时他就在上海并亲眼见证了陈其美与应桂馨企图谋害宋教仁的场面，其父袁世凯非但与"宋案"毫无关联，而且对宋教仁的死极为痛惜。袁克文特别强调了袁世凯的两句话，一是"前亡端方，后亡宋教仁"，实乃大不幸；第二句是，"我不杀宋教仁，宋教仁却因我而死。"

袁克文说，他曾劝父亲通电自辩，但袁世凯说，我代人受过不止一次，但从不自辩。有头脑的人自然会想到，我若要杀宋教仁，何必要在招他来时动手？为何不等他来后构撰个罪名再将他杀掉？我能杀他的渠道很多，为什么非要这个时候？岂不是授人以柄？傻子也不会这么干。何况反对我的人多了，孙文、黄兴、陈其美等人，我都不杀，怎么会杀对我有利的宋教仁？此事我不自辩，也必有真相大白的时候。但是，我必杀应桂馨为宋教仁报仇。

袁克文为父亲文过饰非，尚在情理当中，不过他自称当时就在上海，并且一口咬定是陈其美、应桂馨谋杀了宋教仁，这个说法倒有些探究的价值。那么，袁克文的说法到底有几分可信度，他在上海又见证了多少机密呢？请看下文。

5. 反向思维：谁不是"宋教仁遇刺案"的指使者？

金满楼

宋教仁遇刺时，被国民党视为死敌的梁启超正南返故里。闻讯后，梁启超怃然曰："天下从此多事矣！"时隔不久，梁接到昔日同门江孔殷的电报，其中称："遁初竟及难，以党死，殆无疑。此何时？有爱与项城者不为，共和与统一必无是，杀遁初者可以弱国民、危总统，险矣哉！"文末，江孔殷请梁启超也要注意自己的人身安全。这一记载，大概代表了原立宪派士绅的意见。

宋教仁遇刺案是世纪疑案，这点无可置疑。时至如今，刺杀宋教仁的真正凶手是谁，幕后指使者又是谁，当年没有答案，百年后恐怕仍不会有确切的答案——除非有新的、铁一般的证据出现，但这种可能性几乎微乎其微，而且，随着时间的不断流逝，最终真相水落石出的可能性趋近于零。这一疑案，就像历史上很多类似的事件一样，很可能就此湮灭在历史的尘雾当中，后人们只能根据目前已知的、有限的信息来做出自己的判断，而这个判断在很大程度上都是主观的。

令人费解的是，这样一个充满疑点的历史事件，在主流历史述说中却异口同声地断定：袁世凯是"宋案"的幕后主使人，在谋杀了宋教仁后，为掩盖其罪行，他之后又派人毒杀武士英，接着派人砍死应桂馨，进而毒死赵秉钧，还杀了说错话的王治馨，临死之前，他还派人刺杀了陈其美。如果不是袁世凯死得早，估计洪述祖后来的死也要算到他的头上。就这样一条处处缺乏过硬证据的逻辑链，却被反复述说，百口相传，几乎成了近代史上的一桩铁案。

三 立宪/共和

据历史学者张永、朱怀远的总结,目前学界关于"宋案"的主流观点如下:

1. 李剑农:"我们看了前面的证据,不惟可以断定赵秉钧是谋杀的嫌疑犯,就是袁世凯也不能不被认为谋杀嫌疑犯之一,参以后来应桂馨与赵秉钧暴死的经过,袁之为谋杀犯,尤很明白。"

2. 吴相湘:"程、应联衔通电公布重要文证,霹雳一声,阴霾尽揭,至此袁世凯、赵秉钧授意杀宋已成铁案,盖为素喜应用暗杀手段之袁氏一空前杰作也";袁主使刺宋的真正原因是,"宋、黄活动举黎元洪为正式总统,宋以国会多数党之推选出任国务总理把握实权,袁将被排斥于政府之外。"

3. 丁中江:"杀人的主使者是大总统袁世凯,同谋犯是国务总理赵秉钧,担任联络的是内务部秘书洪述祖,布置行凶的是上海大流氓应桂馨,直接行凶的是失业军痞武士英。"

4. 陈旭麓、何泽福:"等到凶手被逮,案情查清,证明这次暗杀事件的主使不是别人、正是袁世凯自己的时候,袁世凯已经把武装力量准备好了"。

5. 朱宗震:"袁世凯政府主使暗杀证据确凿"。

6. 侯宜杰:"这些确凿无疑的证据证实,谋杀宋教仁的主谋者不是别人,就是堂堂临时大总统袁世凯和国务总理赵秉钧";袁世凯"密令赵秉钧进行谋杀",赵秉钧"对刺杀宋教仁格外卖力"。

7. 李新、李宗一主编的《中华民国史》:"这些证据的公布,暴露了袁世凯的元凶面目。"

8. 张海鹏主编的《中国近代通史》:"由于国民党在国会选举中获胜,作为袁世凯对立面的单一政党内阁呼之欲出,使袁备感威胁,故布置刺杀宋教仁,以阻止国民党的政治崛起。"

这些观点,无一例外地认定"宋案"的幕后主使者就是袁世凯,就连《剑桥中华民国史(1912-1949)》也做如此表述,"一系列证据证明,这次暗杀是由袁世凯政府指使的";"袁氏之暗杀宋教仁,并不简单是为了清除政敌,而是表明袁世凯与宋教仁之间，在组成全国政府的观点上有着根本的分歧。"

目前对"袁世凯是刺宋主谋"说法持保留态度的只有少数史家，如台湾历史学家张玉法在《中华民国史稿》中仅简单一笔带过，称"宋教仁被暗杀，事涉袁世凯政府"。张的说法，未明指袁世凯而说袁世凯政府，显然是存疑态度。另外，一向为袁世凯抱冤的旅美史家唐德刚则在《袁氏当国》中吞吞吐吐地说，"袁或无立刻杀宋之心。然赵为保存其相位，而乘机除一劲敌，或为杀宋之主要动机所在，亦未可知。"

说"宋案"是千古疑案，并不意味着这一事件毫无继续探究的价值，相反，如果把疑窦重重的"宋案"视为铁案，这才是对历史的不负责任与极大不尊重。近年来，对"宋案"真相提出质疑的学者日益增多，除张玉法、唐德刚及上文提到的张永、朱怀远两位先生之外，最早提出质疑的似为上海学者廖大伟，其在一篇名为《袁世凯非刺宋主谋》的长文中，分别从"袁世凯的地位、身份与信仰"、"宋教仁不具真正的威胁"、"上海行刺，许多困难难以逾越"、"书证的新解读"四个方面否定了之前"刺宋是袁主谋"的主流看法，并认为"袁世凯因'宋案'而得罪党人，受疑天下，之后'主谋'渐成定论，长期背着沉重黑锅"；"从某种意义上说，他也是'宋案'受害者"。其文可谓观点鲜明，分析独到。

另外，袁伟时先生在《民国初年宪政失败的原因是社会全面腐败》一文中也否定了袁世凯是刺宋主谋的主流看法，不仅如此，袁先生还将怀疑对象指为"赵秉钧、陈其美和黄兴"，并认为于右任在宋教仁墓前铭文的意思解读为"在舆论认定的袁世凯和赵秉钧之外另有主谋"，此说可谓别出心裁。

近年来，随着信息技术的不断普及，网络上对"宋案"的讨论也一直是热潮涌动，一些非专业历史学术圈的研究者异军突起，其中最值得推荐的是芦笛、思公、张耀杰三位先生的作品与见解。芦笛先生旅居海外，其在网上发表《"毁宋酬勋"考》、《是谁杀了宋教仁》两篇文章后，立刻在网上被竞相转载，流传甚广。《"毁宋酬勋"考》一文主要对应桂馨、洪述祖密电函进行分析，其中对"毁宋"

三　立宪/共和

的解释与从"毁宋"到"杀宋"转变过程做出厘清；在《是谁杀了宋教仁》一文中，芦笛先生更是进一步分析"宋案"中的种种疑点并对之前"袁世凯系刺宋主谋"的主流看法提出有力的质疑。最有意思的是，芦笛先生对之前形成主流看法的"动机论"反其道而行之，从利益得失的角度推论出陈其美与孙中山更有资格成为怀疑对象，这点恐怕是体制内学者所欲言而不敢言者。

思公先生原为历史学界中人，其在搜狐博客上发表的《刺杀新民国：宋教仁谋杀案之谜》系列文章可谓厚积薄发，功力深厚，这一系列文章后来被收入《晚清尽头是民国》一书，是该书中最具亮点的一部分。据思公先生所云，其系列文章也曾受芦笛先生的启发，并在其基础上将所有涉案人和整个案件的发展过程做了详细备至的讲述与分析，其框架之清晰明了，逻辑之严密周至，令人佩服。不过，思公先生并未明确指明谁是凶手、谁是主谋，文章见仁见智，全凭读者自行思考得出见解，其客观理性之精神，尤其令人敬重。

张耀杰先生关注"宋案"已久，数年来相关文章散见于各报刊，后于2010年以《悬案百年：宋教仁案与国民党》为书名在台湾先行结集出版，2012年在此基础上出版《谁谋杀了宋教仁》一书，可谓"宋案"研究之集大成者。张先生之书，广征博引，材料充实，文中直指"宋案"元凶系革命党内部人，尤以陈其美嫌疑最大（甚至孙中山亦有共谋嫌疑），全书主题明确，观点鲜明，令人耳目一新。据张先生在后记中所说，书写过程中他也曾与思公先生反复交流心得，此书的出版势必给"宋案"研究带来更多的争鸣。

关于"宋案"，林林总总，疑点丛生，因为关键证据与内情的缺失，单纯的文本分析很难辨别其中真伪。不过，从应桂馨与洪述祖的密电函中至少可以勾勒出"宋案"的一个基本概貌，即应桂馨以"毁名"始而以"杀宋"终，这点大体可以得到确认。

通过对应、洪密电函的整体解读，"宋案"最初起于应桂馨的提议，即购买所谓"孙黄宋劣史"在媒体公布，目的是在国会成立之前毁其名誉，阻止其组阁的计划。得此信息后,洪述祖同样认为奇货可居,并企图垄断应桂馨与北京的联系,以此为邀功之道。但很可惜的是,应桂馨在提出这个计划后,后续却毫无进展,所谓的"孙黄宋劣史"原本就子虚乌有,站不住脚,在无法交差的情况下,应桂馨实际上是放了个空炮。

而在另一边,洪述祖似已将应桂馨的计划上报给赵秉钧与袁世凯,由此不断催促应桂馨派人前往日本,尽快拿到切实可靠的证据,以实施计划的第二步即"毁宋之名誉",但应桂馨的后续报告令人失望,对于这个计划的失败,洪述祖不免也要承担连带责任,这也是他在密电中对应桂馨有所抱怨的原因。

关于"毁宋"的说法或计划,历来有两种解释,一种是"毁其名誉",一种是"杀宋本人"。至少从3月13日前的密电函中,还看不出有要"杀宋"的意思,因此,对于应、洪密谋的前半程,似应视为"毁宋名誉",而从宋教仁被刺后赵秉钧的异常反应,似乎可以看出袁、赵两人对这一计划有所知并予以默认。

但在3月13日应桂馨致洪述祖的密函中,原本因拿不到证据而可能夭折的"毁宋名誉"计划突然异峰突起,应桂馨在这份密函中明确地提出要"去宋","去宋"的字面意思可谓清晰明了,这也意味着这一计划将由"毁宋名誉"转为了"杀宋本人"。对于这一关键节点,读者不可不察。

应桂馨计划的突变有两层原因,一是担心原计划的夭折将影响到自己在北京方面的信誉与上升途径,二是应、洪两人存在着密切的经济利益往来。从提出"毁宋"计划开始,应桂馨即有借此牟利的动机,而洪述祖在其中同样有利益关联,即从应桂馨所得中"折三分一",这也是洪述祖一直热心于该计划的重要原因。除此之外,应桂馨与洪述祖还存在其他的经济往来,如洪述祖托应桂馨为之活动江苏观察使之职,而应桂馨更是请洪述祖在购买"八厘公债"上帮忙。从某种程度上说,这些生意是否能够做成,与"毁宋"或"去宋"的计划是紧密搭钩的,而应、洪两人在其中也不乏尔虞我诈,如应桂馨未必在为洪述祖活动江苏观察使一事上出力,而洪述祖所谓帮应桂馨敲定"三百五十万元公债"之事,也很可能是诓骗应桂馨

三　立宪/共和

赶紧对宋教仁下手而施放的烟雾弹，因为后面并没有证据证明这所谓"三百五十万元公债"已在财政部办成。

从应桂馨提出"去宋"计划后，可以明确的是，洪述祖不但深知其中用意，而且还一再鼓励、督促应桂馨完成这一计划。由此，洪述祖后来在青岛发布所谓不知"毁宋"是"杀宋"的自辩电，基本属于狡辩。但在这一关键节点上，赵秉钧与袁世凯是否知道应、洪密谋的突变，则是一个未知数。在没有得到确切的证据之前，似应持存疑的态度，这也是目前认为"袁世凯是刺宋主谋"之主流看法的最主要硬伤所在。

从应、洪密电函的分析中可以看出，无论是"毁宋"还是"杀宋"，应桂馨与洪述祖都是直接策划者，而具体实施该计划的正是应桂馨本人。"宋案"过去后，洪述祖的姐夫赵凤昌说的那句耐人寻味的话，"将来罪名至洪述祖止，转瞬雨过天青矣"，大体意思如此。

在民国文人白蕉所著的《袁世凯与中华民国》一书中，袁世凯亲信幕僚张一麟曾留有这样一段眉批："宋案之始，洪述祖自告奋勇谓能毁之。袁以为毁其名而已，洪即嗾武刺宋以索巨金，遂酿巨祸。袁亦无以自白。小人之不可与谋也如是。"（7）张一麟是跟随袁世凯多年的机要秘书，以其对北洋内情的了解，此言非虚。更何况，白蕉之书出版于上世纪三十年代，此时的袁世凯不但早已作古，而且被舆论批得稀烂，张一麟似乎没有为旧主讳言的必要。

但是，密电函的分析只是"宋案"的第一层面，如果把这一重大事件仅仅归结为应桂馨与洪述祖的"小人之谋"，当然不足以构成世纪疑案。"宋案"发生后，从报案人到破案到武士英的翻案与离奇死亡，无一不让人疑窦丛生，种种蹊跷与吊诡，层出不穷，可谓无处不破绽，无处非隐情。最让人奇怪的是，以陈其美为代表的国民党人为何在极短的时间内即锁定主犯应桂馨？犯案之后，杀手武士英与应桂馨何以如此淡定？破案为何如此之速？关键证据如密电函、手枪等为何一索即得？杀手武士英何为离奇落网？这所有的一切，背后似乎都有一双看不见的手在操纵一切。

从破案的过程来看，报案人是假、凶犯是真，这点基本可以确认；破案系由国民党人主导，这点也可以确认。宋教仁死前，于右任说"此事凶手已十分之八可以破案"，原因就在于此。据参与破案的周南陔等当事人的回忆，陈其美等人之所以能快速破案，是因为事前即安插国民党人吴佩璜为上海电报局局长，通过详查各方来往电报而发现线索，这固然是事实，但无法解释为何立刻锁定嫌犯应桂馨并派出虚假线人报案，更无法解释应桂馨在案后何以如此淡定。

作为"宋案"的第二层面，很可能是两个谋杀在同时进行。表面上看，是应桂馨在操纵一切，实际上后面还有另一队"影子杀手"。从报案人的爆料来看，应桂馨寻找杀手的过程中即有陈其美的人在其中穿针引线，譬如将武士英介绍给应桂馨的吴乃文，即应桂馨担任沪军都督府谍报科科长时的手下，而他同时也是陈其美的手下。在当晚的"宋案"现场，除了武士英之外，至少还有吴乃文、陈玉生、张汉彪二人，其中陈玉生是整个刺杀案的具体负责人，行刺当晚也是由他带队；这三个人，身份基本都可以定义为杀手。更让人咋舌的是，这些人在案发后全部逃之夭夭，唯独武士英一个人被抓被杀，而陈玉生在镇江被捕后，居然始终没有出现在"宋案"的审判席上，这是何等地离奇！

从各种记载来看，被指为直接凶犯的武士英，很可能是事前即被安排去顶包的傻蛋。事实上，武士英这个人的历史至今都无法搞清楚，他所谓曾当过新军军官甚至营管带的说法其实并没有任何旁证。按说，"宋案"这么大的事，武士英又是其中至关重要的涉案人，如何没有人来指认其过去历史呢？好歹他当时也算个"名人"！另外，从武士英被抓及在庭审中的各种表现，实在无法看出他具备做中层军官的素质与可能。

据庭审记录，武士英在行刺前只看过宋教仁的相片，对宋教仁本人身材体貌特征并不熟悉，在夜晚行刺更具有相当的难度，至于其枪法究竟如何，其实也是无人知情，不过有这么一说。鉴于多名杀手（可能还不止上面提到的三位）出现

三　立宪/共和

在案发现场，究竟打入宋教仁体内的子弹系谁施放，除了武士英的嫌疑之外，恐怕未为可知。另外，据北一辉的说法，"宋案"中尚有日本人涉案，如果此说是真，那陈其美派出杀手的可能性更大，因为应桂馨并没有与日本人打交道的历史。从某种意义上说，那些失踪的杀手很可能埋藏着人们苦苦寻求的真相，但这一切，却被轻易地湮没在历史尘埃之中。

　　武士英的翻案与被杀同样是"宋案"的关键所在。或者可以这样说，谁在背后唆使武士英翻案并刻意将祸水东引至袁世凯一方，谁又在武士英翻案之后又将之神秘谋杀，这个人很可能就是主导整个"宋案"的真正幕后指使者。从这个角度来说，基本可以排除北京一方（袁世凯与赵秉钧）的涉案可能，因为无论是"影子杀手"还是武士英的翻案与被杀，就当时的条件而言，北京一方都不具备伸手到上海的可能性。当时的上海，远不是他们的地界。

　　武士英被杀后，"宋案"实际上已经陷入停顿。作为"宋案"的第三层面，已经是袁世凯一方与国民党一方的政治斗争，"宋案"本身反而成为了其中的牺牲品，如国民党方面要求提讯赵秉钧时，北京方面就搞出"血光暗杀团"要求提讯黄兴作为反击；国民党方面指责总统、总理涉嫌谋杀，袁世凯一边就指责黄兴等人违法公布证据，不一而足。等到"大借款"案一出，"宋案"更是迅速被边缘化而成为双方斗争的一个筹码。到这时，宋教仁究竟被谁所杀，实际上已不再重要。这对宋教仁来说，是何等地悲哀与不公，而对每个关注宋教仁命运的人来说，又是何等地遗憾与悲怆。

　　以"动机论"而言，如果袁世凯是刺宋主谋的话，那陈其美同样可以被列为重点怀疑对象。从案发后的破案、武士英的翻供与被杀、应桂馨的脱逃等种种表现来看，如果不是陈其美主使了整个"宋案"的过程，至少他放任了宋教仁被杀的这一结果。如果后者是真，那读者或许要问，陈其美又为何要放任此事的发生呢？

　　对此，芦笛先生同样运用主流看法惯用的"动机论"做一解读，即：如果袁世凯、赵秉钧谋杀宋教仁是因为宋威胁到其政治地位的话，那宋教仁的崛起同样对国民党内其他领袖如孙中山、黄兴、陈其美构成严重威胁并很可能导致他们在民国政坛的边缘化。这一质疑同样有力。当然,芦笛先生并不认为黄兴卷入了"宋案"而是认为陈其美很可能是在得到孙的默许后主动进行的,因为以黄兴的人格、行事方式及与宋教仁的关系来看,他不太可能做如此事,而"宋案"发生时,孙中山已在日本访问,按当时的通信条件也做不到指挥一层。

宋案之后,汤化龙为宋教仁写了一副挽联:"倘许我作愤激语,谓神州将与先生毅魄俱讫,号哭范巨卿,白马素车无地赴;便降格就利害观,何国人忍把万里长城自坏,从容来君叔,抽刀移笔向谁言。"从挽联中看,汤化龙并不认同国民党所一口咬定的"袁世凯是刺宋主谋"的判断,而这也代表了当时很大一部分人特别是非革命党人的看法。

历史是复杂的,特别在关键节点、重大事件上更不应简单化,深入地探讨、多元的观点对一个理性社会的培植有着至关重要的作用。从这个意义上说,历史不是也不应做政治的婢女,有几分证据说几分话,但凡存疑,不宜妄下定论,更不能因为政治取向而刻意掩盖真相,动辄搞"盖棺论定"。事实上,"袁世凯是刺宋主谋"的说法,是在国民党当政以后才成为主流说法并由此延续至今,而不客气地说,以革命起家的国共两党对宋教仁及其倡导的宪政都并不怎么认同与友好。

宋教仁的被刺是民国初年乃至整个二十世纪中国的一件大事,这一案件原本应由法律解决,但最终沦为了政治的牺牲品。正如思公先生说的,"宋案不仅没有得到过公正的法律机会,反而成为失去法律、加剧暴力的推动器,这给了好把历史打扮成小女孩的伪装大师们以机会,将严肃的历史描绘成一部狼外婆和天真儿童为主角的童话。"

这种历史与现实的乱象,既是宋教仁的悲哀,同时也是国人的悲哀,更是一种来自历史深处的悲哀所在!

三 立宪/共和

6. 宋教仁遇刺前，孙中山为何避而不见？

金满楼

1913年宋教仁遇刺后，据说有这样一个帮会秘史性质的另类解释，说洪述祖来上海时，最先找到青帮大佬李徵五，李手下有两位高徒，一是应桂馨，另一个是从海参崴赶来投奔的张宗昌。之后，李徵五将资历更好也更可信的应桂馨介绍给洪述祖。

国民党赢得国会大选后，李徵五得知宋教仁与陈其美因权利之争而矛盾激化，于是他想利用刺宋一事来与陈其美做笔交易，之后他跑到陈其美那里拍胸脯保证他将"刺宋拥陈"，条件是五十万元与一把手枪。陈其美答应了李徵五的条件，并将钱与手枪立刻送到。等到案发后，陈其美先布置手下设法取回手枪，然后又将应桂馨捉拿归案，李徵五一看事情不妙，赶紧派人将武士英杀人灭口。3年后，李徵五派出另一位高徒张宗昌将陈其美刺死，算是报了当年的一箭之仇。

这个说法，多少有些支离破碎，不过有几点值得注意，一是说武士英乃是被李徵五所杀人灭口；二是张宗昌刺杀陈其美系李徵五指使；三是宋教仁被刺是李徵五与陈其美所做的一场交易，而原因又在于国民党内部的权利之争。

天底下没有什么新鲜事，权利之争在历朝历代、何时何地都存在，革命阵营内部也不能幸免。早在同盟会时期，革命党内部就存在华兴会、光复会和广东派三大山头，其间的利益纠葛、政见分歧还引发了几场针对孙中山的冲突并导致光复会最终从同盟会分裂出去。事实上，辛亥革命前的中部同盟会也是长江中下游革命党人对孙中山、黄兴等人专注于两广一带不满而导致的结果。

革命成功后,随着同盟会扩容为规模更大的国民党,一些新加入的成员更是鱼龙混杂,泥沙俱下,就连原来的革命中坚同盟会,也分化为稳健派与激烈派,稳健派以宋教仁等人为中心,主张用选举和国会作为斗争工具,以牵制袁世凯为代表的北洋军政实力派和旧官僚;激烈派则有戴季陶、何海鸣等人,他们反对与袁世凯妥协并主张继续革命,这派人又隐然以孙中山、陈其美等人为领袖。

自从清帝退位后,国内人心思定,激烈派逐渐失去市场,而以宋教仁为首的国民党人在国会选举中节节胜利,成了万众瞩目的焦点,一些没有得到合理安排的革命党人,还有那些像应桂馨一样投机革命而毫无收成的会党分子,他们心里不平衡也是人之常情,可以理解。

以陈其美为例,在上海革命后,陈其美由一个籍籍无名的革命党人一举登上沪军都督的宝座,一时间叱咤风云,风光无限,但随着南北议和的最终实现和南京临时政府的撤销,陈其美的位置也受到了极大的挑战,首先是江苏都督程德全一再借口省内政令统一而要求撤销沪军都督府,接着袁世凯在唐绍仪组阁之际,又委任陈其美为工商总长,实际上是想将他调虎离山,让革命党交出大本营。

对袁世凯的用意,陈其美与其他革命党人也是哑巴吃汤圆——心中有数。因此,陈其美一直找各种理由迟迟不肯上任,袁世凯那边催得急了,陈其美就委托次长王正廷前往北京代理部中事务,他自己就是赖在上海不走。一直到1912年7月31日,在各方压力下,陈其美被迫宣布撤销沪军都督府,上海重新归入江苏方面管辖。而在此时,唐绍仪内阁已经垮台,工商总长也已被袁世凯免职,陈其美最终落得无官一身轻,这对于曾经风光而又野心勃勃的他来说,现实的巨大反差和心里的落寞是可想而知的。

在人情世故方面,袁世凯倒是极为圆通。就在陈其美宣布辞去沪军都督的前一天,袁世凯下令预支三万元旅费供陈其美出国考察工商事务,其用意无非出于安抚的考虑。不过,陈其美拿钱后并没有出国,而是先回老家一趟,之后又与黄兴一起到北京同袁世凯见面,不过,因为之前孙中山已经与袁世凯会见过一次,

三　立宪／共和

黄兴、陈其美的这次北京之行多少要冷清许多。

在北京转了一圈后，陈其美也没有什么收获，这点远不能与孙中山、黄兴的待遇相比。孙中山在访袁后，被特授为全国铁路总公司督办，交通部每月拨给办公费3万两，一切行政用人之权，北京政府概不干涉。黄兴来京后，也被授为汉粤川铁路督办，每月经费也能拿到数千元，待遇比内阁总长还要优厚。

至于陈其美这边，除了3万元的出国考察费，就什么都没有了。作为昔日的地方实力派，陈其美自然是心有不甘。当年9月13日，革命党人于右任就说，陈其美如今在上海很无聊，成天躲在家里，客人也不多见，攻击他的人还说他整天在什么清和坊、平安里之类的娱乐场所厮混，其实哪里有这回事。信末，于右任不免有些慨叹：昔日的沪军都督，如今混成这样，你说可怜不可怜！

曾任临时大总统的孙中山和曾任陆军总长的黄兴，与陈其美的情况也有些类似，在袁世凯把持的政权下，已经没有了他们的位置，而他们在革命时期所主张的一些东西也大体失去了市场。与此形成鲜明对比的是，以宋教仁为代表的那些主张在袁世凯的体制内进行合法抗争的人，当时是做官的做官，议员的议员，一个个摩拳擦掌，可谓意气风发，风头正劲。

众所周知，宋教仁从同盟会初期即与孙中山政见相左，无论是个人气质还是行为方式，两人都有较大差异，彼此交往也不多。辛亥鼎革之际，宋教仁一直坚持责任内阁制，而孙中山最初主张总统制，各省代表会决议清帝退位后由袁世凯出任临时大总统后，孙中山改而主张内阁制，并将之写入《临时约法》；在后来的迁都问题上，孙中山、黄兴主张定都南京，宋教仁站在袁世凯的立场上支持定都北京，两者存在明显的分歧。

对于宋教仁的做法，一部分革命党人特别是激烈派大为不满。特别在国民党组成后，外间盛传孙中山、黄兴被架空的谣言，宋教仁后来不得不在报上发表公开信，申明自己虽然与孙中山、黄兴政见不同，但彼此忠心为国，自己也是十分尊重与爱戴孙、黄二公。

孙中山、黄兴辞去公职后，态度一度消极，譬如在同盟会改组为国民党的事情上，孙中山、黄兴就基本没有参与而是全权委托宋教仁一手操办，这在某种程度上也给了宋教仁快速崛起的机会。尽管孙中山、黄兴仍旧是公认的革命党领袖，但在国民党中，他们只是名义党魁，真正的领导者实际上是宋教仁。

正是在宋教仁的精心策划和积极努力下，国民党才以压倒性优势赢得了第一次国会选举。眼看宋教仁即将成为内阁总理，成为一颗冉冉上升的政治新星，而志向远大而又落落寡欢的孙中山、黄兴等人又会做何想法呢。毕竟，宋教仁当时才三十出头，太年轻了！

在同盟会改组为国民党时，孙中山曾对宋教仁说，现在无论谁做大总统，都很难在短期内让中国有所改观，如果仅从政治入手，势必会越搞越乱。所以，他倒是希望袁世凯做十年总统，而他致力于实业建设，最好能修个十万里铁路什么的，这样的话，国家才会有希望。言外之意，他对宋教仁一意鼓吹的政党政治、政党内阁并不赞成。

就私人关系而言，黄兴与宋教仁既是同乡，又都是原华兴会的骨干，两人关系一向亲密，并无芥蒂，但同盟会成立后，革命党内部闹过几次分裂风波，黄兴为顾全大局而不得不刻意维护孙中山的权威与领袖地位，加上他本身也不是特别有政见的人，因而在民国初期的这段时间里，他主要还是跟着孙中山走。

和孙中山、黄兴相比，陈其美就很不一样了，他一向心机很重，而且有很强的权力占有欲，从抢夺沪军都督位置到千方百计地刺死或赶走其他竞争对手，这些都可以得到证明。而且，陈其美是真正拥有过实权的，这与孙中山、黄兴一开始就是接手烂摊子还不一样。一个尝过权力滋味的人，一旦失去了权力会是什么滋味，恐怕只有尝过的人才能体会。

1913年2月15日，在选举大局已定的情况下，宋教仁在各地演讲后抵达上海，而就在5天前，孙中山带着马君武、何天炯、戴季陶等革命党激烈派前往日本访问。对此，应桂馨用密函向赵秉钧报告称此举为"高人深致"，其含义颇有些玄机。究竟"高人深致"是什么意思呢？是什么样的高人给出的什么高招？高在何处？这些应桂馨都没有明白说明。

三 立宪／共和

按常理说，在国民党选举胜利并将组阁的情况下，孙、黄、宋作为国民党高层领导，不管是名义党魁也好，实际领导人也罢，大家似乎都应该在上海碰个头，好好商议下今后的对策，下一步该怎么走，如何协调党内政策和组阁后的人事安排等，这些都是亟待解决的问题，为何孙中山不稍等宋教仁几天，而非要急匆匆地赴日本做并不急迫的访问呢？如果真像应桂馨说的，有"高人"在孙中山背后出主意，那这个人会是谁？会不会是陈其美？他是不是已经有什么图谋而有意让孙中山避开嫌疑？这一切似乎都是谜。

资深革命党人谭人凤曾说，其手下陈犹龙曾与来北京领款的共进会会长应桂馨、副会长张尧卿一起住在中西旅馆，陈得知两人领有中央巨款后，认为此等危险人物直接与政府交涉，必有意外之事发生，回来后即将此事报告谭人凤。谭人凤见到宋教仁后，劝他韬光养晦，注意安全。宋教仁说，戒备之说，之前也有人告知，但这些都是杯弓蛇影，不必多虑。

事实上，宋教仁北上之前，已经感觉到氛围不对的人不止谭人凤一个，《民立报》记者徐血儿在与即将北上的宋教仁告别时，就曾提醒他注意安全，路上恐怕有不测之险。宋教仁笑着回答：无妨，我此行乃为统一全局，调和南北，堂堂正正，何惧之有？国家之事虽有危害，但仍当全力以赴。

宋教仁去世当天，《申报》也报道说，宋教仁北上前已连续接到友人密函，称他在南京时即有人潜随其后，意图行刺，让宋教仁路上谨慎自卫，但宋教仁接信后却说，现在进行的是阳光下的政治竞争，容不下偷偷摸摸、卑鄙残忍的手段，这些只是谣言，不足以信。但不幸的是，谣言竟然成真。

遇刺当晚，宋教仁在火车站上车之前，身边没有一个卫士，国民党方面也没有做任何的防护措施，以至于凶手行刺后竟然从容逃逸，就连平时站岗的车站警察，此刻也离奇的不见踪影，一切都显得极为诡异。上海一家英文报纸的编辑也说，"我去过行刺现场，凶手竟能逃之夭夭，使人奇怪"。

值得注意的是，宋教仁遇刺后，辛亥时曾担任其秘书的日本浪人、黑龙会成员北一辉曾自募缉凶队搜寻凶手，在宋教仁的治丧委员会，也只有北一辉和宫崎滔天两个日本友人。后来，北一辉被日本驻上海总领事有吉明以"妨碍治安"为由勒令回国，并限令其三年内不得再入中国。北一辉被遣返的内情虽不得而知，但起因是宋教仁案却是无可置疑的。据北一辉后来所说，宋教仁是因为拟推黎元洪为总统而得罪袁世凯与孙中山，宋之死是袁、孙合谋，而其中主谋又是陈其美，袁、孙还是从犯。由于其锲而不舍的追查"宋案"真相，结果袁、孙为防止事机泄露而强求日本政府勒令其回国。

  北一辉的这个说法在逻辑上有些费解与矛盾，但据日本驻上海总领事有吉明向日本外务大臣牧野伸显递送的签呈，其中则有详细说明，当时北一辉自组寻凶缉查队并查知有日本人涉嫌，由于其不断向黄兴及租界警方密报他的查案心得，各方由此不胜其烦；而且，北一辉的查案困扰了当地日本人社会的正常生活，并影响了日本人在当地的形象。由此，领事馆不得不勒令他离境回国并在三年内不得重返中国。

  不管怎么说，作为国民党人的重要领袖、而且是即将出任内阁总理的宋教仁，在出行时竟然毫无防护，这与辛亥革命时孙中山所受到的待遇几乎是天壤之别，这无疑是一种悲哀，而悲哀的背后，又意味着什么呢？为什么陈其美能为孙中山派出卫队并加以严密保护，而对宋教仁却如此冷淡、毫不关心呢？

  更奇怪的是在"宋案"发生后，孙中山等人的态度发生了急剧转变。在上一年 8 月，孙中山与袁世凯会面后还极力称赞袁世凯"雄才大略"，是当世无可替代之人，并号召国民党人予以理解与合作，但"宋案"发生后，孙中山立刻中止在日本的访问返回上海，并召集会议讨论"宋案"后的对策。会上，孙中山认为袁世凯已经无可救药，除武力反袁外，别无他途。尽管黄兴等人主张以法律方式解决"宋案"，但孙中山依旧不改初衷，并秘密访问日本驻上海领事以寻求支持。

  由于反袁的各方面条件都不具备，国民党在表面上仍保持克制，而在另一边，随着"宋案"的进一步发展和"善后大借款"的剧烈冲突，袁世凯与革命党阵营的冲突日益激烈，最终无可调和。1913 年 6 月，袁世凯先后免除李烈钧、胡汉民、柏文蔚三位国民党籍的都督职位，宋教仁的死亡事件最终引爆了一场新的内战，而此时距辛亥革命仅一年半的时间。

四　民国旧事

1. 民国四公子的政治情怀

马　勇

我们现在许多人对官二代颇有怨言，以为这些人沦为纨绔子弟，不仅危害社会，而且殃及江山社稷。只是从历史上看，并不是所有的官二代都没有出息，都是纨绔子弟，更多的达官贵人非常注意家庭教育，这方面的成功例子很多，仅近代以来的成功范例就举不胜举，像曾国藩、李鸿章、袁世凯等，他们的后代成才者多，败家者少。即便是袁世凯的二公子袁克文，虽以名士风流的形象相传至今，有"民国四公子"之一的称谓，好像也不是一个纨绔子弟。

不仅袁克文不是，四公子中的其他几位也不是，因为我们始终没有理解此公子非彼公子。

所谓"四公子"的说法，在中国历史上由来已久。

"战国四公子"的说法已隐约见于司马迁的《史记》。到了东汉,随着清议逐渐成为读书人的一种时尚;特别是到了魏晋,随着门阀士族的出现,随着九品中正的运用,人物品鉴在政治生活中具有越来越大的影响力,类似于"四公子"这样的人物归类已越来越普遍,构成中国文化史上的一道奇观,以致后世中国还有什么明末四公子、清初四公子、民国四公子等说法。

公子或其他撮堆比较的说法显然隐含着一种褒贬,更多的时候似乎是褒奖多于贬低,是一种赞美。只是后人不察,特别是1949年之后旧的世家大族被消灭殆尽,新的世家大族又无法诞生,类似于四公子这样风流倜傥的人物再也见不到了,触目所及,不外乎"京城四少"这样的轻浮之徒或纨绔子弟,拿他们与四公子的风流韵事进行比较,真的是玷污了历代四公子的美名。

历代四公子的事迹我们不在这儿多说了,这里专说民国四公子。民国四公子的说法分歧很大,根据一些朋友的归纳至少有四种不同说法:

一指陈锦堂、袁克让、张伯钧、宋传兴组合;

二指袁克文、溥侗、张伯驹、张学良组合;

三指袁克文、卢小嘉、张伯驹、张学良组合;

四指孙科、张学良、段宏业、卢小嘉组合。

至于"后民国时代"的台湾,还有蒋孝武、陈履安、周一熹、连战组合;或钱复、陈履安、宋楚瑜、连战组合;或沈君山、钱复、陈履安、连战组合。由此我们很容易感觉到,民国四公子的说法众说纷纭相当正常,因为各人立场不同、视野不同,必然会在各人眼里有不同的选择与不同评判。

不过要说民国时代,或民国初年的四公子,恐怕还是应该以张伯驹在《续洪宪纪事诗补注》中的归纳更接近事实,大致有袁克文、张伯驹、张学良、卢小嘉、张孝若、溥侗等六人备选。如果继续筛选,比较公认的民国四公子可能就是袁克文、张伯驹、张学良和溥侗四个人了,因为只有他们四人具有司马迁对战国四公子志向行事大节的点评:能以富贵下贫贱,贤能诎于不肖,有担当有肩膀,有艺

四 民国旧事

术文学创造力或鉴赏力，风流倜傥，雅而不俗，敢做敢为，敢爱敢恨，乐善好施，风流而不下流，对民族对国家有贡献有热诚。

既然是公子，当然都必须出身于豪门士族，袁克文的老爸袁世凯、张学良的老爸张作霖不必说了，他们都是清末民初的政治强人或军事强人。至于张伯驹的老爸张镇芳，溥侗的老爸爱新觉罗·载治，也都是清末民初政界不可或缺的大人物。只是随着历史尘埃烟消云散，我们今天的读者不太清楚这些而已。

张镇芳是袁世凯的表兄弟，光绪三十年进士，官至河南都督，为袁世凯帝制自为的重要帮办。爱新觉罗·载治为乾隆帝第十一子成亲王永瑆的曾孙，过继给道光帝的长子隐志郡王为嗣，世袭镇国将军、辅国公，兼理民政部尚书及总理各国事务衙门大臣。

四公子的家庭背景不管是来自皇室还是军事政治强人，也不管他们的祖上识字多少文化几何，但他们四人在少年时代都受到了良好教育，如溥侗自幼在上书房陪小皇帝读书，经史子集、琴棋书画、金石碑刻，乃至京昆艺术，文物鉴赏等，都是别人无法企及的。至于张伯驹，其艺术成就是当代文化高原上一座无法企及的高峰，在书画鉴定收藏、诗词、戏剧和书法这四个领域，张伯驹堪称京华老名士、艺苑真学人，是不世出的人物。

腹有诗书人自华。拥有如此的文化品味的公子哥，无论如何都不会是下三滥，举手投足都给人一种自然舒适的超尘脱俗的感觉，是真贵族。

与"红豆馆主"、"侗五爷"大致相近的还有"袁二爷"袁克文，江湖上尊称袁寒云或寒云先生。袁二爷的老爸袁世凯算不上文化名人，但其优越的政治位置使袁二爷自幼熟读四书五经，精通书法绘事，喜好诗词歌赋，收藏古玩字画，雅人雅事使袁二爷真的是风流倜傥不落俗套，其文其字其画其艺，都是一时之选，无出其右。

才艺比拼当然不是四公子成名的必要条件，四公子之所以受人恭维，更重要的是他们对国家对民族有肩膀有担当，或多或少利用自己的优越条件做过对国家对民族有益的事情。袁二爷一句"绝岭高处多风雨，莫到琼楼最高层"，他没有从家族利益去支持老爸袁世凯称帝，反而从民族大义立场上给老爸提出忠告提出劝阻。至于最具公子哥形象的张学良，在涉及民族大义国家前途问题上或许也有糊涂的时候，比如抵抗或不抵抗，但在他那有效而短暂的政治生命中，东北易帜、西安兵谏，其功过是非容或还可以再讨论再批评，但这种事情对国家政治发展无疑极端重要，其中任何一个都具有历史转折意义。

在重大问题上有肩膀是四公子的特征，急公好义乐善好施更是他们的本分，张学良办大学兴文化富地方的事情不必细说了；张伯驹将毕生收藏义无反顾陆续捐献给国家，也不必说了。即便是袁二爷到了后来穷困潦倒，闻知各地灾情，总是将自己珍藏的字画碑帖拍卖赈灾。至于袁克文加入青帮当老大，小小年龄被尊为"老头子"，俗人不解，这其实就是对袁克文急公好义乐善好施的表彰，否则袁二爷英年早逝，也不会有那么多三教九流，乃至和尚、道士、尼姑、喇嘛，甚至还有妓女都赶来送葬痛哭。

至于四公子的风流韵事，当然传闻更多更广。但我们应该注意，四公子博爱众生，爱美女，随处播散爱的种子，但他们又确实属于有情有义的人，并不是那些只愿苟且而不愿负责的轻浮之徒。张学良长命百岁，阅女无数，但从其爱情生活看，不论对原配，还是赵四小姐，还是那些春风一度的偶然艳遇，张学良大约都敢负责愿负责，敢爱会爱，因而我们能听到张公子的风流故事，却听不到被爱女子的哀怨、愤怒，向隅而泣。还有袁二爷，除了原配外，还有五房姨太太，这仍然无法阻止他在外面播散爱的种子，博爱天下美女，知情人说袁二爷毕生爱过的美女不下七八十，至于一夜春风的艳遇，更是不计其数，只是后来从没有哪个女子要死要活控诉袁二爷无情无义或负心。这是那时大户人家的生活常态，不似今天官二代、富二代敢爱而不负责任，宁愿我负天下人，不愿天下人负我。

四公子的名士风流对于中国人来说已是明日黄花，现在的中国恐怕再也难以重现这种令人想望的雅人雅事了。我们已经彻底俗化，我们只能在物欲中挣扎。

四 民国旧事

2. 民国时代的帅哥名媛

岳 南

1943年6月7日，英国剑桥大学教授、著名科技史家李约瑟，来到抗战中的四川南溪县李庄镇考察访问。当一行拜会了流亡此地的中央研究院史语所傅斯年等人后，又转赴镇外的门官田中央研究院社会科学研究所访问。此时的李约瑟很想拜会一下陶孟和夫人沈性仁，意想不到的是，曾经光彩照人、才华横溢、名满学界的民国时期一代名媛沈性仁——死了。

当年浙江嘉兴的沈家兄弟姐妹四人，其学识风度，名动公卿，海内外景仰。大姐沈性真，字亦云，早年热衷于社会改革，辛亥革命时曾在上海组织女子军事团，抗日战争中又创办上海南屏女中，晚年寓居海外，所著《亦云回忆录》二册，颇受史家青睐。性真的丈夫乃国民党元老黄郛，辛亥革命时，黄推陈其美为都督，并出任都督府参谋长兼沪军第二师师长，其间与陈其美，外加沪军第二师第五团团长蒋介石结为拜把子兄弟。北洋时期，他以教育部长的身份，暗中助冯玉祥倒戈，发动了著名的"北京政变"，软禁了大总统曹锟，驱逐末代皇帝溥仪于紫禁城，成就了一件轰动中外的大事。自此代理内阁总理，并摄行总统职权。国民党南京政府成立后，黄郛又被蒋介石任命为上海特别市市长、外交部长和北平政务整理委员会委员长等要职。

沈性仁在家中排行老二，老三是他的弟弟沈怡，最后是小妹沈性元。沈氏家族的这四个姐弟，颇类似宋氏家族的四姐弟，各自有着不同的政治抱负，不同的生活方式和人生追求。沈性元丈夫钱昌照，字乙黎。出生于江苏常熟书香门弟，早年赴英国留学，就读于伦敦政治经济学院和牛津大学，师从拉斯基、韦伯等著名学者，并与他的学长陶孟和一样深受费边社的影响。学成回国后，在张謇引荐下用一年时间游历了半个中国，拜访了张作霖、张学良、阎锡山、吴佩孚、孙传芳等实力派人物。不久，钱昌照与才高貌美的沈性元小姐订婚，因沈氏家族的关系结识蒋介石，并受到蒋的重用，先后出任国民政府资源委员会副主任（翁文灏为主任）、国防设计委员会副秘书长等职。内战爆发，国民党兵败如山倒时出走香港。1949年后从香港转归大陆，出任全国政协副主席、民革中央副主席等职。生前留下了一部《钱昌照回忆录》，于他去世10年后的1998年由中国文史出版社出版。这部著作内容虽然简略，但信息丰富，为治民国政治、工业和教育史所不可忽视的重要资料。从这部回忆录中可知，在名噪一时的黄河三门峡大坝工程开工之前，不只是国内的黄炎培之子黄万里教授极力表示反对，海外也同样传出了极富前瞻性和高智商的不和谐之音，而发出这一声音的就是钱昌照的内兄、沈家的老三、早年毕业于同济大学，后留学德国的水利专家沈怡。沈在留德期间专门研究黄河治理，20世纪30年代归国后从政，曾任上海工务局局长、资源委员会秘书、民国政府交通部次长、南京特别市市长等职。沈对黄河治理情有独钟，1946年夏，在南京市市长任上时仍没有忘记黄河治理问题，曾专门组织黄河顾问团考察黄河流域，并聘请三位美籍顾问前来考察（包括萨凡奇、柯登，萨凡奇借此机会第二次到国民党拟建的三峡工程坝址查勘地形地质）。1948年，沈怡出任联合国远东防洪局局长，驻泰国数年，领导治理湄公河。再后来沈怡去台湾，曾任"交通部"部长，任职六年。因派系不同，元老派失势，沈氏受到少壮派的排挤，乃改任"驻巴西大使"，未久离任侨居美国，1980年去世，享年79岁。沈怡著有《水灾与今后中国之水利问题》（1932年11月《东方杂志》，第28卷，第22号）、《黄河年表》（1934年出版）、《黄河问题》（1935年出版）等专著，是中国为数不多的水利专家和市政工程专家。1979年，沈氏珍断患癌症之后，希望他仅存人间

四 民国旧事

的胞妹沈性元前去探视。时为全国政协副主席钱昌照夫人的沈性元得电并征得有关部门同意后，赴美探望。行前受水利部之托，将长江"三峡计划"的资料带去，征求这位水利专家对建造大坝的意见。当性元把资料取出时，想不到沈怡却拒绝阅看，他说："当年建造黄河三门峡时，我在国外撰文认为干不得，中苏专家不听，闹成笑话。我又何必操心呢？"沈性元怕回国后不好交差，一再婉转相劝，并说："祖国尊重专家，远在国外还郑重征求（意见）"云云。沈怡才勉强看了一下资料，写了几条意见让胞妹带回了国内。第二年，沈怡就去世了。

当年沈怡反对黄河三门峡工程的具体意见如何，是否为国内高层和专家学者所了解，已不得而知。有研究者后来推测，"在当时，即使他的意见为国人所知，大概也会当作潜伏在国外的阶级敌人的恶毒攻击，反而会增加主建派的砝码"。事实上，许多政治化的工程都是如此的命运。沈怡生前还著有《沈怡自述》，在他去世五年后于台湾出版，其中对钱昌照的政治生涯特别是晚年的生活多有批评。

作为民国时期一代名媛的沈性仁，早年留学欧美，在"五四"时期，就有翻译戏剧作品《遗扇记》于《新青年》发表（第五卷6期，六卷1、3期，1918年12月和1919年1、3月）。此剧后来被译为《少奶奶的扇子》和《温德梅尔夫人的扇子》，曾搬上舞台演出。这是外国话剧最早的白话语体翻译剧本之一在中国发表，也是中国白话文运动的源头。正是在这一探索性成果的基础上，才产生了波澜壮阔、影响深远的白话文运动和新文学运动。此后，他与徐志摩共同翻译了《玛丽玛丽》等文学作品，引起文化界广泛注意，特别受到好友林徽因的激赏。

除文学戏剧外，沈性仁对社会经济问题亦有较大兴趣，1920年，她与丈夫陶孟和合译的《欧洲和议后的经济》（凯恩斯著）被纳入《新青年丛书》第六种出版。荷裔美国科普作家房龙的成名作《人类的故事》于1921年出版后仅4年，就由沈性仁翻译成中文并由商务印书馆出版（1925年），在中国掀起了一股经久不衰的"房龙热"。后来成为历史学家、作家的曹聚仁曾回忆道：20年代在候车时偶然买到《人类的故事》中译本，于是，"那天下午，我发痴似的，把这部史话读下去。车来了，我在车上读。到了家中，把晚饭吞下去，就靠在床上读，一直读到天明，走马观花地总算看完了。这五十年中，总是看了又看，除了《儒林外史》、《红楼梦》，没有其它的书这么吸引我了。我还立志要写一部《东方的人类故事》。岁月迫人，看来是写不成了。但房龙对我的影响，真的比王船山、章实斋还深远呢！"尽管曹氏没有谈及沈性仁的翻译之功，但若没有沈氏的努力就不会有中国人如此快捷地看到《人类的故事》并大受影响，这一事实想来曹氏是不会否认的。

当年徐志摩自海外归国，在北平发起了一个文学沙龙——新月社，常来石虎胡同7号参加聚餐会和新月俱乐部活动的人物有胡适、徐志摩、陈西滢、凌淑华、沈性仁、蹇季常、林徽因、林语堂、张歆海、饶梦侃、余上沅、丁西林等等一大批大学教授和作家文人，也有黄子美、徐申如等企业界、金融界人士。还有梁启超、林长民、丁文江、张君劢等资格稍老的社会、政界名流，可谓一时俊彦，大有"谈笑有鸿儒，往来无白丁"之声势。据当时参与者回忆，这些出身背景，年龄、兴趣和职业不尽相同的人物，所谈话题从政治、经济、文化、教育到文学，驳杂多样，所关心的问题也不尽一致，虽然来俱乐部"社交"的目的是一样的。

就在这一时期，沈性仁与梁思成、林徽因、徐志摩、金岳霖、胡适、甚至生性腼腆的朱自清等男性文人学者，相识相交并成为要好的朋友。后来，随着梁思成、林徽因由东北返平，住北总布胡同三号以及"太太客厅"的形成，陶孟和与沈性仁便成为"客厅"中的主要宾客。冰心的小说《我们太太的客厅》里边的"科学家陶先生"，指的就是陶孟和——假如——对号入座的话。

对于沈氏高雅的仪态与美轮美奂的容貌，作为女性的林徽因既羡且佩，而对林徽因倾羡、爱恋了一辈子的金岳霖，初次见到沈性仁时，即惊为天人，大为倾心动情。并不常做诗的老金，自与沈性仁相识后，也一反常态地做起爱情诗来，他在题赠沈性仁的一首藏头诗中写道："性如竹影疏中日，仁是兰香静处风"，以婆娑的竹影与兰花之香来比喻"性仁"之风采丽姿，其倾慕艳羡之情溢于表里。

被誉为"民主先生和自由男神"（唐德刚语）的胡适，曾主张作为一个具有

四 民国旧事

现代知识的人，就需要有几个女友，因为男女之间在观察处理事物、性情陶冶方面常有互相弥补的益处云云。他在 1918 年 4 月 5 日由北平写给家乡母亲的信中，说到当日应邀在丁（文江）先生夫妇家吃饭，同席有陶孟和及其未婚妻沈性仁，还有另外一位沈女士，大家在一起聚谈。然后说："我在外国惯了，回国后没有女朋友可谈，觉得好像社会上缺了一种重要的分子。在北京几个月，只认得章行严先生的夫人吴弱男女士。吴夫人是安徽大诗人吴君遂（北山楼主人）先生的女儿，曾在英国住了六年，很有学问。故我常去和她谈谈。近来才认得上面所说的几个女朋友。"无论是此前还是之后，胡适都需要有女朋友助谈，特别是受过良好教育的女性朋友，而沈性仁正是他心中所谋求渴望做异性朋友的绝佳人选。

或许生性过于腼腆，或许心中过于忧伤，在清华任教的文学家朱自清，每见到漂亮或心仪的女人，都有精细的观察，且在日记中有简约记载。如：1924 年 9 月 5 日，由温州乘船赴宁波任教。"船中见一妇人。脸甚美，着肉丝袜，肉色莹然可见。腰肢亦细，有弱柳临风之态。"

1932 年 8 月 16 日，蜜月中游完普陀，"到上海，赴六妹处，遇邓明芳女士，颇有标格。"

1933 年 1 月 22 日，入城，在杨今甫处午饭，饭后论《啼笑姻缘》及《人海微澜》。"旋陶孟和夫妇来，陶夫人余已不见数载，而少年似昔，境遇与人生关系真巨哉。"朱氏记载的陶夫人即沈性仁，"少年似昔"，当是指已近中年的沈氏美貌风采均不减当年，仍是妙龄春色，甜怡透人。而不是徐娘半老，风韵犹存的俗世比喻。从这句颇为含蓄的隐语中可窥知沈性仁当年夺人心魄的高雅气质和朱自清内心艳羡动情的波光流影。

一切都如朱自清笔下的荷塘月色般悄然流逝。抗战爆发后，沈性仁随陶孟和开始了流亡生活。几年的战乱与生活困苦，使她的身体受到巨大耗损，生命在磨难中一点点走向消亡。自从社会科学研究所由昆明迁到李庄后，由于环境和气候的变化，特别是如德国人王安娜博士曾说过的重庆一带的环境一样，由于川南一带含硫量很高的煤块烧出来的煤烟混在一起成了烟雾,而这些弥漫着硫磺味的浓烟整日徘徊于李庄及周边地区上空不散,与林徽因的遭遇几乎相同,沈性仁也患了严重的肺结核,且日甚一日,几度卧床不起。陶孟和想方设法为其医治,但鉴于李庄缺医少药的现状,陶孟和本人甚至同济大学道业高深的医学教授都深感无能为力,只有看着俏丽文静的夫人一天天消瘦下去。到了1942年秋,国民政府资源委员会组织一个考察团去西北各地旅行,陶孟和闻讯,找到连襟钱昌照,让沈性仁顺便搭车去兰州治病。在陶、沈夫妇看来,或许西北清爽的空气和兰州城的医疗条件能使肺病有所控制。意想不到的是,这一去竟成永诀,1943年1月21日,沈性仁在兰州撒手归天。

沈性仁病逝的消息传出后,除了她的家人悲痛欲绝,许多相识的朋友也为之洒下了悲伤的热泪。费正清曾哀惋地慨叹道:"她是我们朋友中最早去世的一个。"1月23日晚上,在昆明西南联大的金岳霖接到沈性仁去世的电报后,"当时就像坐很快的电梯下很高的楼——下子昏天黑地。"等稳下来时,"又看见性仁站在面前。"沈性仁在去世的八天前,还亲笔给远在昆明的老金写过一封信,"那封条理分明,字句之间充满着一种淡味,一种中国人和英国人所最欣赏的不过火的幽默"的信,让老金无法相信"八天的功夫就人天阔别"的残酷现实。于是,金岳霖怀着悲天悯人的情感,写下了一篇含血沾泪的悼文,以纪念这位在中国白话文运动史上做出过杰出贡献的光彩照人的女性。

老金认为,沈性仁是"非常单纯之人,不过她也许在人丛中住,却不必在人丛中活而已。""佛家的居心遇儒家的生活……单就事说,性仁能做的事非常之多;就她的性格说,她能做的事体也许就不那么多了。"她是一个入山惟恐不深,离市惟恐不远的真正高雅、淡泊、风韵无边的人间女神。文中又说:

认识性仁的人免不了要感觉到她确雅,可是她绝对不求雅,不但不会求雅,而且还似乎反对雅。……我猜想她虽然站在人群的旁边,然而对于人的苦痛她仍是非常之关心的。在大多数人十多年来生活那么艰苦的情形之下,雅对于她也许

四 民国旧事

充满着一种与时代毫不相干的绅士味……性仁虽然站在人群的旁边,然而对于朋友她又推赤心于人、肝胆相照、利害相关,以朋友的问题为自己的问题。她是想象力非常之大而思想又百分的用到的人,可是想象所及的困难有时比实际上的困难还要大。她在李庄听见昆明的物价高涨的时候,她深为奚若太太发愁,恨不能帮点小忙。然而她无法可想,而在那束手无策的状态之下,她只有自己想象而已。想的愈多,困难也就愈大。这不过是一例子而已,这一类的景况非常之多。朋友们的处境困难常常反比不上性仁为她们着想而发生的心绪上的忧愁。她的生活差不多以自己为中心,有的时候我简直感觉到她的生活是为人的生活,不是为自己生活。也许她这样的心灵是中国文化最优秀的作品。

金岳霖这篇《悼沈性仁》的叙事散文,堪称民国史上所有散文作品中写女人写得最细腻,最优美的文字之一,内中蕴涵了英国绅士式的从容、清纯、洒脱、飘逸,伴着中国古典的深厚绵长和淡淡的哀伤,读之感人肺腑,韵味绵长不绝。金岳霖不仅有一颗哲学家的头脑,还应当算是世上最为难得的一位好男儿,好情人。假如把老金与风流成性的情种徐志摩相比,金氏对女人的了解和洞见要比徐更透彻,更辽远,更有深度,也更能切近女人的心扉。

据沈性仁的小妹、钱昌照夫人沈性元说:"回忆到金老(岳霖)对我二姐性仁的尊重理解。金老认为,性仁二姐的性格是内向型的。她文静、深思、内涵比较充实……等,金老称之为'雅'。性仁二姐待人诚挚,处事有方,这些我们父母所留给她的品格,也许由于她爱好文艺所获取的哲理而更深化了些。"又说"二姐处在多难的旧中国,身居在知识分子经济不宽裕的家庭,家务之外,有不少朋友的社交活动,还能抽出时间勤于译著,她翻译了房龙的名著《人类的故事》,此外也译有英文中篇小说。这些也是金老所钦佩的一方面吧。"

金岳霖对沈性仁心向往之,沈对老金也极为敬佩。沈性元说:"我从二姐偶然的话语里,得知金老搞逻辑学,写作有个少有的特点:常常费了不少功夫写成厚厚的一迭稿了,当发现其中有不满意处,他会把全部稿子毁弃,决不'敝帚自珍',更不会以为'文章是自己的好'。他会重新开始,有疑义就再作废而不惜,决不把自己所不满意的东西问世飨人。金老,当年的'老金'就是这般著作治学的,他得到二姐的衷心钦佩。"

作为与沈性仁相濡以沫,共同经历了世间苍桑、生死离乱的陶孟和,没有专门写下怀念爱妻的文字,但其内心的苦楚与孤寂自是非文字所能表述于万一。据当时在社会科学研究所的研究人员巫宝三回忆:"李庄虽是一个文化区,但究与西南联大所在地的昆明大有不同。同济是一理工医大学,无文法科,因此陶先生同辈友好在此不多,经常来晤谈者,仅梁思成、思永兄弟,李济、董作宾等数人而已。同时陶老的夫人当时健康欠佳,后去兰州休养,在抗战后期病故。陶先生大半时间住在李庄,生活孤寂可知。但处境虽然如此,他对扶植研究事业的热忱,一仍往昔。在夏季,他头戴大草帽,身着灰短裤,徒步往返于镇上与门官田的情景,犹历历在目。"

当李约瑟到来时,陶孟和似乎还没有从失去夫人的哀痛中完全解脱出来,刚刚57岁就已是头发花白,身躯佝偻,变得沉默寡言且有几分恍惚,望之令人心酸。这个时候的陶孟和正领导所内部分研究人员,以"抗战损失研究和估计"为题进行调查研究。此前,陶氏对第一次世界大战交战国各方面的损失估计以及战后和会各方代表谈判情形有过详细了解。抗日战争爆发后,他极富政治战略眼光地向中央国民政府提出,"战时经济状况及其损失应作为一个重大课题及早调查研究,以作为抗战胜利后和会谈判的依据"。在这一战略思想指导下,1939年在昆明开始,陶孟和就集中精力组织人力调查研究沦陷区工厂及其它经济文化机构迁移情况。来李庄后,整个研究所的工作由原来的经济、法律、社会学等诸领域,转到了经济学,并确定了以战时经济研究为主的总方针,开始了由调查问题,揭示问题,向协助政府解决问题的转化。在此期间,陶氏与研究所同人着手编纂抗战以来经济大事记,并出版了对沦陷区经济调查报告及经济概览。受翁文灏主持的国民政府经济部委托,专题研究了战时物价变动情况,同时受国民政府军事委员会参事

四 民国旧事

室委托,调查研究并完成了《1937—1940年中国抗战损失估计》等科学性论证报告。

令陶孟和为之扼腕的是,他与他的同事辗转几万里,含辛茹苦,耗时八年,以国际通用的科学计算方法调查研究出的科学报告,因战后国共两党与日本政府的复杂关系,这批研究成果竟成了一堆废纸,被当局弃之麻袋不再理会。最后的结局是:中国人民八年艰苦卓绝的抗日战争打赢了,但国共双方分别代表自己所统领的人民大众,却主动放弃了日本方面的战争索赔,中国在战争中折合当时美元计算数额高达1000亿以上的各种经济损失,全部付之东流,未得到一分一厘的赔偿。而从李庄走出来的社会科学研究所,自1952年被戴上了一顶"伪科学"的铁帽子宣告解体。陶孟和作为一个失去了专业依托的老人,晚年的人生也随之步上了另一段高耸云端,摇晃不止,虚无飘渺的天梯。在忽忽悠悠的腾云驾雾中,陶氏再次发出了的久积于心的呼喊:"梦想是人类最有害的东西",忧郁而终。这是当时在李庄时期的陶孟和与社会学研究所的全体人员没有料到的。更不可思议的是,2004年,一个捡垃圾的老汉在北京某地一个丢弃的废墟中,捡到一麻袋文件,经中国社会科学院近代研究所专家李学通研究员鉴定,这正是当年陶孟和等人在李庄所作的战争期间中国损失调查报告。但对这堆"废物"作何处理,无人理会。呜呼!

3. 民国风景旧曾谙

解玺璋

民国历史"惊"了我们

民国是当下大众阅读的热点之一。据说,和民国有关的书,卖的都还不错。有些书口碑也很好,这是非常难得的。岳南所著《陈寅恪与傅斯年》,就是这样"既叫好又叫座"的书。陈寅恪早几年先曾热过,一本《陈寅恪的最后20年》风靡海内外,至今还为很多人所倾倒。岳南的新著则更偏重于在陈寅恪与傅斯年的相互辉映中介绍他们的家族背景、文化传承、成长经历、留学生活以及在动荡的岁月中颠沛流离,执著于学术的艰难历程;在似与不似之间展现不同性格的两个知识分子,同为坚持"独立之精神,自由之思想"的信念而做出的努力。有人说,这是一部"20世纪上半叶知识分子的心灵史";同时,这也是一部在艰难困苦之中,作为"中国文化与学术德教所托命者"(吴宓撰《读散原精舍诗笔记》)的知识分子,为延续中华文化的血脉虽九死而终不悔的奋斗史。读这本书,我们会想起很多事,发生在昨天、今天,或者明天的事,这些事以及事中的人总是让我们叹惋和怅然。

民国是离我们最近的一段历史,但它有时又显得十分遥远,看上去不是那么真切。这种如梦似幻的感觉大大激发了我们的好奇心,使我们很想钻进去看个究竟。当我们最初打开民国这本"书"的时候,那些被尘封在历史中的人和事,那

四 民国旧事

些缤纷灿烂的历史瞬间,还是给予我们很多惊奇,甚至惊喜。最近有一本新书叫《狂人刘文典》,刘文典何许人也?我们所知不详。还是此前读《陈寅恪与傅斯年》,其中有一段(149页)讲到此人:"时为清华国文系主任的刘文典(字叔雅,1889—1958),年龄比陈寅恪大一岁,既是一位才高学广的'博雅之士',又是一位恃才自傲的'狷介'之人。早在1907年芜湖安徽公学读书时就加入同盟会。1909年留学日本早稻田大学,学习日、英、德等国文字、语言,回国后曾一度担任孙中山秘书处秘书,积极主张以刺杀、车撞或引爆自制炸弹等恐怖活动,来打击、推翻袁世凯集团的统治。老袁一命呜呼后,国内革命形势发生丕变,刘氏遂不再过问政事。1917年,刘文典受陈独秀之聘出任北京大学文科教授,并担任《新青年》英文编辑和翻译,积极鼓吹另类文化在中国的传播,同时选定古籍校勘学为终身之业,主攻秦汉诸子,并以《淮南子》为突破口加以研究,终以皇皇大著《淮南鸿烈集解》与《庄子补正》十卷本震动文坛,为天下儒林所重。刘氏因此两部巨著一跃成为中国近现代史上最杰出的文史大家之一,影响所及,已超出学界而步入政坛,曾一度被蒋介石抬举为'国宝'。"

民国人物的"疯"和"狂"

然而,成了"国宝"的刘文典,对蒋介石的抬举并不买账。书中特别记载了他与蒋介石当面顶撞一事,也算民国期间的奇闻之一。据说他在安徽大学校长任上,老蒋曾为学潮之事召他训话,二人当场顶撞起来,刘文典骂老蒋"新军阀",盛怒之下的老蒋则扇了他两个耳光,并下令关押七天。有传闻说,老蒋扇刘耳光时,刘文典也不甘示弱,飞起一脚踢中了蒋的肚子,蒋捂着肚子疼得脸上汗珠直滚,这才有了把刘氏关进监狱之举。这种事情,在我们的经历中怕是闻所未闻,也让我牢牢记住了这个名字。所以,不久在书店看到《狂人刘文典》一书,我毫不犹豫,掏钱就买。这是一本关于刘文典的传记,而且有"国内第一本"之赞誉,可见,关于刘文典的记述,此前是很稀少的。物以稀为贵,既如此,这本书的出版也就很难得。作者从结识陈独秀，走上推翻封建统治的革命道路开始，终结于1958年对资产阶级反动权威的政治批判，详实、具体、生动、全面地讲述了这个特立独行、有棱有角的知识分子的一生，极为传神地描绘了他的一身傲骨和"狂人"形象。这里所谓狂，其实是在赞赏一种气节，一种人格。作者说："综观刘文典的一生，在他孤傲狂狷的深处，其实正寄寓着一种对于独立生命状态的永恒追逐。在这个过程中，不免又经历着由传统文人向新型文人转变的深切阵痛。"

然而，这又绝不仅仅是一个人的个性，或者说它是一个时代的个性，亦无不可。孙郁前不久作《在民国》一书，就有专章讲述"狂士们"的事迹。他笔下的狂士，第一个就是陈独秀，接下来还有苏曼殊、章太炎、吴稚晖、钱玄同等。刘文典与其中两个人都有过不同寻常的交往，一个是他在家乡的恩师陈独秀，一个就是留学日本时期的章太炎。他曾回忆陈独秀上课时的情景，说是不拘小节，有时一边讲课，一边搔痒，什么纲常名教、师道尊严，全不放在眼里。孙郁也说："陈氏做人不守旧规，为文亦傲气袭人。五四前后，有癫狂之态者很多，但像陈氏那样倜傥的人，却不多见。"所谓"癫狂之态者"，俗称就是疯子。据说，民国学人中有三位"疯子"最著名，一个是章太炎，一个是刘师培，还有一个就是他们二位的学生黄侃，其中偏偏没有提到陈独秀。但这三位"疯子"仍然与刘文典大有关联。刘文典始终认为，无论刘师培所持政治立场如何多变，革命思想如何怪异，都是对自己影响最大的老师。留学日本期间，刘文典则拜在章太炎的门下，但他自己也说："我从他读书的时间太短，聚会的次数也不多。"不过，老师狂狷放纵、特立独行的个性，却被他真正地发扬光大，继承下来。十几后，刘文典不惧强权，当面斥责蒋介石，章太炎知道了，"逢人便说有这个好学生"。至于黄侃，从章太炎那论，是他的大师兄，从刘师培那论，他又是大师兄了。

疯狂之态折射精神人格

这种你中有我，我中有你的关系，恰恰说明了刘文典的"狂"，自有他的道

四 民国旧事

理。其中既有师承,也有社会风气的影响。《在民国》一书就曾讲到这一点:"惟有民国初年前后,风气大变,狂士辈出,遗绪一直延续多年。"孙郁又引鲁迅的话说:"但这是当时的风气,要激昂慷慨,顿挫抑扬,才能称为好文章,我还记得'被发大叫,抱书独行,无泪可挥,大风灭烛'是大家传诵的警句。"这种情形与其说是民国最初那些年所独有的,不如说这是中国知识分子人格遗传所存留的几分亮色。他们的性格或有不同,具体表现亦殊异,但在清高自守,不畏权贵,独立不羁这些方面,又有许多相同之处。《陈寅恪与傅斯年》就有多处讲到二人的同与不同。傅斯年尝有"大炮"之称,想当年,他一炮轰倒孔祥熙,再一炮轰倒宋子文,两位"皇亲国戚"均被傅斯年几声炮响轰于马下,天下人心大振。所以有人称赞他:"在最近的十年来他内心已焚烧着正义之火,逼他走出学术之宫,要分一部分精神来顾问国事。他的话,是代表千万人民的隐泣和怒吼!他的话,也寄托着对祖国的复兴与再生!"这或者正是社会大众对知识分子精神人格力量的一种期许。所谓"千夫之唯唯,不如一士之谔谔",傅斯年在那个动荡之秋就做了谔谔之士的一个典范。而陈寅恪却是内敛式的,对他来说,这一生,没有"侮食自矜,曲学阿世",就已经足够了,他不敢再有更多的奢望。这就是他在诗中写道的:"俗学阿时似楚咻,可怜无力障东流。"即不能兼济天下,就有点独善其身的意思了。这是一个读书人,现在所谓知识分子的道德底线。我们衡量一个知识分子,首先不是看他学问做得怎么样,而是看他治学的态度。这里所强调的还是如何做人。扭曲学问以趋时媚世的人,一定不是正直的人。而做人不能正直,立德也就出问题了。古人说,君子有三立:立言、立功、立德。德不立,其他自然免谈。所谓道德文章,也是道德在前而文章在后啊。事实上,在中国历史传统中,特别是在 20 世纪以降这百余年中,能否坚持学术独立的根本信念,已经成为衡量学者,或者知识分子精神人格的准绳,也是区分真学术与假学术的分水岭和试金石。陈寅恪最为人所称道的,也是他最为自得的,就是在学术研究中一直坚持"自由意志"与"独立精神"。

说来容易做来难

　　从这里可以看出，民国的被书写与被阅读，其实是与我们所能感受到的现实的某种缺失紧密相关的。通过对民国的书写和阅读，我们或者能在心里得到某种补偿。所以，无论是书写者，还是阅读者，大家的心里都是存有深深期许的。《狂人刘文典》的作者曾在"后记"中讲到这个"狂"字，他说："在这个汉字的深处，是一种对命运的抗争与努力，是一种对权贵的蔑视与逃离，是一种对尊严的坚守与把握。我喜欢这种'狂'，我觉得，它是治疗当下日益严重的'阳痿人格'、'犬儒主义'的最佳药方。"当然，这也许只是一个遥不可及的理想。记得读过易中天先生一篇文章，题目是《劝君免谈陈寅恪》，为什么要"免谈"呢？他说："陈寅恪是了不起，可惜我们学不来。"理由有三：首先是"顶不住"，其次是"守不住"，第三是"耐不住"。有了这"三不住"，陈寅恪还真是免谈的好，因为，谈了怕也是白谈。我想，易中天先生说的是实话，惟其说了实话，才让我们看到了斯文在现实中的尴尬处境。这种处境的真实性就在于，已经没有"狂人"，也就没有了抗争与努力、蔑视与逃离和坚守与把握。这几年，文化重建或文化复兴说得很多了，但根本的问题并没有触及，或者就是易中天先生所概括的"三不住"还支配着我们许多人的想法，说起来容易做起来难。

四 民国旧事

4. 七七卢沟桥事变后的平津危局

岳 南

  谨以此篇，纪念"七七卢沟桥事变"爆发七十六周年，以及在伟大的抗日战争中参战的全体官兵和爱国志士。

  1937年7月7日，日本军队经过长期密谋策划，终于采取占领平津，继而征服整个华北和中国的侵略行动。是日夜，早已占领北平市郊宛平城外的日本军队，以走失一名士兵为由，强行进入宛平城搜查。在遭到拒绝后，日军突然向卢沟桥龙王庙中国守军发起进攻，继之炮轰宛平城。中国守军第二十九军冯治安师何基沣旅吉星文团奋起抵抗，震惊中外的卢沟桥事变爆发，日本全面侵华战争由此开始，中国军民八年抗战序幕随之拉开。

  驻守在华北地区的二十九军，其老班底是一代军阀大佬冯玉祥旗下的西北军旧部。这支军队的兴起与演变，具有强烈的时代特色，其兴亡存续与翻云覆雨的经过，更是深深地打上了清末民初战乱时期军阀们相互倾轧、暗算、合纵连横的烙印。

  1928年夏，以蒋介石为总指挥的国民革命军北伐成功，相继占领平津，定鼎中原。6月20日，奉系军阀张作霖儿子张学良在沈阳老巢承袭父职，自任奉天军总司令。7月1日，张学良通电南京国民党政府蒋介石、冯玉祥、阎锡山、何应钦等军事巨头，表示愿意用和平手段统一全国。自此，中国军阀折腾了几十年的相互攻战防守、腰斩开膛、砍头剁脚、水煮油烹的大混战暂告一段落。

1930年，刚刚在名义上取得统一的中华大地，又爆发了以蒋介石为首的国民政府中央军与冯玉祥、阎锡山两个地方割据军阀联军对决的中原大战——这是民国历史上最著名的大混战之一，共有130万人参战。交战之初，双方势均力敌，互有胜负。就在彼此打得难分难解、成一团麻花时，蹲在白山黑水间的奉系军阀张学良，在蒋介石夫人、绝色美人宋美龄亲往其密所摇动三寸香舌和施展周身招数连番规劝、蛊惑、利诱下，张氏原本因吸食大麻而蔫儿巴唧的身子骨儿，如同每日注射的杜冷丁药力发作，突然"稀里咔嚓"响了起来，屁股开始由发热到发烫，随着脉管血液奔流窜腾，密布的毛孔迅速扩张炸裂，细黄的汗毛如同霜打毛草在苦寒的夕阳中根根直竖。阵阵香风吹拂中，张学良再也按捺不住心中澎湃如涛的激情，在蒋介石与阎、冯联军双方死伤达到30余万众仍难决胜负的关键时刻，突然"嗷"叫一声蹦跳而起，丁宋美龄放情的大笑与秋波含情的迷人眼神幻影中，抽刀拔剑，亲率20万东北军携枪架炮以虎狼之势入关助蒋。

"东北虎"突然窜入关内，大战正酣的冯、阎等群狼组成的地方联军土崩瓦解，纷纷作鸟兽散。阎锡山扔下残兵败将独自躲到天津租界一个暗室不再露头，冯玉祥统率的号称42万西北军四散逃亡。原西北军名将吉鸿昌、韩复榘、梁冠英、焦文典、葛运隆、孙连仲等相继率部投蒋；庞炳勋、孙殿英、刘春荣等土匪出身的将领率部脱离冯玉祥，自谋生路。约万余残兵败将在宋哲元、张自忠、刘汝明、孙良诚、秦德纯、冯治安等人的带领下，于慌乱中自河南之境渡过黄河，退入晋南一隅之地苦苦挣扎，企图死里求生。

1930年底，因助蒋有功而荣升中华民国海陆空军副总司令，在北平设置行营，全权掌控东北军政、兼理整个华北地区军务的张学良，挟"东北虎"的凌厉威势，根据国民党三届四中全会决议，对西北军残兵败将进行捕获收编。1931年1月，原西北军残部被改编为东北边防军第三军，6月改为名义上隶属于南京中央政府的

四 民国旧事

国民革命军第二十九军,由冯玉祥旗下所谓的"五虎上将"之一宋哲元(字明轩)任军长,辖冯治安、张自忠两个师,驻防山西正太路一带。

晋东南原为山西军阀阎锡山经营多年的老巢,二十九军驻防此地自是处于寄人篱下的地位,军费稀薄,官兵衣衫褴褛,形同乞丐,其状凄凄,惨不忍睹。处在夹缝中上不着天、下不着地的宋哲元与二十九军将士于饥寒交迫加白眼中,做梦都想得到一块属于自己的地盘儿,以便东山再起。

机会终于来了。

1931年"九一八"事变爆发,"不抵抗将军"张学良统率的东北军未放一枪退守关内,东三省沦陷。整个西北、华北局势立刻变得严峻起来。出于多方面考虑,1932年8月,国民党中央行政院会议任命宋哲元为察哈尔省主席兼二十九军军长,所属部队随之向西北一带转移。未久,其军队扩编为三个师辖八个旅。察哈尔虽仅辖16县,地狭人稀,天荒地老,但毕竟是个落脚之地,也是命悬一线的二十九军死里求生的唯一依托。1933年2月,二十九军被调往北平以东的通县、三河、蓟县一带驻防,未久,奉命参加著名的长城喜峰口、罗文峪抗战,有效地狙击了日军侵略,受到中国人民的广泛赞誉,名震一时。

1935年6月,迫于日本的强大压力,著名的《何梅协定》签订,蒋系中央军关麟征、黄杰等部撤出平津地区。在日本人的操控施压下,具有半独立性质的"冀察政务委员会"成立。二十九军经过一阵左右摇摆,瞅准了这个千载难逢的发展缝隙,宋哲元趁机坐大,一身兼任二十九军军长、冀察政务委员会委员长、冀察绥靖公署主任等三项要职,冀察两省与平津两市一切政务、军务,统归宋哲元一人节制。

借了乱世风云的契机,得到冀、察、平津政权,今非昔比的宋哲元,同样深知"枪杆子里面出政权"的硬道理,开始利用地方财政收入及截留中央收入的关税、盐税、统税、铁路交通税等钱财，打着准备抗战的幌子，以各种名目大肆扩军，并通过种种理由和方式向国外购买军火。到1937年卢沟桥事变前，其部下已有4个步兵师、一个骑兵师、两个保安旅、一个独立旅、一个特务旅，共五师四旅的兵力，部别番号分别是：

冯治安三十七师（驻防北平西苑、卢沟桥一带）；张自忠三十八师（驻防天津附近韩柳墅、小站、廊坊、马厂和大沽各地）；赵登禹一三二师（驻防南苑团河、河北省任丘、河间一带）；刘汝明一四三师（驻张家口、宣化、怀来一带）；郑大章骑兵第九师（师部和骑兵一团驻南苑，其余两团驻固安、易县等地）；孙玉田特务旅（驻南苑，以一团在城内）；石友三部两个保安旅（冀东一带，河北保定一线）。另外有直属军事教导团，冀、察、天津保安队，总兵力达到了10余万众。二十九军所属部队分别驻守冀、察两省与平、津两市，各地区的省市最高行政长官亦分别由驻军首领兼任，其情形为：冯治安兼任河北省主席；刘汝明兼任察哈尔省主席；张自忠兼任天津市市长（萧振瀛离职后由张兼任），加上原已任命的宋之嫡系、二十九军副军长秦德纯为北平市市长，冀察二省与平津二市完全成了宋哲元第二十九军的天下，并复现以前军阀割据局面。

以蒋介石为首脑的南京中央政府，对这块具有特殊性质的半封建、半殖民地、半独立地盘上的一切军政事务，已无力直接控制指挥。而自认为羽翼丰满，不可一世的宋哲元在截留税收、白银南运、故宫宝物南迁等一系列关乎国家民族大是大非问题上，更是不把中央政府放在眼里，双方矛盾加剧。日本人瞅准机会，借以操控宋哲元并不断向其施压，企图将其变成一个受日本人指使的傀儡政权，日本外务省在《对华北新政权方针》一文中，直呼冀察政务委员会为"宋哲元政权"。对此，蒋介石曾对国民政府军政部长何应钦慨叹道："我们只能希望宋哲元等几个人听命令，并不能命令他们。"其痛苦、愤恨、无奈之状溢于言表。也正是这种非驴非马非骡子的四不像局面的形成，为后来平津乃至整个华北地区危急与沦陷埋下了祸端。

四 民国旧事

卢沟桥事变之前，宋哲元为躲避日本人的纠缠，正猫在山东乐陵县老家为死去的父亲挖坑修墓，一切军政事务全部交付驻平的冯治安与秦德纯办理。当宛平城枪声响起时，秦德纯以职业军人特有的干练与魄力，当即于二十九军司令部电令长辛店守军何基沣旅二一九团团长吉星文率官兵奋起抵抗，并有"保卫领土是军人天职，对外战争是我军人的荣誉，务即晓谕全团官兵，牺牲奋斗，坚守阵地，即以宛平城与卢沟桥为吾军坟墓，一尺一寸国土，不可轻易让人"等悲壮之语。吉星文得令后率部死打硬拼，给日军以痛击。

7月8日晨，秦德纯打电话到庐山，向正在牯岭召开会议的中国军政最高统帅蒋介石，报告事变经过以及北平面临的危急情形。蒋介石闻讯，大惊，继而对日军制造这一事变的真实意图，以及中国将如何采取应对策略，作了反复思考与细致推敲，其焦虑、矛盾、痛苦、犹豫之神情，从蒋氏本人当天的日记中可以看出："一，倭寇已在卢沟桥挑衅，彼将乘我准备未完之时使我屈服乎？二，与宋哲元为难乎？使华北独立乎？三，决心应战，此其时乎？"

此时，中国的形势是，包括热河在内的东北四省已经沦亡于日寇之手。就在七七卢沟桥事变一年半以前，日本又迫使中国政府承认"满洲国"和华北特殊化，这就意味着平津地区成为中国北方抵制日寇最前沿的堡垒，若平津失陷，整个华北将不可收拾。因而，经过反复思索权衡，蒋介石认为对方此次明火执仗的行动，绝非往日任何一次军事争端与挑衅能与之相比，华北大难临头，中国政府和军队很难再有退路，非战即降，非死即活，有关中华民族生死存亡的最后时刻到来了。

面对危局，蒋介石采取外交斡旋与不惜开打两手抓、两手都要硬的战略思想。一方面命令外交部部长、资深外交家王宠惠向日本驻华大使提出严重口头和书面抗议，要求日军立即撤回原防，中国保留一切合法要求。同时立即向宋哲元、秦德纯等二十九军将领发出了"宛平城应固守勿退，并属全体动员，以备事态扩大"电令。

此时躲在山东乐陵老家的宋哲元，早已从秦德纯发来的电报中得知卢沟桥事变情形，但这一事件似乎没有引起他的兴趣和警觉，他本人也没有立即回平处理事务的打算。面对宋的暧昧态度，秦德纯焦急万分，电令冀察政务委员会委员兼河北省高等法院院长邓哲熙火速自保定抄近道赴乐陵，促宋速返北平，以应付危局。当邓氏抵达乐陵时，宋哲元表示目前日本还不至于对中国发动全面战争，只要自己表示让步，局部解决仍有可能。于是下了一道"只许抵抗，不许出击"的命令，让秦德纯向前线官兵传达，并表示自己将考虑与日军方面谈判，力争和平解决卢沟桥事件。由于宋哲元的迟钝和迷幻式梦想，导致事件风生水起，波诡云谲，整个平津前途命运落入凶险的泥沼而不能自拔。

7月9日，蒋介石采取积极军事反击的决心已定，在迅速调兵遣将的同时，于庐山牯岭海寒寺致电宋哲元，告已调第二十六路军总指挥孙连仲部两个师、庞炳勋部及高桂滋部开赴保定、石家庄一线助战。并警告宋哲元放弃固执、幼稚的幻想，尽快从沉醉的迷梦中醒来，速到保定指挥战事，严令"守土应具必死决战之决心与积极准备之精神相应付。至谈判，尤需防其奸狡之惯技，务须不丧失丝毫主权为原则。"同时电召正在重庆主持川康军事整理会议的军政部长何应钦速返南京，尽快着手编组军队，对中国空军实施紧急动员，准备抵抗即将到来的日军全面侵华战争。与此同时，日本军政首脑机关采取利用和扩大宋哲元与南京中央政府矛盾的政治策略及外交手段，行使挑拨离间之术，设法控制和麻痹宋哲元，将南京政府的势力排除在华北以外，促使宋哲元部放弃抵抗，以达到迅速占领华北之目的。

蒋介石透过各种军事情报网络，觉察到日本方面的阴谋，在公开声明中严正指出，任何协定都须经南京国民政府批准。面对宋哲元一直摇摆于战、和之间，置中央政府训令于不顾，顽固地寄希望于日军妥协求和的心理与做派，蒋介石甚为担忧和不满，于7月10日先后两次发出电令，恩威并施地对宋哲元指示道："务望在此期间，从速构筑预定之国防线工事，星夜赶筑，如限完成为要。""守土应具决死必战之决心与积极准备之精神相应付。至谈判，尤需防其奸狡之惯技，

四 民国旧事

务须不丧丝毫主权为原则。吾兄忠直亮节，中所素稔。此后尚希共为国家民族前途互勉。"

电令发出后，蒋介石于庐山召开紧急国防军事会议，制定了三项应变措施：

（一）编组第一线战斗部队100个师，预备部队80个师，于7月底前，组建好指挥大本营及各集团军、军团等一切事宜；

（二）把可供半年之需的弹药存放长江以北三分之二，长江以南三分之一。如兵工厂一旦被日军摧毁，则从法国、比利时购买军火，经香港、越南运回国内；

（三）准备后备兵员100万人，军马50万匹及半年的军粮等。

此时，南京国民政府几次电令宋哲元速赴保定相机处理战事，但宋不但置若罔闻，反而与邓哲熙等幕僚于7月11日化装打扮，悄然无声地赶到了天津。而去天津的目的，正如当时的一一〇旅旅长何基沣后来所言："不是抗战，而是求和。"

7月12日下午7点，根据国民政府军事委员会指令，陕西、河南、湖北、安徽、江苏境内的国民党军队接到动员令，向以郑州为中心的陇海铁路与平汉线集结；山东境内的部队担任津浦铁路北段防守；在南昌的30架军用飞机立即编队飞行北上。

宋哲元一行潜往津门后，与三十八师师长兼天津市长张自忠密谋求和，这一做法得到了张氏明确支持。宋哲元心怀忐忑，试探性地与驻天津日军首领进行谈判，企图靠自己纵横捭阖之术予以"转丸"。惜宋氏与张自忠的幻想，皆与时代大势相违，结果自是一相情愿。当卢沟桥事变发生时，日本关东军和日本驻朝鲜军首脑机关，频频致电日本中央军事统帅部，强烈要求当机立断，痛下决心，以卢沟桥事变为契机，实现彻底征服中国之"雄图大业"。面对国内外局势，驻华北日军对前来求和的宋哲元采取了虚与委蛇，以等待大批援军到来的战略决策。对日军首领的阴谋，沉浸在"和谈"美梦中的宋哲元全然不觉，迷醉中于12日匆忙对外发表谈话："此次卢沟桥事件发生，实为东亚之不幸，局部之冲突，能随时解决，尚为不幸中之大幸。……希望负责者以东亚大局为重。若只知个人利益，则国家有兴有亡，兴亡之数，殊非尽为吾人所能意料"云云。

此番妄言传到庐山，蒋介石与奉召前来开会议政的各方人士大为不满。7月13日，蒋介石再次致电宋哲元，严明而又措辞强硬地指出"卢案必不能和平解决……中正已决心运用全力抗战，宁为玉碎，不为瓦全，以保持我国家与个人之人格……此次胜败，全在兄与中央共同一致，无论和战，万勿单独进行。不稍予敌方以各个击破之隙，则最后胜算必为我方所操。请兄坚持到底，处处固守，时时严防，毫无退让余地。今日对倭之事，唯能团结内部，激励军心，绝对与中央一致，勿受敌欺则胜矣。"

对此指令，宋哲元不屑一顾，来了个反其道而行之。竟下令自14日起北宁铁路正常运行，取消北平戒严，严禁二十九军与日军摩擦，并释放双方交战中被俘的数十名日军官兵。

7月15日，宋哲元针对海内外爱国志士纷纷汇寄到北平的钱款财物，通电全国，谢绝国人"捐款募军之举"，以免让日本人找到借口，妨碍"和平"大计。当天，蒋介石在日记中有："……接明轩电，有放弃天津之意，严令禁止。岂其已允倭寇退出天津乎？可疑之至。"

7月16日，鉴于外交路线直接谈判无效，南京政府邀请英国驻华大使出面进行"调停"，但为日方所拒绝，中日关系向恶化的方向急剧发展。此时日本国内的情形是：7月11日，日首相近卫文麿觐见日皇，就中日战争形势举行了紧急会议，根据会议制定的方案，于16日派遣10万陆军向中国进发。17日，东京五相紧急会议决定，立即动员增派40万日军赴华助战。日方决心已定，中国方面即使不惜以重大牺牲为条件，来换取所谓"卢案"和平解决，亦无半点可能了。日本军队本着"军刀既已拔出，焉能不见血而入鞘"的既定方针，加紧调集大军向平津地区急速推进，全面战争气氛在华北进一步扩大蔓延开来。

日本的强硬姿态再度给蒋介石和中国军民以极大刺激。7月16日，蒋介石邀集全国各界人士158人在庐山举行谈话会，讨论必要的"应战宣言"。该《宣言》

四 民国旧事

坚决地声称："如果战端一开，就是地无分南北，年无分老幼，无论何人，皆有守土抗战之责任。"

7月17日，蒋介石在庐山发表了抗战史上最为激动人心的演讲，极其干脆地提出了解决卢沟桥事变4项条件，同时以慷慨悲壮的语调提醒全国军民："卢沟桥事件能否扩大为中日战争，全系日本政府的态度，和平希望续绝之关键，全系日本军队之行动。"积贫积弱的中华民族已经到了生死存亡的最后关头，而一旦被逼到"最后关头，只有抗战到底。我们希望和平，但不求苟安，准备应战而决不求战。我们知道全国应战以后之局势，就只有牺牲到底，无丝毫侥幸存免之理……如果放弃尺寸土地与主权，便是中华民族的千古罪人，那时候只有拼全民族的生命，求我们最后的胜利"。

此次关于中华民族已到了"最后关头"的讲话，标志着蒋介石既慎重又决绝的态度，确立了国民政府对日政策、战略的总方针，标志着中国政府彻底抛弃忍让、克制、退缩的政治军事策略，坚定地转入共赴国难，全力抗战，生死存亡在此一举的战略轨道。这一誓死捍卫国土，不惜身家性命与日军血战到底的战斗檄文，令全国军民为之大振。同日，国民政府紧急拨发300万发子弹与大批武器装备运往二十九军，命令孙连仲统率的第二十六军、商震第三十二军、庞炳勋第四十军及国民党中央嫡系李默庵第十师、关麟征第二十五师、刘勘第八十三师等部队立即开拨，沿平汉、津浦路北上，火速推进至保定与石家庄一线布防，协同二十九军与日军决一死战。

当这一切布置完毕，蒋介石于20日由庐山返南京，再度召集军政要员会议，商讨对日长期抗战的总战略。

在天津一直寻求与日本人谈和的宋哲元，于18日偕张自忠初次会见了新上任的日本驻屯军司令官香月清司，回归后当即对人表示："谈得很好，和平解决已无问题。"这个时候的宋、张二人尚不知已落入日本人的圈套，日军真正的目的是等待援军到达，一举将二十九军击溃，彻底占领、掌控冀察与平津政务。

自信摸到日本人底牌的宋哲元于19日悄悄溜回北平后,仍把蒋公介石在庐山慷慨激昂的陈词和一次次急促的电令置之脑后,不顾有识之士再三提醒与竭力劝阻,置中央政府大政方针与介公的命令于不顾,擅自下令拆除部队官兵与北平民众在北平城内各通衢路口用血汗乃至生命筑起的准备巷战的防御工事,将关闭数日的各道城门全部打开,放弃一切警戒,命令各部搁置备战计划,向城外增兵的军队立即撤退,电请已火速北上的中央军孙连仲、万福麟、庞炳勋等部停止前进,将主战甚力的冯治安师与主和的赵登禹师换防,以为日军做出"求和"的榜样。

令宋哲元没有想到的是,这个时候,日本驻朝鲜的第二十师团近万人已悄然开抵唐山、天津,并在塘沽卸下10万吨军火。日本关东军三个旅团,已相继秘密调入华北,21日抵达丰台,完成了围攻平津的军事战略部署。另外日军8个师团约16万人正日夜兼程沿不同路线向平津扑来。面对宋哲元极其反常的荒唐之举,在南京坐镇指挥的蒋介石闻讯暴跳如雷,在大呼一阵"娘希皮"之后,于盛怒中再度致电秦德纯转宋哲元:"闻三十八师阵地已撤,北平城内防御工事亦已撤除。如此,则倭寇待我北平城门通行照常后,彼必有进一步之要求,或竟一举而占我平城,思之危险万分。务望刻刻严防,步步留神,勿为所算,"同时叮嘱宋氏一定要守住平津,并将在津期间与日军签订的秘密协议立即报告中央政府,不得自以为是,擅自隐瞒。

7月25日,日军已完成军事部署,大规模攻击平津的战争前奏——廊坊之战打响。二十九军所部爱国将士奋起反击,敌我双方伤亡惨重。

7月26日,日军增援部队赶到,并有27架飞机前来助战轰炸。中国守军抵挡不住,撤出廊坊。蒋介石再次致电宋哲元,令其务必丢掉幻想,立即恢复一切城防戒备,死守勿失,决心大战,并拟亲至保定指挥战事。

7月27日,二十九军所部攻复廊坊,激战后不支,随之撤出,廊坊失守。

与此同时,日本军队在华北驻屯军司令官香月清司的亲自指挥下,开始对北平守军展开大规模进攻。集结在京郊南苑一带约七千余名二十九军所部将士被迫

四 民国旧事

仓促上阵,与凶悍的日军展开血战。日军凭借优良武器和大批坦克战车步步紧逼,并以飞机数十架低空轮番轰炸,由晨至午,片刻不停。因宋哲元一度求和的战略指导思想,导致南苑直到大战到来的最后一刻都未能构筑坚固的防御工事,仅以简陋的营围作掩体,在敌机疯狂轰炸扫射下,营围被撕成碎片,营房变为一堆废墟,守军部队受到极大钳制而无法反击。随着通信设备被炸毁,各部队与指挥部联络断绝,指挥失灵,致使秩序大乱。战至28日拂晓,守军伤亡惨重,南苑失守,官兵奉命向北平城撤退。在大血战、大混乱、大溃退中,二十九军副军长佟麟阁、一三二师师长赵登禹及其所属三千余名官兵阵亡。

7月28日夜,宋哲元、秦德纯、冯治安以及北平城防司令张维藩等高官大员,率部仓皇南撤。

7月29日,北平沦陷。

当日傍晚,驻守北平郊外西苑至八宝山一线的何基沣一一〇旅,在掩护各部撤退完毕后,奉命向长辛店一带南撤。消息传出,北平民众悲感交集。北京大学、清华大学、北平大学、北平师范大学等一千多名高校学生,纷纷聚集起来,走出古城,悲愤交加地向这支打响卢沟桥第一枪的部队告别。

一年之前,受抗战爱国人士的影响和鼓动,在三十七师师长冯治安授意下,一一〇旅旅长何基沣在西苑成立了"北平大中学生暑假军事集训队",组织几千名大中学生进行集训。作为集训总队副总队长的何基沣和学生们相处的日子,被青年学子的爱国热情所感染,特别是那些从关外沦陷区流浪而来的东北学生,内心的悲怆与强烈的抗战爱国热情,使何基沣深为感动,几次演讲皆声泪俱下。为此,何旅长成为力促宋哲元放弃军阀割据,与南京中央政府保持一致,坚决实行抗日救国的主要将领之一。

当卢沟桥事变发生时,第二期集训正在进行,何基沣等官兵返回部队,集训队解散,青年学生们纷纷要求上前线与官兵并肩战斗。正在妙峰山演习游击战术的学生迅速返校,同北平民众一道,积极投入到拥军抗战热潮中。群情激愤的学生们喊出了"保卫卢沟桥"、"发动华北民众,援助二十九军,抗日到底"的肺腑之音。许多大学生和社会各阶层服务人员、市民、甚至车夫走卒,纷纷自发组织起一个又一个不同形式的"劳军团",前往卢沟桥和南苑一线慰劳英勇守土的二十九军爱国将士。另有为数众多的学生和北平民众携手并肩,奔走在七月火辣滚烫的毒日下,布满尘土的脸上淌着汗水,逐街逐巷征集麻袋,与守军官兵一道,扛沙运土,构筑防御工事。时在前线指挥作战的何基沣闻知学生们的行动,心灵受到强烈震撼,在训令中对他的部下感慨地说道:"这些青春年少的中华儿女,散发出的是何等强大、热血喷涌的澎湃激情,我们如不奋勇杀敌,何以对得起他们的一片忠胆赤诚!"

而如今,麻袋构筑的防御工事被当局下令自行拆除了,华北守军的最高统帅宋哲元走了,北平最高长官秦德纯走了,城防司令张维藩走了,自己的顶头上司、三十七师师长冯治安走了。北平守军的兄弟部队,除了部分人员身不由己地被迫留下来,能自由行动的军队都撤走了。在这场溃退大潮中,一一〇旅独木难支,自然也不能留下,必须尽快撤离北平这块险恶之地。夹在撤退队伍中的何基沣于仓皇中百感交集。遥想当年,在这些热血喷涌的青年学子们面前,自己曾慷慨陈词,高呼着誓与北平共存亡的口号,走在训练队伍的前列。如今壮志未酬,不但抛弃了自己当初的誓言,也抛弃了这些满腔热忱的青年学子和满城的百姓,开始一场前程未卜、不知身归何处的军事流浪。想到这里,泪水模糊了视线。

北平市民用沉默表示了对守军的不满与愤慨,没有人为之送行,唯年轻的学子们真情不减,怀着一颗赤诚之心与对未来的期望,向这支败军与败军中的将士恋恋不舍地作最后辞别。学生们跟在队伍后面,送了一程又一程,不住地呼喊着送别的口号。眼看离北平城已经很远了,天空渐渐暗了下来,只有西方天际透着一丝血色的微光。夹杂在队伍中的何基沣于心不忍,策马冲出队列,勒住马头,侧转身,望着紧跟在队伍之后满面悲情的学生们,热泪盈湿了眼眶。泪眼婆娑中,他突然看到那高高举起的分明是学生们用自己的鲜血书写的标语:

四 民国旧事

"何基沣将军不要走!"

"抗战到底!"

"我们要从军,与日寇决一死战!"

"何将军与一一〇旅将士不要走!"

"北平不能丢!"

"………"

"同学们——!"何基沣旅长的声音已经嘶哑,他抬头挺胸,强行抖了一下精神,用最大的气力继续喊道:"同学们!北平——,我们一定会打回来的!"

话到此处,何基沣哽咽不能语,他抬手向学生们敬了个标准的军礼,溢满眼眶的泪水倾泻而出。随着一阵旋风刮过,坐下战马的长鬃迎风飘动。何基沣趁势抖动缰绳,枣红色的战马前蹄腾空,马头蓦地仰起,在急速旋转中冲乌云压城的长空一声短促的悲鸣,载着泪流满面的主人箭一样向前冲去。身后,甩下了一座正在陆沉的千年古城和沉浸在惊恐迷惘中的芸芸众生。

次日,天津陷落。

5. 西南联合大学的定胜糕与耗子肉

岳　南

引子：

　　提到"国立西南联大"，大多数人都会肃然起敬。这所在抗日战争期间顽强生存了八年的大学，堪称中国教育史上的传奇。早在十几年前，有关西南联大的历史研究和文学创作已开始引人注目，近年来更是形成了关于"西南联大"的出版热点。最近，随着百年清华校庆的升温，不少学人又提出了办学理念与教育制度，需要回到西南联大时代的呼声。那么，当年的西南联大是什么样子？是什么样的教育体制与师生毅力造就了伟大的西南联大？此篇选取生活中的几个片断，或可让读者窥一斑而见全豹，对这所早已消逝的享有世界性声誉的大学有更多了解，也多一份深切的缅怀。

　　国立西南联合大学是 1937 年抗日战争爆发后，由国民政府批准，北大、清华、南开等三所学校组成的联合大学，地点在昆明。1946 年 5 月，联大解散，三校重返平津仍各自独立办学——这就是大的历史概况。

　　抗日战争初期，中国国土不断沦陷，日军又不断地对海陆进行封锁，中国经济又恢复了旧时代的情况。女人们又搬出她们的纺车，开始用手纺线。用煤油灯的人家开始改用桐油灯照明，抽纸烟的人改抽水烟，家织布代替了机织布。大片

四 民国旧事

田地荒芜，工厂倒闭，商店关门，乡野田畴遍布面黄肌瘦的逃荒者与失业人员。而对于赖以避难的西南边陲，同样是百业凋零，经济一落千丈。西南联合大学常委蒋梦麟亲眼看到"物价则一日三跳，有如脱缰的野马"。家事校事国事皆令他愁肠百结、焦灼无计与惶恐不安。对于这段经历，蒋梦麟在自述中说："抗战第二年我们初到昆明时，米才卖法币六块钱一担（约八十公斤）。后来一担米慢慢涨到四十元，当时我们的一位经济学教授预言几个月之内必定涨到七十元。大家都笑他胡说八道，但是后来一担米却真的涨到了七十元。法属安南投降和缅甸失陷都严重地影响了物价。"又说："物价不断上涨，自然而然就出现了许多囤积居奇的商人。囤积的结果，物价问题也变得愈加严重。钟摆的一边荡得愈高，运动量使另一边也摆得更高。"

这种令知识分子落魄的生活遭际，时为西南联大化学系著名的"怪教授"曾昭抡亦深表郁闷和无奈，他在这年7月6日的日记中记载："昆明教育界生活日趋艰苦，联大教授中，每月小家庭开支达五百元者，为数不少。月薪不足之数，系由自己贴补。昨闻黄子卿云，彼家即每月需贴百余元。一年以来，已贴一千元以上。原来存款，即将用罄，现连太太私房及老妈子的工钱，也一并贴入，同时尚当卖东西到资补助云。"8月28日记道："九时，蒋明谦、买树槐来谈，自称现今每月挣一百零五元，入不敷出，顾家更无办法。买又云，彼等住昆师之教员被该校逐出，现已无家可归。"其悲惨之状可与乞丐难分彼此，甚至可以于夜间同盖一块大废报纸而成为真正情同手足的阶级弟兄了。

1942年，联大中文系教授王力应《中央周刊》之约写过一篇《战时物价》的小品文，说："这两三年来，因为物价高涨的缘故，朋友一见面就互相报告物价，亲戚通信也互相报告物价。不过这种报告也得有报告的哲学，当你对你的朋友说你在某商店买了一双新皮鞋价值四百元的时候，你应该同时声明这是昨天下午七时三十五分的售价，以免今天他也去买一双的时候硬要依照原价付钱，因而引起纠纷。又当你写信给你的亲戚报告本市物价的时候，别忘了补充一句：'信到时，不知又涨了多少。'"又说："现在有些小地方追赶某一些大都市的物价，恰像小狗背着斜阳追赶自己的影子。但是无论小地方或大都市，人人都在嗟叹物价如春，如初日，如脱手的气球，只见其高，不见其低。有时候又像小学算术里所叙述的蜗牛爬树，日升三尺，夜降一尺，结果仍是升高……一向不曾做过生意，现在从北方带来的原值一元的网球竟能卖得九十元，获利九十倍，怎不令人笑逐颜开？"对于物价飞涨而教职员薪水也跟着蹦跳而又始终追不上物价的尴尬现实，穷困中仍不忘舞文弄墨的王教授以调侃的笔法写道："明年的薪水一定比今年增加：明年如果肯把这一支相依为命的派克自来水笔割爱，获利一定在百倍以上。"

王力早年考入清华国学研究院，据说是同班32名学生中唯一跟随赵元任治语言学课业者，后来负笈远游，留学法国，融中西文化于一身，成就斐然，属于陈寅恪、赵元任学生辈中最出色的学者和语言学家。但据王力自己说，同是我这个人，写正经的文章时往往为了推敲一个字而"呕出心肝，若写些所谓小品，却是日试万言，倚马可待"。出现这种差别的原因，除了王氏自言是"尼姑思凡，动了一念红尘之外，当是生活本身的利刃已在他心中划过无数道带血的印痕，郁积于心中的块垒必须倾吐出来才感到身心舒坦一些，于是便有了他一连串发表于各报刊关于战时物价与人民生活真相的文章问世。就当时的情形言，与王力处于同一种心境者大有人在，如抗战期间一直在沦陷的上海行医的医学名家陈存仁，于1949年漂泊香港后，应《大人》杂志之邀，连续写了许多札记类文章，后来结集为《银元时代的生活史》和《抗战时代生活史》出版。因两部书多是作者的亲身经历和"发愤"之作，加之收集资料翔实，曾轰动一时，颇为抗战生活史家所重视。在《银元时代的生活史》中，陈存仁对抗战时的物价有这样一段描述：

我为了写这篇文稿，好多热心的朋友为我搜集资料，有一位朋友替我在香港大学图书馆中查到战事开始后，黄金美钞对纸币的比数列表如下：（按：这里所谓一元，起初是指老法币，后来是敌伪时期储备票，再后来是金元券银元券等。）

一九三八年五月，美金一元，等于四千一百五十八元。（按：这是初见的记录。）

一九三八年十二月，美金一元，等于六千一百六十元。（按：这是七个月加

四 民国旧事

了半倍。)

一九三九年十二月，美金一元，等于一万三千二百七十五元。（按：币值大崩溃了。）

一九四〇年八月，美金一元，等于一万七千七百二十五元。（按：币值还是涨。）

一九四〇年九月，美金一元，等于十八元七角八分。（按：币制已改。）

一九四二年十二月，美金一元，等于二十二元六角。（按：表示这年尚稳定。）

一九四四年八月，美金一元，等于七百八十六元。（按：说明币值大泻。）

一九四五年十二月，美金一元，等于十二万一千余元。（按：币值泻得不像样子。）

对于战时物价变迁与高到什么程度，陈存仁又列举亲身经历的两例加以说明：

一种就是最不值钱的油炸烩（油条），每一条要卖到二千元，后来涨到五千元，再后来涨到一万元。

还有一样东西，就是买一盒火柴，要一万元，什么纸币我已记不清楚，我却算了一算，究竟一根火柴要值多少钱，拿凤凰牌（最有名的一种）来说，我叫学生细细点一下，一盒火柴大致七十根，用一万元计算，就是一根要值到一百三十三元。

……

从前银元的市价，几天一变，渐渐地成为一日一变，更进一步，成为早晚市价不同，总是涨，涨！币值总是跌，跌，跌！

这样的境况，正是在昆明的陈寅恪赠吴宓诗中所言"淮南米价惊心问，中统钱钞入手空。念昔伤时无可说，剩将诗句记飘蓬"的生动写照。

1943年，李约瑟自英国第一次来昆明时，以一个科学家的眼光与理性，忠实地记录了西南联大师生贫困窘塞的生活状况："由于战争及世界形势的转变，自由中国现在已经与世界的其他部分隔离很久了。"稍后，在专为同盟国科学工作者撰写的报告中，李约瑟对西南联大的教学、科研等情形作了这样的描述："各系都设在用泥砖建造的'临时营房'中，房顶上简单地盖着瓦和铁皮，尽管有些房子上有中国式建筑伟大传统的雕檐，内部、地面是夯实的土，掺有少量的水泥。

在这种情况下，配置研究和教学用的实验室体现了高度的聪明才智。例如，由于没有煤气可使用，所有加热必须用电进行，因而（用黏土自制的）电炉的电炉丝用完后，工作陷于停顿，人们发现云南一家兵工厂的制炮车床的刨屑是很好的代用品。苏木精买不到时，人们发现与其类似的一种染料可以从云南土产的一种橘黄色木头中提取。显微镜的载片买不到时，就切割被空袭震破的窗玻璃代替。买不到盖板就代之以当地产的云母片。还可以列出许多详细的事例。"

李约瑟所言非虚，此时西南联大教学设备的陈旧与落后，所需物资，特别是实验物品的紧缺，不忍追忆。据化学系学生吴大观在一篇回忆杨石先教授的文章中说："二年级第一学期上化学实验课，每两个同学一组，火柴盒里仅装三根火柴，做完实验，按规定要把火柴盒连同借用的仪器一起还回去。我做完实验，把火柴盒一摇，空了，便将空盒毫不介意地丢到靠门的垃圾堆里。当保管员问我火柴盒，我却回答：'一个破火柴盒还要它干吗！'第二天下午，杨先生把我叫到办公室（杨石先，留美博士，原为南开大学教授，时任西南联人化学系主任），我一眼就看到了放在桌上的火柴盒，心里一怔，知道坏事了。杨先生真的生气了，紧锁眉头，眼睛冒火，毫不原谅地指责我不知国家在抗战中的困难，办学不易，一口气给我讲了许多做人的道理。有一句话我至今不忘：'你要什么大爷脾气，我要停止你的化学实验。'仔细想想，在抗战的岁月里，一根火柴都十分珍贵，何况一个空火柴盒！通过一个火柴盒，我悟出了一个中国人生活的真谛：爱惜公物，勤俭节约。"吴大观同学后来所悟出的"生活真谛"，当然不只限于"中国人"，它对一切国家的人类皆适用。只是在中国最为艰难的抗战时期，作为一个中国青年学子，当更应恪守并从内心深处领会这一真谛的意义，也只有如此，才能于无尽的苦难中保留住心中那颗充满了希望与光明的火种。

也就在初次访问中，李约瑟还看到："学生们住在糟糕拥挤的宿舍里，并且遭受着肺结核一类疾病的严重侵袭。因为缺乏洗涤设施，沙眼一类的感染非常普遍。但普通科学工作者现在的生活与以前相比差距更显著，有重大成果的男女科学家

四 民国旧事

也住在院子周围摇晃的旧房子里,无法保持清洁。工资只涨了 7 倍,而云南的生活费用上涨了 103 倍。我只能做这样的比喻,就像一个人有了一套舒适的公寓并担任了年薪 1000 镑的职务,后突然变成每年不到 70 英镑,因此要生活在阿盖尔郡的海岸上,就要节省每一个先令。一些在欧美名声显赫的人常常难以填饱肚子。"

李约瑟究竟不是文科出身的秀才,他对联大师生理解的同情当然会为中国人民乃至世界进步人类"理解",但在行文中所做的这个蹩脚的比喻,既不够高明又不够"科学"。此时的联大教授哪里会有阿盖尔郡海岸上的"舒适的公寓",有的只是在脏乱的陋巷或偏僻荒凉的郊外风雨飘摇的几间土屋。在这个黑土屋里居住的教授及家人们,不是要节省"每一个先令",而是需要想方设法从外面弄进家门一文大钱以便活命,有的人就是因为难以弄进一个"先令"而险些丧命。时任西南联大物理学教授的吴大猷,先是租住在昆明市内周钟岳公馆一层,后为避敌机轰炸携家迁到郊外岗头村,进城上课比较麻烦,对此,吴曾回忆说:1943年春天,"有一天我从岗头村搭一辆马拉的两个轮子的板车去西南联大上课,马惊跳起来,把我摔下车的路旁。因为后脑受震,晕倒卧床差不多一个月。内子阮冠世本来便连病了几年的,因为又担心,又侍候我,等我稍痊了,她便病倒下来。脉搏微而快,有时数也来不及数。身体太弱了,医生看也没有什么办法……第二天城里北京大学的办事处的金先生下乡来,看看是否要预备后事了。幸而冠世挣扎过去,病卧了几个月,到了冬天,费好多事,借了一辆病车,从岗头村送她到西山车家壁的惠滇医院分院,住了两个月,总算回过一口气来。"又说:"现在大家或者不容易想象那时我们孤单单地住在乡下,一个病危,一个忧急无策的情形。"

吴大猷夫人倏忽间欲登鬼录的时候,不知阴曹地府哪个值班的小鬼打了瞌睡或发了慈悲之心,倏忽间又越过了鬼门关,重回人间大地生活。相对地,联大陶云逵教授一家就没有如此幸运了。

1904 年出生的陶云逵,早年留学德国柏林大学和汉堡大学,师从德国人类学家 Fisher，攻读人类学、遗传学和民族学，获博士学位后归国，先后在中央研究院史语所、南开大学、云南大学、西南联大从事彝族、傣族、纳西族人类文化学研究和教学工作，抗战期间足迹遍布西南地区的山野村寨，成为中国人类学研究领域德国学派的代表人物。在联大任教并兼任南开大学边疆人文研究室主任期间，陶氏不畏艰险，赴云南新平县鲁魁山大寨一带纳苏（Nasupuo）部族（黑夷，属于藏缅语系倮群）调查研究当地族群盛行的鸡股骨卜风俗和传布，其成果《西南部族之鸡骨卜》轰动学术界而成为民族人类学的经典之作。1943 年，陶云逵率领几名助手离开昆明到大理苍山洱海一带进行人类学调查，其间，爱子忽然得了当地人称为"大热病"的险症，一夜之间就被病魔夺去了生命，陶云逵返回昆明，已经永远看不到可爱的孩子了。贫困的生活与精神的打击，令陶教授难以承受。未久，身患当时社会和坊间谈虎色变的"回归热"而病倒（南按：1934 年 6 月，北大教授刘半农前往内蒙古等地调查方言音调和声调，途中遭昆虫叮咬，染上"回归热"。返平后于 7 月 14 日入住协和医院，当日下午不治而亡，卒年 43 岁。傅斯年曾"为之流涕"，并谓刘是"北大老教员中第一位不该死者"），后来就医于云南大学附属医院，辗转病褥达数月之久，最终转为败血症而于 1944 年 1 月 26 日撒手归天，年仅 41 岁。

陶云逵身后极度萧条冷漠，夫人林亭玉遭失子丧夫之双重打击，经济贫困，生活无着，痛不欲生，撇下才出生两个月的女娃，投身滇池欲一死了之。幸有渔民发现，急驾舟前往搭救，将在水中翻滚的林氏用鱼网套住提上船来。送医院抢救时，在其口袋里发现了一封遗书，世人才知道这位衣衫褴褛的投水女人，原是西南联大一位著名教授的夫人。事后，南开大学为陶教授争取抚恤而不得，而林亭玉又无法在昆明生活下去，两难中，联大的罗常培、冯文潜、黄钰生和陶云逵生前挚友、留德同学、哲学家郑昕等发起募捐，凑了路费和一点生活费，才将陶夫人及其襁褓中的女娃送回广东阳江县的娘家。

陶云逵教授一家悲惨至此，那些夫妻儿女健全的教授家庭，生活亦痛苦不堪，

四 民国旧事

即如蒋梦麟、梅贻琦、潘光旦等联大的头面人物,生活处境同样极端恶劣,难以为继。据梅贻琦五弟、抗战时期曾任成都燕京大学代理校长的梅贻宝回忆说:"三十四年美国国务院约请燕京大学指派教授一人,赴美报聘。教授会议推举我去应聘。由成都起飞,道出昆明,在'五哥'五嫂家住了一夜(南按:梅贻琦在家族辈分中大排行第五)。校长住宅倒也罢了,只是人口多些,挤些,晚饭实在太简单了。当晚只见祖彦侄闷闷不乐,迥异寻常。临睡给我搭了张行军床,借了条被,就设在'五哥'书架前。他一面看学校公事,我们一面叙谈家常。我问到祖彦,'五哥'才说,两天前跑警报,彦侄把一副眼镜连盒给跑丢了。家里无钱给他再配一副,而他没有眼镜就不能念书,故而父子都觉十分窘困。我素来服务于私立学校,大致比国立机关待遇好些,而家里多半有两份职务收入。亦曾听说'五哥'在昆明主持联大,生活不宽裕,但未料到他们一贫至此。遐迩传闻的校长太太制卖定胜糕的佳话,大概就属于这个时期。"

梅贻宝所言不差,就在这一时期,教授的月薪只够半个月吃饭,剩下的半个月只好另想办法,且多靠夫人们操劳。教授夫人来自五湖四海,为了吃饭,在昆明这块地盘上开始八仙过海,各显神通。有的绣围巾,有的做帽子,也有的做一些小食品拿到街上叫卖。据梅贻琦夫人韩咏华回忆说:"我年岁比别人大些,视力也不很好,只能帮助做做围巾穗子。以后庶务赵世昌先生介绍我做糕点去卖。赵是上海人,教我做上海式的米粉碗糕,由潘光旦太太在乡下磨好七成大米、三成糯米的米粉,加上白糖和好面,用一个银锭形的木模子做成糕,两三分钟蒸一块,取名'定胜糕',即抗战一定胜利之意。由我挎着篮子,步行四十五分钟到冠生园寄卖。月涵还不同意我们在办事处操作,只好到住在外面的地质系教授袁复礼太太家去做。袁家有六个孩子,比我们的孩子小,有时糕卖不掉时,就给他们的孩子吃。"又说:"卖糕时我穿蓝布褂子,自称姓韩而不说姓梅。尽管如此,还是谁都知道了梅校长夫人挎篮卖定胜糕的事。由于路走得多,鞋袜又不合脚,有一次把脚磨破,感染了,小腿全肿起来。"尽管如此,还是要风雨无阻地来往奔波，而换来的钱大都给孩子们添置了必需的生活、学习用品，至于自己的生活，"经常吃的是白饭拌辣椒，没有青菜，有时吃菠菜豆腐汤，大家就很高兴了"。

韩咏华一家高兴了，潘光旦却有点不太高兴，他除了喝汤，还想吃肉，沾一点腥味，但又无钱购买。于是因地制宜，根据昆明当地耗子又肥又大且无处不在的特点，支起铁质夹子抓耗子。每抓到耗子便"剥皮去内脏，收拾得很干净，切块红烧"，全家人分而食之。据潘光旦女儿潘乃穆在回忆文章《关于潘光旦吃鼠肉的故事》中所说：老鼠肉的味道"感觉和吃鸡肉、兔肉差不多，并无异味。吃过之后也没人因此害病"。潘光旦吃耗子肉的事很快在昆明和更大的范围传开，经过好事者不断加工渲染，一时成为街谈巷议的话题。这一话题若干年后得到了冯友兰证实，冯氏说："潘光旦吃耗子肉的事，也盛传一时。他的兄弟是个银行家，在重庆，听说他吃耗子肉，赶紧汇了一点钱来，叫他买猪肉吃。"于是，潘光旦吃耗子肉的故事才渐渐消停。

四 民国旧事

6. 抗战胜利时的中国

岳　南

　　1945年7月26日,中、美、英三国联合发表了促令日本投降之《波茨坦公告》。公告云:"直至日本制造战争之力量业已毁灭,有确实可信之证据时,日本领土经盟国之指定,必须占领。"又说:"日本政府立即宣布所有日本武装部队无条件投降,并对此种行动诚意实行予以适当之各项保证。除此一途,日本将迅速完全毁灭。"

　　公告发布后,日本政府在军部强硬分子的操纵下,宣布"绝对置之不理"。素以鹰派著称的新任美国总统杜鲁门雷霆震怒,决心给日本以毁灭性打击。

　　8月6日,被激怒的美国在日本广岛投下第一颗原子弹。

　　8月8日,苏联根据雅尔塔会议决定对日宣战。次日,苏联红军迅速进入中国东北地区,并向朝鲜北部和库页岛进军,一举歼灭近百万日本关东军。蒋介石闻讯,以中国政府主席的名义致电斯大林,谓:"贵国对日宣战,使全体中国人民奋起。"又说:"本人相信由于贵国压倒性的力量加入,日本的抵抗必会迅速崩溃。"

　　8月9日,怒气未消的美国在日本长崎投下第二颗原子弹,整座城市化为一片废墟。当晚,已被打急了眼的日本天皇在御前会议上不顾军部强硬分子的阻挠与鼓惑,最后裁决:以不变更天皇地位为条件,接受中美英三国提出的一切投降条件。

8月10日下午8时，日本广播宣布日本政府接受中美英《波茨坦公告》，正式照会已经托瑞士及瑞典政府转致中美英苏四国。稍后，重庆中央广播电台播发了这一振奋人心的消息。在这具有重大历史意义的非凡的傍晚，播音员热血澎湃，感情激荡，已没有了平日圆熟的素养与技巧，任由情感随着话筒喷涌，广播结束时，播音员哽咽着说："诸君，请听陪都欢愉之声！"

是时，收音机中传出了响亮的爆竹声、锣鼓声以及外国盟友"顶好"、"顶好"的欢呼声。紧接着，"日本小鬼投降了！""抗战胜利了！""中华民国万岁！"的欢呼声如春雷般炸响开来，整个重庆形成了一片欢腾的人海。

是时，中央研究院史语所所长傅斯年正在重庆，当胜利消息猝然降临时，先是目瞪口呆，接着方寸大乱，欣喜若狂。平时滴酒不敢沾的他从一个墙角抓起一瓶不知什么时候存放的泸州大曲，摇晃着高大肥胖的身躯冲出门外，加入了奔跑欢跳扬臂高呼的人流之中。许多年后，同在重庆的罗家伦还记得这幕经典场景。罗在回忆文章中第一句话就是——"孟真疯了。"接下来说道："他从聚兴村的住所里，拿了一瓶酒，到街上大喝。拿了一根手杖，挑了一顶帽子，到街上乱舞。结果帽子飞掉了，棍子脱手了，他和民众和盟军还大闹了好一会。等到叫不动了，才回到原处睡觉。第二天下午我去看他，他还爬不起来，连说'国家出头了，我的帽子掉了，棍子也没有了，买又买不起。哎！'"

傅斯年醒来后，按捺不住心中的狂喜，立即展纸挥毫给抗战搬迁到四川南溪李庄的妻子俞大彩和儿子仁轨写信，让他们与自己一起分享胜利的欢乐。信中说："接到参政会通知，大家到秘书处庆祝。我九时半到，则已三十多人，愈到愈多，皆哈哈大笑，我现在方知旧戏中二人见面哈哈大笑之有由也。抱者、跳者、kiss者，想要安静一下，谈谈如何游行，几乎办不到。……出门时，我遇见熟人打招呼，皆抱之以拳，段书诒后来说，他简直吃不消。出门遇吴鼎昌，他说，你不要太兴奋（彼与我皆患高血压也），我即将其一摇再摇。"又说："本来预备到美军司令部及英美苏三大使馆的，在国府，蒋先生说尚未完成投降，尚有条件磋商，所

四 民国旧事

以就回去。在参政会又很热闹，下午三时方归，顿觉大病，一直睡下去，第二天方好。"

同傅斯年一样，正为盟军轰炸日本而躲在一间屋子里于地图上标记文物古迹的梁思成仍在重庆，他的好友费慰梅为此留下了永生难忘的精彩镜头：

思成和两位年轻的中国作家还有我，一起在美国大使馆餐厅共进晚餐。酒足饭饱，我们把藤椅拉到大使馆门廊前的小山顶上，坐在台地纳凉。那天晚上热得直冒汗，看长江对岸山上的灯亮起，像银河掉下来一片灯笼，圆光点点，童话般放着光。思成谈着很久很久以前泰戈尔访问北京的事。忽然间，他不说话了。他和其他在座的人就像猎狗一样，一下子变得紧张而警觉。他们听到了什么声音，我也不得不静下来，用耳谛听。远远地，传来警报声。难道又有空袭？这是荒谬的，然而以他们每个人多年的亲身经历，对各种可能性都十分警觉。如果不是空袭，难道是在通知胜利？

在我们脚底下，胜利的消息似野火般蔓延了全城。在这高高的山坡上，我们差不多可以观察到整个过程。一开始是压抑的喊喊喳喳，或许是一些人在大街上跑，然后就是个别的喊叫声，鞭炮声噼噼啪啪响，大街早已热闹成了一片。最后四处都是一群群喊叫着、欢呼着、鼓掌的人们，好像全城在一阵大吼大叫中醒过来。

思成顿时觉得有几分寂寞，一直等了八年，可是消息来到的时候他却不在家。我们全都来到大街上混在人群中。这种时候需要有点象征的东西：旗子、V形手势、伸大拇指。大街上仿佛放起一把火，漫天鞭炮一路点了起来，越传越近，愈响愈密。焰火的红光和探照灯的白光，在空中交织成带五个角的星星。满载欢庆人群的吉普、卡车和大客车自动排列成游行队伍，浩浩荡荡驶过大街。汽车在大街上擦身而过，车上的乘客沿路就和对方握手同庆胜利。当思成最后回到中研院招待所的时候，他发现那里的学者们也高兴地勾肩搭背，笑啊，跳啊，饮着一瓶久藏的白酒庆祝胜利。

是呵，这口气整整憋了八年，八年的苦难、辛酸、屈辱、悲愤、忍耐，直至抗争与浴血奋战，作最后生死一搏。一旦胜利到来，被压抑了八年之久的神经需要痛快地宣泄，人们的情绪如同被地壳压扎得太久而终于像井喷与火山一样轰然爆发，拘谨的变得放纵，沉郁的变得豪迈。辛酸而艰苦的日子总算没有白过，庆祝活动通宵达旦。

遥想当年，在那个寒风凛冽的严冬，中国军队在一片混乱中弃守首都南京，日本军队用超乎想象的野蛮，惨绝人寰地屠杀放下武器的战俘和中国平民，疯狂强奸无辜的妇女。而与兽性大作的日军遥呼相应的日本市民，纷纷拥向东京街头，高呼着"中国已被大日本皇军征服"的口号，提灯游行，庆祝狂欢，喜极而泣。想不到事隔7年之后这个夏天的夜晚，提灯游行，庆祝狂欢的人群已换了人间。

"谁会笑，谁最后笑。"——这是南京沦陷，日本东京狂欢之时，一位名叫鲁道源的滇军师长，在奉命率部驰援东南战区的军事集结中，说出的一句暗含机锋的话语。这是一个隐喻，也是一种宿命。它预示了中国人民在经历九九八十一难之后，最终将修成正果，迎来胜利的欢笑；它暗合了中华民族必将在这场震天撼地的惨烈战争中，凤凰涅槃、浴火重生的玄机奥秘。

——这一切，都随着重庆街头那炸响的爆竹和狂欢的人潮得到了验证。

自"七七事变"起，中国军民抗战进行了八年又三十三天；自"九一八"以来，则为十四年不足三十八天。苦难与抗争，救亡与图存，死者无声的托付，生者悲怆激愤的吁求，都遥遥羁系在这片风雨迷蒙中升浮而起的圣地之上。

——重庆不眠，中国不眠，整个中华民族将伴随着这个不眠之夜开始新的历史纪元。

就在傅斯年满面疲惫地给家人写信之时，沉浸在兴奋与激动中的梁思成归心似箭，日本已宣布投降，盟军对于其本土的轰炸也应该结束了，梁思成的工作亦已完成。此时，他要以最快的时间赶回抗战期间流亡的四川南溪县李庄镇，与病中的妻子、家人及李庄的同事们分享胜利的欢喜。在费正清的帮助下，梁思成携助手罗哲文与费慰梅共同搭乘一架美军 C—47 运输机，经过 45 分钟的飞行抵达宜

四 民国旧事

宾机场。此时的宜宾机场草深没膝,但飞机还是强行着陆了。梁、费等三人转乘一艘小汽船,沿着白灿灿的水面顺江而下,很快抵达李庄码头。

待他们登上岸时,迎面扑来的是满街的标语和被热浪裹挟着的喜庆气氛——看来闭塞的李庄也早已得知了胜利的消息。于是梁思成找人把久病的林徽因用滑竿抬起,来到李庄街头加入了游行队伍。

李庄方面能够及时得知消息,所有的人认为应当感谢在同济大学任教的德国人史图博教授。正是这位略通中国话的医学专家,于8月10晚上那个关键的历史性时刻,从自己那部破旧收音机里听到了重庆中央广播电台关于日本投降的广播。据说,史图博听到后,像全身触电般抖了一下,怔愣片刻,立即抓起收音机跑出去,首次不顾礼貌地撞开了一位中国教授的家门。——于是,消息像狂涨的山洪风暴,"哗"一声冲出,在李庄全镇弥漫、荡漾开来。夜幕中沉寂的李庄古镇,一扇门,又一扇门被撞开了,一双又一双眼睛睁大了,汇集的人群在大街小巷狂呼宵跳开来。

"日本投降了!""胜利了,我们胜利了!"喊声如天空中一声声惊雷,炸开了沉闷的黑夜与郁闷的心灵。李庄古镇一座座古庙、一户户农舍、一道道院落,男女老少,呼呼隆隆地冲出,或摇着毛巾,或挑着床单,或拿着脸盆、水桶,或抱着菜板,拖着烧火棍,敲打着,叫喊着,欢呼着,狂跳着、乱舞着,在泥泞的大街小巷和田间小路上奔流涌动。学生、教授、农民、工人、小商小贩,北岳庙的和尚、南华宫的道士,当地的百姓,手摇灯笼火把,挤在一起,抱成一团,哭哭笑笑,打打闹闹。教授与小贩拥抱,和尚与姑子亲嘴,老汉与少女牵手相携,镇内镇外,人声鼎沸,口号震天,灯光摇摆,人影绰绰,狗声吠吠,李庄所有的生物都调动起了敏感的神经,为等待了八年之久的胜利时刻齐欢共鸣。

住在李庄镇内的中央博物院筹备处李济、曾昭抡、郭宝钧、王天木、赵青芳等研究人员,连夜参加了游行活动。第二天一早,李济召集中央博物院筹备处人员开会庆贺,在讲话中,他作为在这一大背景下极为罕见的清醒者,极富理智与科学远见地指出:"日本投降……昭告原子能新时代的来临,我们每个人都当有新的认识,也有了更重要的新责任。"

1945年8月15日,日本裕仁天皇发布了"停战诏书",正式宣布330万垂死挣扎的日军放下武器无条件投降。美联社在这一天向全球播发的电文称:"最惨烈的死亡与毁灭的汇集,今天随着日本投降而告终。"

同日上午10时,蒋介石以中华民国政府主席的名义,在重庆中央广播电台发表了抗战胜利对全国军民及全世界人民的广播演说,指出:"我们的抗战,在今天获得了胜利。正义战胜强权,在这里得到了最后的证明。"

四 民国旧事

7. 梁思成：日本京都的恩人

岳 南

1944年秋，世界反法西斯同盟国在东西方战场上取得了决定性胜利，彻底摧毁日本帝国主义侵略者的时机业已来临。对此，以美国为首的世界反法西斯阵营，决定配合中国军队对中国沦陷区和日本本土实施战略性轰炸。

在这样一种全新的战略战术与政治格局下，为保障各战区文化遗产免于战火，国民政府专门成立了中国战地文物保护委员会，配合盟军对地面文物实施保护。当时流亡到四川南溪县李庄镇居住的中国营造学社的负责人、古建筑学家梁思成被征召至重庆，以委员会副主任的身份，负责编制一套沦陷区文物目录，包括寺庙、古塔、陵园、考古遗址、博物馆等等一切重要人类文化遗产。与梁思成同时来到重庆的，还有助手罗哲文。

二人到达重庆后，先把文物目录一条条编好，然后再在军用地图上仔细标出准确位置。目录为中英两种文字编成，并附有照片，印成若干份，发给各战区指挥员和盟军飞行员以供参考，防止炮火与飞机投放的炸弹焚毁这些目标。据梁思成的美国好友、时为美国驻重庆新闻处官员费慰梅说，梁思成编制的文物目录，"有一份还传到了周恩来手上，显然引起了他的注意。"几年后内战爆发，解放军兵临北平城下，中共军队秘密派人潜入清华园，请梁思成绘制一份全国重点文物地图，就来自这次编制目录的启示。

就在梁思成编制沦陷区目录的同时，对人类文明成果极其重视的盟军司令部，通过中方请梁思成把日本的重要文物古迹列表，并在地图上标出位置，以便在轰炸中留意并尽可能地予以保护。梁思成与罗哲文工作了一个多月才完成任务，在送交地图时，梁通过中方代表明确表示：如果对日本本土毁灭性轰炸不可避免，其它城市可炸，但京都、奈良不可为，日本民族的文化之根就存留于这两座古城之中。现在的日本民族犹如太平洋孤岛中一棵风雨飘摇，电击雷劈的大树，即将面临亘古未有的毁灭性灾难，树的枝芽可以毁而再长，根却不能再生，京都、奈良古建筑与文化，是世界人类文化财产不可或缺的一部分，必须在轰炸中特别注意，把根留住。

当此之时，此项工作皆在不为外人所知的情况下秘密进行，按照"不该说的不说，不该问的不问"这一铁打的保密规矩，梁思成与助手罗哲文完成这项任务后，又埋头于保护其它文化、文物事宜的策划之中，对自己的建议究竟落实得如何，未再过问，也不便过问。而这时由于盟军遇到日本本土日军的顽强抵抗，不得不再度扩大空中力量轰炸的力度，日本四岛，几乎所有的大中城市均被美军空投的炸弹炸得满目创痍，著名的东京大轰炸也越演越烈，整座城市浸染在血与火交织的旋涡中。

1942年10月26日，圣克鲁兹海峡战役，一架日军99舰载机正对美国"大黄蜂"号航母进行俯冲轰炸。围绕瓜达尔卡纳尔岛的漫长攻防战中，日本海军消耗了大量优秀飞行员，而美军度过了自从开战以来的兵力劣势期，扭转了太平洋战场的力量对比

1945年2月10日，乌利希锚地，完成修整的第58特混舰队的航母编队转向，航母甲板上摆满F4U"海盗"舰载机。每艘"埃塞克斯"级航母可携带超过100架舰载战斗机，此时美军已有能力在一次攻击中出动数百架飞机

在接近战争尾声的三天之内，美轰炸机向东京投放了二千吨炸弹，大火三日夜，死人二万，焚屋二十七万幢，九十万人无家可归。就在东京遭受大轰炸的同时，名古屋、大阪也遭到猛烈轰炸，与东京规模一样，也是二千吨炸弹，整个城市一

四 民国旧事

片火海，其损失之大，死伤惨状与东京相伯仲。在飞机轰鸣，弹片呼啸、烈火升腾的大失控、大混乱与阵阵惨叫哀鸣声中，几乎所有的日本人都认定，像东京、大阪这样世界瞩目的城市皆成废墟，那么，古老的京都、奈良必然面临毁灭之灾。对此，精明的日本小鬼做了最坏的打算，除了模仿中国拆迁古物的方式，把两座古城大量的珍贵文物迁移到远处深山秘藏，对极具价值的历史遗迹，特别是地面建筑，全部拆除搬迁，待战后再按原型恢复。由于建筑古迹极多，工程浩大，加之人心惶惶，拆迁工程进展缓慢。

然而，让各路小鬼们感到不可思议的是，在盟军铺天盖地的轰炸中，惟独奈良、京都这两座古城，奇迹般地始终未遭到真正意义上的空袭。待小鬼们费尽九牛二虎之力把著名的京都御所整个木构长廊全部拆迁之后，战争即宣告结束，遍布于两城内的宫殿、古寺、古塔等古建筑全部得以幸免。

多少年过去了，因为知情的梁思成很少提及这段往事，没有人把京都、奈良的保全与一位中国建筑学史家联系在一起。当年随导师第一次进驻陪都重庆、却没机会饱览山城景色的青年助手罗哲文，也渐渐淡忘了自己为此挥汗绘图的情景。

1986年，罗哲文应邀到日本参加在奈良举办的"城市建设中如何保护好文物古迹"国际学术研讨会，其间和奈良考古研究所的学术部主任管谷相遇。管得知罗早年出于梁思成门下，1944年前后正跟梁在一起，便热情地向他讲述了二战中的一些轶闻趣事。管谷说：在二次世界大战后期，美军在日本本土进行轰炸时，古建筑文物最多的京都、奈良幸免于难，此事可能和梁思成有极大关系。据前年到日本访问的北京大学考古系主任宿白教授透露，梁思成于1947年到北大讲过课，在讲到文物古迹是人类共同的文化遗产时，曾举过抗战时期为保护日本的古都，他曾向美军建议不要轰炸京都、奈良，留住日本民族之根，也是世界人类文化之根的事例。管谷此次想从罗哲文口中进一步了解事情的经过。

罗哲文听罢，大为惊讶，立即回忆起当年在重庆的情景。罗说："到了重庆，我们住在上清寺中央研究院的一座小楼里，专门给了我一个单独的房间。先生每天拿了一捆晒蓝图纸来，让我按他用铅笔绘出的符号，用圆规和三角板以绘图墨水正规描绘。我虽然没有详细研究内容，但大体知道是日本占领区的图，标的是古城古镇和古建筑文物的位置，还有一些不是中国的地图，我没有详细去区分，但是日本有两处我是知道的，就是京都和奈良。因为我一进营造学社的时候，刘敦桢先生写的奈良法隆寺、玉虫橱子的文章我就读过了，而且日本也正在和我们打仗，为什么要画在日本地图上呢？我没有多问，因为我觉得是不宜多知道的。"

　　经过罗哲文与管谷的共同分析推断，认为梁思成出生在日本，又在那里生活了很长时间，对古城京都、奈良十分熟悉，对此地文物古迹怀有深厚的感情，加之他一贯主张：古建筑和文物是人类共有的财富，人类有共同保护的责任。当时所标、绘的图，既关乎文物古迹，又涉及京都、奈良，因此他提出保护的建议顺理成章，于他的性情和理念也正相吻合。对此，罗哲文还引了古建筑学家郑孝燮与自己说过的一个事例：1951年的某一天，在清华园的梁思成突然把年轻的郑孝燮叫住，以哀婉的心情说道："孝燮，告诉你一件不幸的消息，日本奈良法隆寺战争未毁，却被火烧了，真是大可惜呵！"说罢，两眼含满了泪水。

　　孤证难立，有了罗哲文的回忆，综合宿白与郑孝燮所言，可知当年梁思成在北大讲课时所言不虚。京都、奈良免于被炸毁的厄运，梁思成至少起了一定作用。真相终于在湮没42年后大白于天下，日本朝野得知此情，均对梁思成的人品、学识报以敬佩之情，日本媒体纷纷撰文报道，称梁思成为"古都的恩人"。此时离梁思成去世已14年矣。

五 思想文化

1. 梁启超万木草堂回忆与想象

马 勇

在近代中国历史上，由于意识形态长期影响，许多故事带有传奇甚至神话色彩。其中一个流传最广的神话，就是康有为编著《新学伪经考》和《孔子改制考》为维新运动的发生准备了理论，甚至还因编著这两部著作，在万木草堂开班轮训维新干部。这是梁启超在《清代学术概论》等著作的回忆。这些回忆具有相当重要的史料价值，也带有一般回忆作品没有办法克服的想象局限。

在《新学伪经考》中，康有为抨击清代正统学派——乾嘉诸老的汉学——所依据的儒家经典并不可靠，以釜底抽薪的手法否定正统学说的权威。他祖述廖平的学说又有新的发展，以为西汉并无所谓古文经学，东汉以来的所谓古文经学，皆是刘歆为了王莽"新朝"改制而伪造的，与儒家之祖孔子并无干涉，故名之曰"新学伪经"。

在《孔子改制考》中，康有为通过对今文经学经典的研究，断定《春秋》为孔子改制创作之书，正面阐发被古文经学所淹没的孔子托古改制的微言大义。他指出，孔子以前的历史，是茫然无稽的，孔子创立儒教和当时诸子百家一样，都试图通过托古的方式重建自己理想中的社会。他说："六经中之尧舜文武，皆孔子民主君主之所寄托，所谓尽君道，尽臣道，事君治民，止孝止慈，以为轨则，不必其为尧舜文武之事实也"；"六经中先王之行事，皆孔子托之以明其改作之义。"这就轻而易举地将孔子的偶像作为自己变法维新的王牌。

根据可信记载，《新学伪经考》初刊于1891年，《孔子改制考》开始写作在1892年，至1898年方才刊行。这两部著作确实是康有为安身立命的基础，是康有为之所以成为"康圣人"的关键。但是，我们只需注意1891年前后几年是大清王朝"同治中兴"最为鼎盛的时代，除了郑观应等个别思想家对清廷主导的发展模式略有批判，包括康有为在内的年轻读书人，都在享受着一个盛世，何来维新的意识？

康有为生于1858年，1876年十九岁结婚成家未成业。也就在这一年，他开始追随岭南名师朱次琦研读传统学术，其目标就是准备参加几年后的乡试。乡试是那时全国性的大考，类似于现代中国全国统考时的高考。是中国读书人的盛大节日，有人欢喜有人愁。

朱次琦是岭南名师，学问很大，但绝对不是一个好的"高考指导老师"，康有为在追随朱次琦的几年间，学问有很大长进，西学、新学、佛学、掌故、辞章、今文古文，小学史学等，都有广泛涉猎，庞大而不精深，夸张而不踏实，新颖且时常蕴含着一点叛逆意识。用这种思想与学术去参加官方主办的科举考试，其结果可想而知。

1882年，二十五岁的康有为前往北京参加顺天乡试，铩羽而归，名落孙山。康有为究竟怎样总结这次失败，我们已经不太清楚了，但我们知道，康有为利用北上、南下机会，开了眼界，看到了开放后的上海、南京等口岸，知道西方人的社会管理与发展之道与中国有很大不同，几年来追随朱次琦形成的现实关怀情结

五 思想文化

没有因科举失败而减弱，相反却更加热心于政治，热心于与政治有着密切关联的历史。

康有为没有从这次经历中找到科举考试失败的根源，反而因这个特殊经历扩大了对现实的关爱和入世情怀。恰当此时，一个偶然机遇又使康有为遇到来自北京的翰林院编修张鼎华，这些最善于夸夸其谈的翰林们不仅给康有为带来一个全新的知识界情形，加深对现实政治的理解，而且激活了康有为原本具有的政治细胞，深念民生艰难痛苦，因而更愿意像传统儒者那样哀物悼世，以经营天下为己任，期望在正途之外偏锋取胜。

基于这样的认识，康有为在随后几年复读时依然不愿按部就班研读科举考试复习资料，依然扩大阅读，潜心研究政治史、制度史，闭门读书，胡思乱想，揉和经史，杂以佛理，参合中西学术新理，营造属于自己的学术体系，据说开始写作《实理公法全书》、《康子内外篇》、《教学通议》等。

康有为的这些思考从思想史的层面说当然有意义，但是在残酷的现实层面似乎就不一样了。1888年，已过而立之年且有两个孩子的康有为再度前往北京参加科举考试，尽管他的学问不错，阅读广，知识丰富，但是在分数面前毫无办法，康有为又一次铩羽而归，不在录取名单内。

科举考试接连失败当然不是说这些失败者学问差，基础差。相反，在很多时候是这些考生学问好，有思想有见解，这样的例子很多，张謇、严复等都是明证。张謇一次次失败，并不说明他没思想没学问没文采；严复连连名落孙山，最后还是接受清廷赏赐的"赐同进士出身"，更不能说严复没水平。康有为、张謇、严复等，都是同一个问题，都是他们太善于思考，太善于与标准答案不一样，因而他们也就难以鲤鱼跳龙门，金榜题名。

再度失败的康有为当然也相信失败不是因为自己不行，而是因为自己太行，所以他在失败后并没有心灰意冷，更没有自怨自艾。由此他作了两项准备，一是剑走偏锋，于失手当年向朝廷提交一份上皇帝书，很显然是希望通过小皇帝亲政这个时间刻度寻求机会；第二个计划，就是准备长期复习，不达目的决不罢休，像后来的张謇那样，一定能够"暮登天子堂"，成为人上人。

前一项准备是康有为政治经历中的大事，这在后来的康有为研究中也被大肆渲染，甚至被说成是康有为的变法维新思想。其实仔细阅读康有为上皇帝第一书的文本，很容易发现康有为"变成法"、"通下情"、"慎左右"三点建议，就其本质不过是传统中国策士的套话，就其水平根本没有办法与贾谊、王安石等人同类作品比，不论是思想深度还是文采，康有为都显得有点不着调，并不理解大清王朝过去几十年发展的意义，更不清楚问题之所在。

至于第二项计划，是那个时代读书人无法回避的问题，科举考试是那时惟一的正途，别说是老年进士不稀奇，即便是范进那样的老年举人也是司空见惯，不足为奇。问题是，既要长期准备，耐心复习，又要养活自己，还有自己的家庭和儿女，于是许多准备长期备考的人，总会选择一个职业，在职复习，或者边工作边复习。更多的时候，他们就利用自己的学问专长开办一个讲习班，教学相长，这也就是康有为和他的弟子梁启超后来同场考试的根本原因。

康有为第二次科举考试失败在1888年。考试结束后，康有为没有急于返回故乡，除了准备上皇帝书外，康有为似乎也在京城寻找过机会。但是机会太难找了，康有为拖到1889年夏秋之际终于启程返乡。第二年春，康有为居家迁往广州，入住其曾祖康式鹏的老屋"云衢书屋"。

由于康有为以布衣身份上书皇帝，或许也因为康有为总能在寻常事物上说出个不一样，因此可以相信，移居广州的康有为已经小有名气，一个偶然机会，引起学海堂学生陈千秋的注意。

学海堂是政学一体封疆大吏阮元创办的著名学府，陈千秋又是学海堂学业有成的高才生，几年前就著有《广经传释词》，对乾嘉学术大师王引之《经传释词》提出批评和商榷，其学术根底显然不错。

我们现在不知道陈千秋是怎样知道康有为的，也不知究竟是谁居间介绍的，

五 思想文化

我们能知道的,是陈千秋在那年春天前往康府登门拜访,一席长谈使陈千秋佩服得五体投地,尽弃其学而学焉,立即回到学海堂办了退学手续,转拜康有为为师。更重要的是,陈千秋还深刻影响了他的同学好友梁启超,梁启超也随之退出学海堂,成为康有为的第二个弟子。

陈千秋的学问功底在乾嘉汉学,梁启超此前用功所在也是词章训诂,现在康有为引证中西学术,乃至陆王心学、儒佛道各家各派思想资源作狮子吼,实乃大海潮音,振聋发聩,恍然大悟。按照梁启超记述,是且惊且喜,且怨且艾,且疑且惧。他们不知道康有为说的对不对,但知康有为说的与他们在学海堂学的不一样。这是他们放弃学海堂官学生身份转投康有为门下的原因。

学海堂高才生的转投具有巨大的广告效应,很快又有一批学生前来追随,康有为于1891年租借邱氏书屋作为讲堂,据说这就是万木草堂的最初地点。

现在的万木草堂旧址位于广州中山四路长兴里,原为广东大户邱姓书屋,创建于1804年即清嘉庆九年,是邱姓弟子到省城参加考试的临时居处,估计应该是邱姓人家集资修筑或某大户捐助。这所建筑为三间三进,两天井、硬山顶式的祠堂式,砖木结构,绿灰瓦,青砖墙,典雅古朴,具有明显的清代岭南建筑风格。

万木草堂开张,是康有为教育事业的起步。之后他在广东的影响力持续扩大,前来追随的弟子越来越多,已有的邱氏书屋渐渐有点容纳不下。第二年,万木草堂转至卫边街邝氏祠堂。到了第三年,即1893年冬方才与广府学宫文昌殿后面仰高祠达成十年租赁协议,准备长期办学。

《新学伪经考》和《孔子改制考》的编撰确实在万木草堂,但是要说康有为此时就有了维新思想,就是要用万木草堂培养维新变法的人才,这就是神话,就是不可能,是用康有为后来的思想回望。这个说法在过去一百年多年流传甚广,最具正义感,最具正当性。然实在说来,这个说法是不对的。

将康有为思想无限提升,是康门弟子干的事,当然也得到了康有为默许。只是这个故事经不起学术检验,因为它违背了历史,超越了时代。

康有为自幼年时代确实具有常人难以理解的宏伟理想，确实要做一番大事业，但是无论如何都必须承认，在1890年的时候，大清王朝经过三十多年洋务新政，已经全面提升了综合国力，经济总量不仅恢复到中国历史上鼎盛时代的规模，而且在当时世界格局中重新占有重要一席。中国的经济发展和提升，是凭借行政主导的威权体制，这是那时西方自由资本主义无法具备的优势。这种体制对于社会力量动员，对于国家各项资源的配置无疑最为便捷。这也是当时中国人最为自豪，也是最为津津乐道的东西。当此时，康有为怎能产生什么变法思想，怎能想到什么维新呢？

从历史视角进行观察，康有为在1890年时不可能想不到变法维新。不过，康有为确实在那一年租下了邱氏书屋，确实在这所老屋中开始培养弟子，也确实在这里开始营造他的学术体系，那么怎样理解这些事情呢？

如果我们真切体会传统中国社会情形，知道传统中国读书人一般成长道路，我们就知道康有为这一次租赁房屋广招弟子并不是，或者说并不单纯是为了维新变法，更没有培养什么变法骨干的意思。那时传统中国社会读书人一般都有过教学相长经历，是"大龄复读生"为了尽量减轻家庭经济压力，或者是为了扩大实践基础，或者是丰富自己读书生活的一个办法。用今天的语言去描述，就是自己还在复习，还在准备着下一场科举考试，顺带着招收几个学生，收一点束脩，补充一下生活，至少也可以有得天下英才而育之的愉悦。这是那个时代许多执著在科举道路上追求的读书人必由之路，不必赋予太多意义，不必超过历史可能承载的内容去解读。

康有为利用万木草堂开办了一个或几个讲习班，招收了不止一届弟子，梁启超、陈千秋等都是长兴里万木草堂第一代弟子，这些弟子在后来确实有相当成就。那是时代使然，是他们的老师康有为后来的政治经历和影响决定的，并不单纯是因为万木草堂的教育经历。

如果一定要说万木草堂的性质，或许其弟子门生在后来的维新运动都因老师

五 思想文化

各种关系有过出色表现,因而一般研究者比较容易夸大其维新思想的倾向。这大约有用后来的历史规范前史想象前史。真实的历史应该是,万木草堂只是一个具有新思想倾向的补习班,老师比较灵活地引导这些弟子进行复习迎考,他们的目的还是科举考试。否则我们就不容易明白为什么到了1895年,康有为仍会信心满满和弟子梁启超、梁小山等人一起入京会试。也就是这一次北京之行,康有为金榜题名另找出路,万木草堂由此也就成了过去,进入历史。

2. 新文化与新教育

雷 颐

一个重要的思潮或文化运动，其"文本"意义总是深嵌于社会之中，倘脱离其社会背景，无视其后果，便无法正确、深入分析它的意义。但在思想、文化史研究中，人们却总是习惯于把思想家的言论、话语作为唯一的研究对象。这种习以为常的"唯文本"研究，恰恰将"文本"从社会脉络中挖出，使之成为与社会变动和发展完全无关、完全隔绝的"独白"。言说没有背景，思想没有来龙去脉，郢书燕说，自难避免。现在，新文化运动之所以经常被认为是"全盘反传统"、"只有破坏没有建设"，亦源于此种"唯文本"研究。新文化运动先驱人物确实不乏这类激烈论述。其实，新文化运动建树多多，最直接的一个成果，便是1922年对中国教育影响殊深的新学制的建立。1922为旧历壬戌年，因此史称"壬戌学制"。

新教育在近代中国并非无源之水，从洋务派创办种各"洋务学堂"起，新式教育就开始在中国落地，渐渐生根。但这时只有零星的学校而无全国的学制，只到1904年1月，清廷批准《奏定学堂章程》，时称"癸卯学制"，为中国教育史上第一个法令形式正式颁布且在全国普遍实行的学制，确立了中国现代学制的基本模式和框架，奠定了中国现代学制的第一块基石，一直延用到1911年清朝覆灭，但教育的宗旨当然是"忠君"与"尊孔"。辛亥革命后，中华民国临时政府颁布了新的教育法令，史称"壬子学制"。新法令废除了小学的尊孔读经，取消了"癸卯学制"中专为贵族子弟设立的贵胄学堂，学制为小学七年，中学（不分初高中）

五 思想文化

四年，否定了清王朝"忠君"、"尊孔"的教育宗旨，以"注重道德教育，以实利教育、军国民教育辅之，更以美感教育完成其道德"为新的教育宗旨。对道德教育，蔡元培曾解释说："何谓公民道德？曰法兰西之革命也，所标揭者，曰自由、平等、亲爱。道德之要旨，尽于是矣。"无论清末的癸卯学制还是民初的壬子学制，主要内容都是仿效、学习日本的教育制度。

但是，袁世凯为自己当皇帝复辟帝制，重新尊孔，在教育方面更是先行一步，早在1913年6月就通令恢复学校祀孔典礼。袁世凯及随后张勋等的重新尊孔，是新文化运动的直接起因。新文化运动以民主与科学为核心价值观念，强调个性解放，注重平民教育，批判孔教。新文化运动想以思想启蒙、文化创新入手改造国民性，进而改造社会与国家，因而格外注重教育，注重"新青年"的养成。因缘际会，新思想在几年间便由少数人的观念在知识界、教育界蔚为大观。旧的教育理念和学制体系，越来越不适应新形势，教育改革势在必行。

在这次教育改革中，1914年得到教育部正式承认的"中国教育联合会"和新文化运动的核心人物之一蒋梦麟任总编的《新教育》起了重要作用。全国教育联合会在1919和1920年这两届年会中都讨论过学制改革。在新文化运动中影响殊重的美国实用主义哲学家、教育家杜威和实用主义教育家孟禄先后来华，在全国各地演讲，探讨中国的教育问题，对新的教改也有直接影响。1921年，全国教育联合会第七届年会在广州召开，学制改革为主要议题，广东等10省均提出了各自的改革方案，最后决议以广东方案为基础，征求全国意见。

1922年9月，北京政府召开全国学制会议，提出新的学制改革方案提交全国教育联合会第八届年会讨论。10月中旬，第八届年会在济南召开，新文化运动的领袖胡适是会议的重要人物。会议开始，教育部特派员代读了教育总长汤尔和的简短致辞，然后就开始打官腔，完全不提及广东学制改革草案，实际希望联合会赞同教育部学制会议提出的较为保守的方案，至少不要大改。对此，与会代表愤怒异常，大表不满，会议很难继续开下去。这时，胡适发表演讲，严厉批评教育部打官腔，完全不提广东方案，指出联合会也可以完全不理会教育部学制会议方案，直接讨论广东方案。但这样双方彼此打官腔，无法对话、沟通，终究不成事体。他提醒大家说："我们为的是要给中华民国制定一个最适宜的学制，不是彼此闹意气；所以我希望联合会的同人，千万不要再打官话了，还是老老实实的根据广州的议案，用学制会议的议决方案来参考比较，择善而从，定出一个第三草案来，把学制问题作一个总结束，呈请教育部颁布施行。"胡适的观点，得到大部分会员的赞同，但有些激进者仍不满意。一位浙江的许姓代表仍上台大骂教育部："教育部是什么东西？配召学制会议？学制会议是一班什么东西？配定新学制？你们请看这本学制会议的新学制，那里有革新的意味，全是保存旧制。什么学制会议？明明是和我们教育联合会开玩笑。现在的教育总长、次长是什么东西？汤尔和、马叙伦都是我们浙江人，我现在兴之所至，且把他们的丑历史报告给诸位听……"于是他在台上大骂总长汤尔和与次长马叙伦，教育部两位特派员也只能坐在台上静听。（《记第八届全国教育联合会讨论新学制的经过》，《新教育》第5卷第5期）不知这是当时民主的反映还是政府权威的阙失，抑或二者兼而有之？

痛骂教育部、教育总长和次长当然大快人心，但并不能解决问题。会下，各方密切磋商，寻找解决方案。最后，教育部两位特派员专门拜访胡适，请他斡旋。在胡适的一再劝说下，他们表示教育部学制会议的原案可以修改，并要胡适提出折衷修正案。胡适起草新提案时，巧妙地以"精神上大部分用广州案，而词句上多采用学制会议案"的方法，使"旧瓶装新酒"的新提案获得通过。同年11月1日，北京政府以"大总统"的名义颁布了新的《学校系统改革案》。

"壬戌学制"基本参照美国学制，以小学、初中、高中的"六三三制"取代了原来的小学、中学"七四制"。实践证明，这种学制适应少年、青年的生理、心理和学习特点，直到现在我国依然实行这一学制。

壬戌学制没有明确规定教育的宗旨，但提出了七条标准：发挥平民教育精神；注意个性之发展；力图教育普及；注重生活教育；多留伸缩余地，以适应地方情

五 思想文化

形与需要；顾及国民经济力；兼顾旧制，使改革易于着手。新学制的实质是以儿童为中心、学生为中心，重视学生的个性发展，强调学生的主动性和创造性，注重平民教育和职业教育。这七条标准，是新文化运动理念在教育领域的具体体现。

胡适是新学制建立的重要人物，他认为新学制的特别长处在于其弹性，七条标准的第三、五条的精神就是"发展青年个性，使得选择自由"，"多留各地方伸缩余地"使各地方可以按照各地方的需要与能力，兴办相当的学校，不同的学生有不同的选择自由。他强调，在推行新学制学校时，应容许旧学制学校的存在。在这种精神指导下，对当时城乡仍大量存在的私塾，教育当局并未以行政力量强行取消。胡适的态度并非偶然，在新文化运动已进高潮的1918年初，他对一些乡村学校也不顾条件规范化、城市化办学非常不满，他这样写道："列位办学堂，尽不必问教育部规程是什么，须先问这块地方上最需要的是什么。譬如我们这里最需的是农家常识，蚕桑常识，商业常识，卫生常识，列位却把修身教科书去教他们做圣贤！又把二十块钱的风琴去教他们学音乐！又请一位六十块钱一年的教习教他们的英文！列位且自己想想看，这样的教育，造得出怎么样的人才？所以我奉劝列位办学堂，切莫注重课程的完备，须要注意课程的实用。尽不必去巴结视学员，且去巴结那些小老百姓。视学员说这个学堂好，是没有用的。须要小老百姓都肯把他们的子弟送来上学，那才是教育有成效了。"这不是非常照顾、考虑、注重传统、习俗和地方特点吗？尤值一提的是，这篇名为《归国杂感》的文章，就发表于现在已被作为"激烈、整体、全盘反传统"、"机械照搬外国"最典型代表的《新青年》上。

1922年到1949年，近三十年间的中国外患不断，几近亡国；内战不已，烽火连天；贿赂公行，贪污遍地，腐败不堪。然而，教育却是大雾弥天中一个引人注目的亮点，人才辈出，盛极一时。许多学术、文化大师的成就，至今仍难企及。今天，人们仍不断追念、感怀那时的"老大学"甚至"老中学"，亦说明新文化运动在教育领域的成果之重大、"建设性"影响之深远。

3. 因为五四

雷 颐

五四新文化运动对中国历史、思想史的影响既深且远，对新文化运动亲历者的影响，更不待言，胡适、闻一多都是身在其中的人物，在是否坚持"五四精神"、是否坚持新文化运动一些基本理念上曾与国民党严重冲突。在这种观念冲突中，国民党对新文化运动的态度，胡、闻二人的观点及最后不同的政治选择，都引人深思。

20年代后期，南京国民政府成立，国民党大力推行"一个政党"、"一个领袖"的"党化教育"和"党化统治"。对此，胡适公开激烈表示反对，1929年在他参与创办的《新月》杂志，从4月到6月连续发表了《人权与约法》、《我们什么时候才可以有宪法》、《知难行亦不易》等系列文章，对国民党的专制统治作了猛烈抨击。这些文章认为，今天侵犯言论自由、公民财产，侵犯人权的最大非法者是政府机关和国民党党部机关。中国的进步要民主、法治、宪政。他尖锐指出："无论什么人，只须贴上'反动分子'、'土豪劣绅'、'反革命'、'共党嫌疑'等等招牌，便都没有人权的保障。"他举例说，安徽大学的刘文典因为当面顶撞了蒋介石被拘禁了一些天，"他的家人朋友只能到处奔走求情，决不能到任何法院去控告蒋主席。只能求情而不能控诉，这是人治，不是法治。"甚至批评孙中山后来只讲军政训政，不讲宪政，并从哲学上质疑孙中山的"知难行易"说。

胡适及《新月》发表的其它要民主、自由、人权、法治的文章，使国民党大为震怒，

五 思想文化

从 8 月上旬开始，发动一切宣传机器进行反攻，对《新月》和胡适全面围剿。在舆论攻击、文化围剿的同时，更有严厉的政治迫害。国民党上海特别市党部 8 月 24 日做出决议，呈请中央执委会咨文国府，令教育部将时任中国公学校长的胡适撤职惩办，北平、天津、江苏、青岛、南京等省市党部纷纷响应，要求批判胡适的"反动思想"，甚至要求逮捕"法办"。10 月 4 日，教育部发出"训令"，警告胡适。北平的新月书店被查封，店员被抓，一千多份新出的《新月》杂志被没收……

面对国民党的所作所为，胡适立即写了《新文化运动与国民党》一篇长文在《新月》发表，力图分析国民党专制独裁的思想原因。他以其人之道还治其人之身，认为"从新文化运动者的立场"来看，不能不说国民党的思想是"反动的思想"。因为，"新文化运动的一件大事业就是思想的解放。我们当日批评孔孟，弹劾程朱，反对孔教，否认上帝，为的是要打倒一尊的门户，解放中国的思想，提倡怀疑的态度和批评的精神而已。""我们花了钱买报纸看，却不准看一点确实的新闻，不准读一点负责任的评论。一个负责任的学者说几句负责任的话，讨论一个中国国民应该讨论的问题，便惹起了五六个省市党部出来呈请政府通缉他，革掉他的校长，严办他，剥夺他的公权！""所以在思想言论自由的一点上，我们不能不说国民政府所代表的国民党是反动的。"他进一步说："新文化运动的根本意义是承认中国旧文化不适宜于现代的环境，而提倡充分接受世界的新文明。但国民党至今还在那里高唱'抵制文化侵略'！还在那里高谈'王道'和'精神文明'！还在那里提倡'国术'和'打擂台'！祀孔废止了，但两个军人（鲁涤平，何键）的一道电报便可叫国民政府马上恢复孔子纪念日。""所以在这对文化问题的态度上，我们也不能不说国民党是反动的。"他的结论是："现在国民党所以大失人心，一半固然是因为政治上的设施不能满人民的期望，一半却是因为思想的僵化不能吸引前进的思想界的同情。前进的思想界的同情完全失掉之日，便是国民党油干灯草尽之时。"如果国民党拒不接受批评，仍坚持与新文化运动相反的种种做法，"那么，我的骨头烧成灰，将来总有人会替国民党上'反动'谥号的。"

但1931年"九一八"事变及第二年的"一二八"事变,使胡适与许多知识分子认为亡国之祸已迫在眉睫,中国迫切需要团结、需要政府的权威,他们对国民党的政治态度发生变化,从"体制外"的尖锐批评者渐渐变为"体制内"的温和批评者和"建言"者,以国民党的"诤友"自居,政治立场开始有变,但他对国民党仍时有批评,对新文化运动的观点仍无变化。1935年5月,他又写了《个人自由与社会进步——再谈五四运动》一文,强调五四精神。他凄然感叹:"这年头是'五四运动'最不时髦的年头",因为"五四运动的意义是思想解放,思想解放使得个人解放,个人解放产出的政治哲学是所谓个人主义的政治哲学。"而国难当头,新文化运动所提倡的个性解放、个人主义受到批判和抵制。但胡适认为,新文化运动提倡的是"健全的个人主义",而"健全的个人主义"有两个基本点:第一是充分发展个人的才能,第二是要造成自由独立的人格。从社会进步、革命成功的角度为新文化运动辩护:"思想的转变是在思想自由言论自由的条件之下个人不断的努力的产儿。个人没有自由,思想又何从转变,社会又何从进步,革命又何从成功?"但在现代中国,这种政治哲学的确是势单力薄,难成"气候"。1937年抗日战争的爆发,胡适感到对国家更有义不容辞的责任,于1938年秋出任驻美大使,尽力促美对日作战。就这样,他虽然一直未入国民党,且对国民党深有不满,但与国民党的关系却一步步加深。但直到晚年,他在台湾虽然对"新文化运动"受到"五四"的"政治干扰"颇有微辞,但对"新文化运动"依然赞赏有加;并因坚持民主自由理念、反对蒋介石不尊重"约法"一而再地连任"总统"与国民党当局又起激烈冲突,国民党发起了对他的批判运动;曾在众人之前反驳蒋介石认为忠信悌孝、礼义廉耻是中国特有的道德,强调"这不是中国文化所独有的","所有一切高等文化、一切宗教、一切伦理学说,都是人类共同有的",令蒋大为恼火;在逝世前不久作的《科学发展所需要的社会改革》演讲中仍坚持"五四"时的观点,反对"东方精神文明,西方物质文明"的说法,强调西方近代以科学新文明"乃是人类真正伟大的精神的成就,是我们必须学习去爱好,去

五 思想文化

尊敬的",在台湾又引起了对他的新一轮批判及直到他身后都未停止的"中西文明"论战……

胡适是五四新文化运动中的"老师辈",闻一多是受其浸淫的"学生辈",但对新文化理念的坚守,则同样坚决。

众所周知,"拍案而起"的闻一多先生于1946年7月15日倒在国民党特务的子弹下。但就在几年之前,他还是国民党的支持者,对共产党抱敌视态度。由亲蒋反共突转为拥共反蒋,变化如此之大,自有种种复杂的社会和个人原因,但国民党对五四精神、对新文化运动的否定,也是他政治思想转变的重要原因之一。

早在清华和外国留学读书时,深受国家主义、渐进改良影响的闻一多对无政府主义、共产主义等激进思想十分反感,认为是只破坏不建设。西安事变爆发时,清华大学的教授几乎一致反对、谴责张学良,闻一多的态度更为鲜明。他与朱自清、冯友兰、张奚若、吴有训、陈岱孙、萧公权等被推举为起草电报与宣言的七人委员会成员。在《清华大学教授会为张学良叛变事宣言》中,他们愤怒谴责张学良说:"同人等认为张学良此次之叛变,假抗日之美名,召亡国之实祸,破坏统一,罪恶昭著,凡我国人应共弃之,除电请国民政府迅予讨伐外,尚望全国人士一致主张,国家幸甚。"(《清华大学校刊》第799号,1936年12月16日)平日在课堂上从不提课外话的闻一多此时也抛开讲义,怒气冲冲地说:"真是胡闹,国家的元首也可以武装劫持!一个带兵的军人,也可以称兵叛乱!这还成何国家?""国家绝不容许你们破坏,领袖绝不许你们妄加伤害!"直到40年代初,闻一多仍与大多数知识分子一样,对国民党虽有种种不满,但基本立场还是站在国民党一边。

1943年春,蒋介石的《中国之命运》一书在昆明发售,书中内容给闻一多强烈的刺激。蒋介石在这本书中公开宣扬一个党、一个主义、一个领袖的专制主义。他不仅反对共产主义,连自由主义也不能容忍,认为二者都是"文化侵略最大的危机和民族精神最大的隐患。"认为鸦片战争以后,中国人"在不知不觉之中做了外国文化的奴隶了"。尤其是"五四以后,自由主义与共产主义的思想,流行国内……其流风之所至，一般人以为西洋的一切都是的，而中国的一切都不是的。""自由主义与共产主义之争，则不外英美思想与苏俄思想的对立。这些学说和政争，不仅不切于中国的国计民生，违反了中国固有的文化精神，而且根本上忘记了他是一个中国人，失去了要为中国而学亦要为中国而用的立场。"他认为西方历史上有皇权专制，而中国则相反，不仅历史上从无皇权专制，而是人民的自由太大，所以"无论在战时或在战后，一片散沙一样的'个人自由'是不能存在的"，所以要大力弘扬八德、四维等中国传统文化，作为今后立国的基础。

一向信仰新文化运动所提倡的民主自由的闻一多，确实无法接受这些观点。他这样写道："《中国之命运》一书的出版，在我一个人是一个很重要的关键。我简直被那里面的义和团精神吓一跳，我们的英明的领袖原来是这样想法的吗？五四给我的影响太深，《中国之命运》公开向五四挑战，我是无论如何受不了的。"（《八年的回忆与感想》，《联大八年》第4页）这时，他急切地阅读各种左倾书籍，对共产党由反感而同情，由同情而支持。具有诗人浪漫气质的闻一多的转变是迅猛彻底的。为了维护五四精神，争自由、争民主，于1944年夏在罗隆基、吴晗的介绍下秘密加入民盟，并表示将来一定请求加入共产党。最后，他为之献出了自己的生命。

种种因缘使胡适、闻一多二人最终的政治选择完全不同，但他们对五四精神，对新文化运动的基本观点、理念、情感、坚守、维护却相当一致，确耐人寻味。

五 思想文化

4. 教育总长蔡元培

雷 颐

　　近代中国面临社会的全面转型，作为社会核心价值体系之培养发育重要途径的教育，尤其是教育体制，无疑面临根本性变革。在洋务运动时期，中国出现了最早一批由国家开办的新学校，成为中国近代新式学堂的嚆矢。但这些学堂仍居于社会、体制的边缘，备受歧视排挤，没有引起中国教育制度的根本变革。在维新运动时期，维新派则将"变法"与"兴学"联系起来。在社会结构、价值体系、知识谱系的大转变中，学校将起举足轻重的作用。

　　传统社会向现代社会的转型，即意味着独立于国家的现代公民社会的兴起，多元化价值观念和知识体系的产生、传播，因此要求承载其重任的教育必须独立。或者说，教育只有独立才能起到开创历史的作用。对此，已有一些思想家在清末就提出这种主张，如章太炎认为"学校者，使人知识精明，道行坚厉，不当隶政府，惟小学与海陆军学校属之，其他学校皆独立。"严复则一反"学而优则仕"的传统观念，将"治学"（做学问）与"治事"（从政）分开，强调应该"政、学分途"，王国维则认为："学术之发达，存乎其独立而已。"

　　1912年清朝覆亡，民国初创，蔡元培以辛亥元勋与学通新旧的著名学者，"众望所归"就任中华民国首任教育总长，他在中国语境中以自己的实践回答了"教育独立"这一历史性课题。

　　早在就任教育总长之前，他就确立了"教育独立"的理念。蔡元培是清末翰林，少年得志，应该说深受中国传统文化影响。但从1907年到1911年末在德国留学四年，他的教育思想深受德国19世纪初德国柏林大学的创立者洪保及当时德国其他一些思想家影响，主张大学自治，学术、思想自由，兼容并包。1912年，作为主管全国教育的"总长"，他发表《对于新教育之意见》一文，全面阐述了自己的教育理念。他否定了中国传统教育中的"忠君"、"尊孔"这两个思想专制的中心宗旨，指出："忠君与共和政体不合，尊孔与信教自由相违"，主张思想自由："循思想自由言论自由之公例，不以一流派之哲学一宗门之教义梏其心，而惟时时悬一无方体无始终之世界观以为鹄。如是之教育，吾无以名之，名之曰世界观教育。"如果将"一流派之哲学"、"一宗门之教义"定于一尊，必将桎梏受教育者的心性灵智，长此以往，必将造成民族的愚蒙退化。"专制时代（兼立宪而含专制性质者言之），教育家循政府之方针以标准教育，常为纯粹之隶属政治者。共和时代，教育家得立于人民之地位以定标准，乃得有超轶政治之教育。"在全国临时教育会议上他义批判"君主时代之教育方针，不从受教育者本体上着想，用一个人主义或用一部分人主义，利用一种方法，驱使受教育者迁就他之主义"。即封建专制的教育目的在于愚弄受教育者，使之心甘情愿被统治者驱使。对封建专制教育实质的批判，可谓入木三分。

值得注意的是，他对孔子、儒学并非反对、拒斥，而是不同意将其作为一种"准宗教"的国家意识形态强迫学校灌输、学生接受，反对作为国家意识形态对孔子顶礼膜拜。在《对于新教育之意见》一文中他谨慎地表示对于"孔子之学术，与后进所谓儒教孔教，当分别论之。嗣后教育界何以处孔子，及何以处孔教，当特别讨论之。"在临时教育会议上，他又提出"学生不应拜孔子案"，由教育参事蒋维乔作说明列举了学校不应拜孔子的三项理由：一，"孔子并非宗教家，尊之自有其道，今乃以宗教仪式崇奉于学校之中，名为尊孔，实不合理。"二，"今以似是而非之宗教仪式行于学校，既悖尊孔之义，尤乖教育目的。"三，"宪法公例，信教自由为三大自由之一。今以学校拜孔子之故，致令他教之子弟，因信仰不同，

五 思想文化

不肯入学,既悖宪法公例,尤于教育普及大生障碍"。在他看来,思想自由、多元,是教育独立的重要条件。

将教育从统治者的政治桎梏下解放出来,强调教育的独立性,确有划时代意义。再进一步说,即便作为纯学者、纯教育学家,提出这种观点在当时已属不易,而身为主管全国教育的最高行政官员不仅不扩大自己的权力、而竟然主动"放权",则更为难得。因为古往今来,从政之后为权、利所诱,改变、背弃自己原来学术观点、政治思想的学者比比皆是,数不胜数。"昔贤垂范到斯今",作为教育总长却提倡教育独立,而不是强调、扩大教育部和总长对教育的权力,惟愿后世主管教育的官员们都有这般识见与胸怀。

身体力行是蔡氏特点,在民国初年党派纷争激烈的环境中,他请资深教育家范源濂(字静生)作教育部次长。由于范是与国民党作对的共和党人,一些国民党元老、亦是其好友对此举大为不满,颇为愤慨,而另一方面范本人也不愿为"敌党"所用,坚辞不就。蔡元培不顾党内同志的反对,两次拜访范源濂,诚恳对他表白:"现在是国家教育创制的开始,要撇开个人的偏见、党派的立场,给教育立一个统一的智慧的百年大计。国民党里并不是寻不出一个次长;我现在请先生作次长,也不是屈您作一个普通的事务官。""教育是应当立在政潮外边的。我请出一位异党的次长,在国民党里边不是没有反对的意见;但是我为了公忠体国,使教育部有全国代表性,是不管这种反对意见的。听说您们党里也有其他看法,劝告您不要自低身份,给异党、给老蔡撑腰;可是这不是为国民党或我个人撑腰,乃是为国家撑腰。我之敢于向您提出这个请求,是相信您会看重国家的利益超过了党派的利益和个人的得失以上的。"经过他的劝说,范氏欣然就职。蔡元培在报上看到前清学部人员胡玉缙的《孔学商榷》一文,颇为欣赏,便邀胡到教育部工作,并不介意胡曾是"旧政权"的官员。没想到,教育部承政司在委派胡工作的便函中有"奉总长谕"字样,胡甚不满,立即写信给蔡元培,毫不客气地批评说:"惟'谕'字似承亡清陋习,现虽一切程式尚未规定,而专制性质之字样,必屏而弗用。民国前途，方有冀幸。"对胡的批评，蔡元培不仅不以为忤，反而复信致歉，表示接受，承认自己对此"字句小疵"负有责任，并进一步反思道："无论专制共和，一涉官吏，便不能免俗，曰谕，曰派，皆弟所蹙然不安者。以冗故未遑议，致承政厅遂袭用之。"

蔡元培后来曾回忆自己当教育总长时的用人原则："我那时候只有能者在职的一个念头，竟毫没有顾到老同志的缺望，到正式组织时，部员七十人左右，一半是我提出的，大约留学欧美或日本的多一点，一半是范君静生所提出的，教育行政上有经验的多一点，却都没有注意到党派的关系。"教育部部员一半竟由范源濂提出，可见他请范源濂出任次长是真正授其实权，并非要其仅仅"挂名"、只是显示自己包容各派的"点缀"。

教育要超越党派、承认教育是"天下公器"而不是一党之私产，因此教育应"立在政潮外边"，确是他的真知灼见；而以一个党派要员执掌教育行政部门却力邀敌对政党的合适人才作自己的副手，则是他的胸襟、人格显现。

民国初创，以前专制王朝的教育制度必然面临根本性改变，首任教育总长自然负有重新制定全国学制的重任，好在蔡元培于此早就胸有成竹，所以在不长的时间内就为新生的共和国全面制定了大、中、小学学制。这个新学制推行了十年，直到1922年9月才由他主持作了修改。

然而，民初的中国并未给蔡元培提供实现自己理想的环境。袁世凯的专制，使他忍无可忍，最终辞职。在他当面向袁世凯提出辞职时，袁为博取名声以"我代四万万人坚留总长"表示挽留时，蔡则坚定地以"元培亦对四万万人之代表而辞职"回答，表明决不与其合作的立场，最终于1912年7月辞去了只当了半年的教育总长之职。

他知道，在专制政治之下，难言教育独立。"道不行，乘桴浮于海"，怀着对国事备感失望的心情和对西方文明作更深入了解探讨的理念，蔡氏于1913年秋踏上了为时三年的赴法游学之路。

五 思想文化

5. 梅贻琦的儒家思想与治校精神

岳 南

各位来宾、朋友们，大家好。今天，我们在这里集会，庆祝清华大学建校101周年，暨在台建校56周年，同时纪念清华故校长梅贻琦先生逝世50周年。

我演讲的题目是：梅贻琦的儒家思想与治校精神。此为我近年来研究的一个专题，牵涉的范围很广，篇幅较长，今天因时间关系不能全部讲述，现只简要叙述几点，与大家共勉。

梅贻琦的家庭背景与留学经历

要谈这个主题，就不得不对梅贻琦的成长历程作一简单介绍，只有了解了他的家庭和成长的时代背景，才能解释他的思想与精神。

梅贻琦1889年12月29日出生于天津市，此时还是清朝，用中国通行的历法来说是清光绪十五年腊月初八。当时的天津属于直隶管辖，近代历史上著名的人物曾国藩、李鸿章曾先后任过直隶总督。梅贻琦出生时，离辛亥革命和清朝的垮台还有22年。此时，近代中国思想、教育史上著名的人物蔡元培21岁，梁启超16岁，张伯苓13岁，蒋梦麟3岁，胡适要比梅贻琦晚2年才出生。而两个相关的政治人物蒋介石比梅贻琦大2岁，毛泽东比梅贻琦小4岁。明晰了这样一个人物谱系，便大体知道梅贻琦所处的时代和历史背景。

就天津梅氏一家而言，其祖籍是江苏武进，远祖曾为明朝重臣，后迁徙天津卫，为津门望族，肩负守护天津卫的重责。梅先生出生时，家境虽有衰落但也非一般人家可比。梅贻琦兄妹五人，他居长，比其小11岁的梅贻宝在晚年回忆往事的时候说：诸兄姐每人有一位奶妈，只是到了他出生时，梅家每况愈下，但总是还有饭吃，有衣穿，有学上，仍不是一般平民百生可比的。

古时做官，大多数要通过考试获得了功名才能晋升到高级士宦阶层，梅家当然不能例外，至少自明代起就以诗书立家成业，对其子女均以诗书为第一要求，梅贻琦的父伯梅忧曾中过乡试。对于这一段历史，梅先生在自传中曾说："家境虽非甚宽裕，但对于吾兄弟五人之教育必尽力成全，琦姊妹亦五人，最小者亦能毕业于师范及南开大学。"曾做过燕京大学校长的老五梅贻宝说："家境虽清苦，人口虽众多，父亲却咬定牙，叫每个儿子受教育，后来天津办了女子学校，他叫两个未出嫁的女儿亦上学校。"

梅贻琦15岁时进入天津南开学堂，成为著名教育家张伯苓的学生。南开学堂是由近代教育家严修的一个私塾发展而来的，当时的课程除了四书五经，已有数理等课程，张伯苓开始教数理，后来成为南开学堂的校长，梅贻琦与张伯苓的弟弟、后来做过清华学校教务长的张彭春等为南开第一期学生。

1908年，梅贻琦以全班第一名的成绩毕业，被保送到保定直隶高等学堂继续攻读。也就在这一年，美国决定把1900年参入"八国联军"侵略中国分得的赔款的"多余"部分"退还"清政府，作为向美国派遣留学生的经费。清政府外务部于1909年6月在北京史家胡同组建了游美学务处，并于8月开始招收"直接留美生"。在保定刚读一年的梅贻琦决定投考，在630名考生中，以第6名的成绩（总分834分，平均75.11分）入选首批庚款留美生，这一年梅贻琦21岁。

后来清政府又分别于1910、1911年招考了二批留美生派遣美国就读。这三批学生日后成为清华校史上的"史前生"。

这里说一个插曲，即1910年，第二批庚款留学生考试中有幸考中，曾放洋美国，

五 思想文化

毕业于哥伦比亚大学并取得博士学位，回国后历任北京大学哲学教授、文学院长、校长，著名的五四新文化运动领袖之一胡适，把自己考试中的经历，以及榜上的名次作了这样几个片断的回忆：

> 那一年（庚戌，一九一〇）是考试留美赔款官费的第二年。听说，考试取了备取的还有留在清华学校的希望。我决定关起门来预备去应考试……
>
> 留美考试分两场，第一场考国文英文，及格者才许考第二场的各种科学。国文试题为《不以规矩不能成方圆说》，我想这个题目不容易发挥，又因我平日喜欢看杂书，就做了一篇乱谈考据的短文，开卷就说："矩之作也，不可考矣。规之作也，其在周之末世乎？"
>
> 下文我说《周髀算经》作圆之法足证其时尚不知道用规作圆；又孔子说「不逾矩」，而不并举规矩，至墨子、孟子始以规矩并用，足证规之晚出。这完全是一时异想天开的考据，不料那时看卷子的先生也有考据癖，大赏识这篇短文，批了一百分。英文考了六十分，头场平均八十分，取了第十名。第二场考的各种科学，如西洋史，如动物学，如物理学，都是我临时抱佛脚预备起来的，所以考的很不得意。幸亏头场的分数占了大便宜，所以第二场我还考了个第五十五名。取送出洋的共七十名，我很挨近榜尾了。

其实，这次考试胡适并没有达到各学校通常划定的及格网线，平均分数仅得59分。既然要凑足七十人，招收的方式自然就是矬子里拔将军，这就决定了招考方顾不得投考者是打虎的武松，还是武松的兄长——那个卖烧饼的武大郎了。但无论如何，像历史上所有真正的招考一样，在发榜之前，考生们的心情总是怀揣一只小兔，恍恍然，砰砰然，坐立不安。尤其像自我感觉并不好的胡适就更是如此。

胡适继续回忆道:

> 那一天,有人来说,发榜了。我坐了人力车去看榜,到史家胡同时,天已黑了。我拿了车上的灯,从榜尾倒看上去(因为我自信我考得很不好),看完了一张榜,没有我的名字,我很失望。看过头上,才知道那一张是备取的榜。

胡适的聪明此时便显露无疑,人家看榜是从上往下看,他却来个反其道而行之,倒着看。当时自我感觉或实际情况考得比他差的大有人在,恐怕不见得都有自知之明和如此做法。当得知刚才所看的并不是"正榜"时,胡适如同从跌落的深坑又突然望见了暗夜中跳跃的鬼火,惶恐中揣着一颗忐忑不安的心,抬起衣袖擦了一把额头上的汗水,继续观看。榜文如下:

第二次考取庚子赔款留学美国学生榜(宣统二年)

名次	姓名	年岁	籍贯	学堂	平均分数
1	杨锡仁	一八	江苏震泽	上海南洋中学	79
2	赵元任	一九	江苏阳湖	江南高等	73
︙	︙	︙	︙	︙	
54	邝翼堃	一九	广东番禺	约翰书院	59
55	胡适	一九	安徽绩溪	中国新公学	59
56	许先甲	二〇	贵州贵筑	四川高等	58
57	胡达	一九	江苏无锡	高等商业	58
58	施莹	二〇	江苏吴县	上海高等实业	57
69	李锡之	一九	安徽合肥	安徽高等	50
70	张宝华	二〇	浙江平湖	美国加厘福宜大学	50

五 思想文化

胡适继续说道：

> 我再拿灯照读那"正取"的榜，仍是倒读上去。看到我的名字！仔细一看，却是"胡达"，不是"胡适"。我再看上去，相隔很近，便是我的名字了。我抽了一口气，放下灯，仍坐原车回去了，心里却想着，那个胡达不知道是谁，几乎害我空高兴一场！至此，胡适悬着的一颗心才算砰然落地。

后来方知，那个胡达便是胡明复。胡适回忆说："后来我和他和（胡）宪生都到康南耳大学，中国同学见了我们的姓名，总以为胡达胡适是兄弟，却不知道宪生和他是堂兄弟，我和他却全无亲属关系。"

下面再看看梅贻琦的表现：

1909年10月，梅贻琦一行由游美学务处会办唐国安率领自上海搭乘中国号邮轮启程赴美。后来，同他一起赴美的同届同学徐君陶曾有这样一段回忆：

> 宣统元年，清华初次招考留美公费生，在北京举行，投考者有七百多人，经过几经考试，一次一次地淘汰，末了剩下47个人，梅先生和我便是这47个中的两个。我记得在我看榜的时候，看见一位不慌不忙，不喜不忧的也在那儿看榜，我当时看他那种从容不迫的态度，觉察不出他是否考取。后来在船上看见了，经彼此介绍，原来就是现在的梅贻琦先生。梅先生不喜说话，但谈话时却和蔼可亲，人称之为Gentlemanoffewwords。现在相隔三十多年了，他的性情还是这样沉默，态度依旧这样从容。

从这段回忆中，可以看出梅贻琦与胡适在性格和处理日常事务上的不同。尽管不同，他们二人却成为好朋友，在未来的路途上相互扶协，共同走过了可歌可泣的人生路程。这一点，可以称为孔子所说的"君子和而不同，小人同而不和"的真实写照吧。

就梅贻琦的人生来说，参加游美考试并有幸录取，这是人生中一个重大转折点，他日后与清华长达 54 年的"血缘"关系，就从这里开始。

梅贻琦抵达美国后，进入东部伍斯特理工学院攻读电机工程专业，1914 年夏毕业并获学士学位，也就在这段求学时期，梅贻琦皈依了基督教，成为一名基督徒终生不渝。

梅贻琦于 1915 年春回国，在天津基督教青年会服务半年，既尽乡土之谊和一个基督徒的义务后，于这年 9 月应母校清华校长周诒春先生之请，莅校执教数学、物理、英语等课程，从教员到讲师、教授、教务长，直到 1931 年任校长，在这个校任上虽屡经内忧外患的坎坷和磨难，但直到 1962 年去世才与清华诀别，所以世人称之为「清华永远的校长」。

梅贻琦在一封告校友书中这样写道："琦自 1909 年（宣统元年）应母校第一次留美考试，被派赴美，自此即与清华发生关系，即受清华之多方培植。32 年来，从未间断，以谓'生斯长斯，吾爱吾庐'之喻，琦于清华，正复如此。"这个话，从心理到事实都是恰如其分的。

知道了梅贻琦的家庭背景与成长历程，就可以想象他的旧学根柢之深厚，对于自幼聪明，记忆力极强又善于背诵的梅贻琦来说，过去所学的经史子集自然烂熟于心。据一位同事回忆："他有一次对我们说，假如我们之中有谁背诵任何中国古典经传有错漏，我可以接背任何章节。"这个话不是梅贻琦的自负，他确实做到了这一点，从他留下的文字纪录即可看到。而梅氏在青年时代又适时地接受了现代西方文明教育，西方的科学理念与教育方法自然融入了他的血液之中，如此一个中西碰撞与融汇，就形成了踏入教育界之后的梅贻琦独特的教育理念与实践方法，这便是他的儒家思想与西方科学的治校精神的体现。这一切，从他的《大

五 思想文化

学一解》与他多次集会演讲中可以看到。

古之学者与新民的使命

梅贻琦认为，古今中外，一切教育，包括大学教育，均需从"修己"开始，作为哲学思想，在西方可溯源于古希腊之人生哲学的"一己之修明"，在中国，则可溯源于儒家创始人孔子的"古之学者为己"和儒家代表作之一《大学》八目中的前五目，即：格、致、诚、正、修。但儒家的"为己"与西方的"一己之修明"又有所不同，儒家所说的"为己"、"正身"、"修身、诚意"，反对"舍己以从人"等等，远非指大学教育的目的，而仅是指"修己以敬"、"修己以安人"、"修己以安百姓"等等，亦即《大学》八目中的后三目：齐家、治国、平天下。

梅贻琦认为，《大学》之作问世后，大学教育的"最后目的"、"最大精神"便益加显著了，他在《大学一解》中这样说道：

> 《大学》一书开章明义之数语曰："大学之道，在明明德，在新民，在止于至善。"若论其目，则格物，致知，诚意，正心，修身，属明明德，而齐家，治国，平天下，属新民。《学记》曰："九年知类通达，强立而不返，谓之大成；夫然后足以化民易俗，近者悦服，而远者怀之，此大学之道也。"知类通达，强立不反二语，可以为明明德之注脚，化民成俗，近悦远怀三语可以为新民之注脚。孟子于《尽心章》，亦言修其身而天下平。荀子论"自知者明，自胜者强"亦不出明明德之范围，而其泛论群居生活之重要，群居生活之不能不有规律，亦无非阐发新民二字之真谛而已。总之，儒家思想之包罗虽广，其于人生哲学与教育理想之重视明明德与新民二大步骤，则始终如一也。

"明明德"即"修其身"，而孔子说的"明明德于天下"等语，也即在此基础上使天下之人皆能修其身。孔颖达释"明明德"为"谓身有明德而更彰显之",正指明了这一点。"明明德"主要是指"修身",它就包括"正心"、"诚意"、"格物"、"致知"等内容。那么,对于古代的大学教育与现代大学教育的源流与区别在那里呢?梅贻琦认为:

> 今日之大学教育,骤视之,若与明明德、新民之义不甚相干,然若加深察,则可知今日大学教育之种种措施,始终未能超越此二义之范围,所患者,在体认尚有未尽而实践尚有不力耳。大学课程之设备,即属于教务范围之种种,下自基本学术之传授,上至专门科目之研究,固格物致知之功夫而明明德之一部分也。课程以外之学校生活,即属于训导范围之种种,以及师长持身、治学、接物、待人之一切言行举措,苟于青年不无几分裨益,此种裨益亦必于格致诚正之心理生活见之。至若各种人文科学、社会科学学程之设置,学生课外之团体活动,以及师长以公民之资格对一般社会所有之努力,或为一种知识之准备,或为一种实地工作之预习,或为一种风声之树立,青年一旦学成离校,而于社会有些须贡献,要亦不能不资此数者为一部分之挹注。此又大学教育新民之效也。

通识教育与专门知识之差异

在强调新民的问题上,梅贻琦特别强调了通才教育与专门教育的关系:梅贻琦说:

> 大学有新民之道,则大学生者负新民工作之实际责任者也。此种实际之责任,因事先必有充分之准备,相当之实验或见习,而大学四年,即所以为此准备与实习而设,亦自无烦赘说。然此种准备与实习果尽合乎情理乎?则显然又为别一问题。明行功夫即为新民功夫之最根本之准

五 思想文化

备，而此则已大有不能尽如人意者在。上文已具论之矣。然准备之缺乏犹不止此。今人言教育者，动称通与专之二原则，故一则曰大学生应有通识，又应有专识；再则曰大学毕业之人应为一通才，亦应为一专家，故在大学期间之准备，应为通专并重。此论固甚是，然有不尽妥者，亦有未易行者。此论亦固可以略救近时过于重视专科之弊，然犹未能充量发挥大学应有之功能。

对此，梅贻琦说出了通与专在他心中的分量与排序：

窃以为大学期内，通专虽应兼顾，而重心所寄，应在通而不在专，换言之，即须一反目前重视专科之倾向，方足以语于新民之效。夫社会生活大于社会事业，事业不过为人生之一部分，其足以辅翼人生，推进人生，固为事实，然不能谓全部人生寄寓于事业也。通识，一般生活之准备也，专识，特种事业之准备也，通识之用，不止润身而已，亦所以自通于人也，信如此论，则通识为本，而专识为末，社会所需要者，通才为大，而专家次之，以无通才为基础之专家临民，其结果不为新民，而为扰民。此通专并重未为恰当之说也。

最后，梅贻琦强调：

大学四年而已，以四年之短期间，而既须有通识之准备，又须有专识之准备，而二者之间又不能有所轩轾，即在上智，亦力有未逮，况中资以下乎？并重之说所以不易行者此也。偏重专科之弊，既在所必革，而并重之说又窒碍难行，则通重于专之原则尚矣。

以上是梅贻琦非常重要的治学思想与治校精神，梅氏作为一个伟大的教育家伟大在何处，除了大家已经知道并广为流传的"大学者，非谓有大楼之谓也，有大师之谓也"的光辉理论，这一个"通"与"专"、"新民"与"扰民"的指导方针，则显示了梅贻琦以人为本，以人的生活本身为主体的教育理念。人毕竟是在繁纷的社会中活着，而活着的意义、快乐与否，确实不只局限于所谓的"事业"大小，或有成无成，所谓"事业"只能是一个组成部分，比"事业"大的是天，是地，是宇宙，是人的心灵。在古代庄子的哲学中，宇宙观是人生观的认识论基础，而政治观只是人生观的特例。庄子哲学最核心的内容是人生观，其最深刻、最有价值的内涵就是教人如何在人世间自由而又自尊地做一辈子人。梅贻琦的这一教育思想尽管多来自于儒家，但也颇具庄子遗风。

即以单纯的学术或事业追求而言，不具备通才的基础和知识结构，过于专一，也很难成为大学问家、大思想家和大科学家。这一点，只要看看历代有大成就的人物便可见出。

现在我拿与新竹国立清华关系相当密切的物理学家吴健雄米加以说明此一观点，从梅贻琦日记可以看到，当年在新竹创建原子研究所，也就是清华大学前身的时候，在美国的袁家骝与吴健雄夫妇最为积极，后来多次来台讲学，鼓励后进，堪称楷模。

吴健雄原是上海中国公学的学生，胡适曾在这个学校做过教师和校长。刚开始的时候，胡适并不认识吴健雄，虽然他知道中国公学有一个资质极其优异的学生叫吴健雄。有一次考试，吴健雄就坐在前排，考试是三个钟头，吴健雄两个钟头就第一个交了卷。胡适很快看完卷子，送到教务室去，正巧中国公学的两位名师杨鸿烈、马君武都在场。胡适就说，他从来没有看到一个学生对清朝三百年思想史懂得那么透彻，于是给了她一百分。杨鸿烈、马君武二人也同时说，班上有一个女生总是考一百分。于是三人各自把这个学生的名字写下来，拿出来一看，结果三人写的都是吴健雄。

吴健雄和胡适的这段师生经历，不但吴认为对她影响深远，而且胡适也曾在

五 思想文化

公开场合说过，这是他平生最得意、最自豪的事情。胡适勉励吴健雄："凡治学问，功力之外还需要天才。龟兔之喻，是勉励中人以下之语，也是警惕天才之语。有兔子的天才，加上龟兔的功力，定可以无敌于一世。仅有功力，可无大过，而未必有大成功。你是很聪明的人，千万尊重自爱，将来成就未可限量。这还不是我要对你说的话，我要对你说的是希望你能利用你的海外往留期间，多注意此邦文物，多读文史的书，多读其它科学，使胸襟阔达，使见解高明，做一个博学的人。凡一流的科学家，都是极渊博的人，取精而用弘，由博而反约，故能大有成功。"

可以说，吴健雄的博学与通才，以及胡适的治学思想，就是梅贻琦教育方针的体现，如果说这些人物与梅贻琦是英雄所见略同，也是合适的。

梅贻琦的这个"通"与"专"的区别以及其它的教育理念，基本上被新竹清华保持下来并得以发扬光大，如果说二十世纪上半叶梅贻琦主持的西南联大走出了杨振宁、李政道二位诺奖获得者，那么上世纪后半叶在台湾新竹复建的清华大学能产生诺贝尔奖获得者李远哲，不是偶然的，这个人才辈出，硕果绵延不绝的局机，恰能反映梅贻琦思想与教育、治校理念的延续性、正确性与大可作为的历史证验。

反观1949年之后大陆的教育方针和指导思想，恰恰与梅贻琦的这个通才与专识，"新民"与"扰民"的学说背道而驰。因为清华大学与是美帝国主义退还的庚款建成，教授又多留学美国，具有亲美倾向，与红色中国的政治基调不合。1952年，北京的清华大学被当局肢解，文理二科全部并于北大等别的院校，只剩一个工科，成为一个地地道道的专科学校，而这样一个学校日后的凋敝与衰落有目共睹。除了产生了一大批官僚和制造了一大批军火，在学术上基本没有建树。尽管上世纪90年代之后北京清华又开始搞了理文科，但直到现在还没有恢复元气。北京清华在政治权力斗争和意识形态下的瞎折腾，成为中国乃至世界教育的一个反面教材，足以为日后教育家与求学者戒。

爱，是教育的根本

梅贻琦认为，现代教育特别是大学教育，应把培育学生的知(知识)、情(情趣)、志(志趣)作为三个基本环节，而过去大学教育存在的一个重要缺陷就是大多侧重于知的一面，而忽略了情与志的一面。梅贻琦列举中国古人的教育方法，谓：

> 古之善教人者，《论语》谓之善诱，《学记》谓之善喻。孟子有云："君子深造之以道，欲其自得之也，自得之，则居之安；居之安，则资之深；资之深，则取之左右逢其源。故君子欲其自得之也。"此善诱之或善喻之效也。今大学中之教学方法，即仅就知识教育言之，不逮尚远，此体认不足实践不力之一端也。

又说：

> 古者学子从师受业，谓之从游。孟子曰："游于圣人之门者难为言"，间尝思之，游之时义大矣哉。学校犹水也，师生犹鱼也，其行动犹游泳也，大鱼前导，小鱼尾随，是从游也，从游既久，其濡染观摩之效，自不求而至，不为而成。反观今日师生之关系，直一奏技者与看客之关系耳，去从游之义不亦远哉！

梅贻琦所说的"从游而学"源自春秋，以孔子及其弟子为典型；至宋明演变为书院的教学形式；在科举被废时，传统书院也一并被新式学校所取代。这种教学形式的特点是教研结合、教学相长、倡导自学、求实创新，梅氏特别强调了它通过师生交流、塑造学生健全人格的作用。由于梅贻琦接触了现代西方科学和教育方法，特别是他本人受过基督教的洗礼，在他的心灵深处又把这种古代思想道德赋予了新的含义，即教育的出发点和终极目标就是爱。

五 思想文化

这一点，梅贻琦一生奉行不渝，并且以自身的言行为教育界和整个社会树立了榜样。如著名教育家傅任敢在《值得我们学习》中专门谈到了梅贻琦之"爱"。傅氏说：

> 我要说到梅校长的爱，做领袖的人有两种，一种使人慑服，一种使人悦服。毫无疑问的，教育工作者应该使人悦服，而不在乎使人慑服。因为教育的出发点是爱。梅校长的品性中具有这一点，他爱学校，所以把他一生献给了学校；他爱国家，所以在抗日时把他的女儿打发到远征军去；他爱同事，所以待人一视同仁，从无疾言厉色；他尤其爱青年，所以在每次的学潮中，他都以自己的力量掩护着青年的安全……我们只要想想，有多少人曾经爱护青年其名，出卖青年其实，或者爱护其名，放纵其实，我们便不能不深深地感到，我们要有根基深厚的爱，教育才有着落。

斯言是也。各位来宾、各位朋友们，梅贻琦先生离开我们已经五十年了，今天，我们在新竹清华校园再次聚会，以纪念这位伟大学人和教育家。

前面已经说过，清华大学的前身只是一个没有什么名气和学术地位的留美预备学校，梅贻琦就任清华校长之后，在不到十年的时间里，便开创了清华历史上的黄金时代。梅贻琦先生是清华的象征，清华是他生命的一部分，也是他文化理想的实践地，正因为有了梅贻琦先生的努力，清华才迎来了群星灿烂的历史时期，成为一所现代意义上的大学，并跻身全国一流乃至接近世界一流水平。八年抗战中，梅贻琦先生兼任西南联大校务委员会常委，主持校务工作，在极其艰难的情况下坚持弦歌不辍、斯文绵延不绝，创造了中国教育发展史上的又一个奇迹。晚年的梅贻琦先生在台湾创建新竹清华，奠定了这所大学的基础，使后来者在这个坚实基础上于极短的时间内成为远东乃至世界一流的学校，再度创造了令世人震惊的辉煌。诺贝尔奖获得者李远哲先生，就是从这块土地上、这个园子里走出的杰出代表，李先生为清华大学、为全球华人争得了世界性名誉，为全人类的进步作出了贡献。现在，我在学校网站和媒体上看到，国立清华大学的几位教授相继在世界一流的《科学》杂志发表学术论文，把世界科学界的目光吸引到台湾来，吸引到美丽的新竹清华园里来。这是否是下一个诺贝尔奖章的召唤，我不敢肯定，但可以肯定的是，今天的国立清华大学已经迈上了更加成熟、理性，在传统基础上大踏步前进的黄金时代。

在这样一个历史背景与大时代里，让我们回首清华走过的101年风雨历程，回望梅贻琦在台披荆斩棘，筚路蓝缕，以启山林的岁月，回望清华在台建校56年的艰辛与劳苦，痛苦与欢乐。我们看到，无论时代如何变迁，权力如何更替，清华作为教育界的一面旗帜一直高高飘扬，而作为清华"终身校长"的梅贻琦先生精神不死，灵魂不灭，他在天上，以慈祥的面容和心中的大爱注视着我们并为清华的进步鼓与呼。

五 思想文化

6. 太炎何以成大师

马 勇

近代中国是继春秋战国之后中国历史上最动荡的年代，大动荡大分化重新组合，因而使近代中国历史画卷多姿多彩，壮丽灿烂，人才辈出，恍若两千年前百家争鸣情景再现。一大批学术大师前所未有集中呈现，这是一个不得了的时代。在这些大师中，最耀眼的大师无疑属于章太炎。

如果从当今中国学术回溯，现在文史哲各重要领域中最活跃成绩最大的人，很可能就是章太炎的第三代、第四代或第五代传人。这就是章太炎的魅力，是章太炎的伟大。

章太炎之所以能在中国学术史上留有这样重要的地位，当然与其学术成就有关。章太炎的学问涉及众多学科，他不仅传统中国旧学经史子集从少年时代开始就下过苦功，而且处在特殊的转型期，章太炎也对传入中国的西方学问下过功夫，西方人的文史哲学问即便不是章太炎的长项，也是他并不陌生的领域。因此，章太炎的学问融合了中西学问之长，是传统学术向现代学术转换的一个关键点。

从现代中国学术发生学看，现代中国文学史的研究比如对《文心雕龙》等历代文论作品的研究，差不多都能追溯到章太炎或他的及门弟子；现代中国史学研究，不论是人类起源、中国人种来历，还是从先秦到近代，许多重大问题的探究，都可以追到章太炎所提出的问题，或其及门弟子如吴承仕、朱希祖等人所做的工作；至于现代哲学，没有人会否认章太炎是近代中国最重要的哲学家，他对中西古典哲学的批判与继承，已经成为现代中国哲学史上一笔丰厚的遗产。还有巨大学术贡献是现代中国学者所不具备的,即现代中国语言文字学的研究,其实就是章太炎和他的弟子黄侃、钱玄同等人一起开创的。显而易见,章太炎不仅是传统中国旧学问的殿军和终结者,而且是现代中国新学问的开创者。这是同时代其他伟大思想家、学者所不具备的。

为什么章太炎能够做到这些?首先在于章太炎自幼年时代就因机缘巧合放弃了科举道路,使他得以自由阅读。而他又是一个愿意阅读的人,恰恰又不断遇到合适的指导者。传统说法总是强调"十年寒窗",其实从章太炎的经历看,他毫无功利心的静心阅读长达二十几年,甚至接近三十年。这和同时代的康有为、严复、梁启超相比当然就不一样了。康有为也曾有个认真读书的时代,但他还是很早就为了科举考试而无法静心读书;严复更不要说了,特殊的家庭境遇使他少年时代就没有读过多少书;至于梁启超,少年成名,聪颖早慧,这是他的优势,但实在说来也是一种缺憾。章太炎的成功告诉我们:读完所要读的书,然后就可以随意说出你想说的话。读书是人生一个重要组成部分,只有从这个意义上理解才有意义。

章太炎早期独特的人生经历使他有可能穷尽对古代文献的阅读,他所遇到的那些名师也使他有机会有可能接触西方学问,这是同时代人物很难同时具备的。但是要想成为横空出世的一代大师,要想给悠久的中国学术带来一场"范式革命",如果仅仅局限于书斋,比如像同时代的章太炎的老师辈比如俞樾,比如孙诒让等人那样,章太炎恐怕也难成为我们今天所知道的章太炎。章太炎的成功还有一个因素不可低估,就是他的弟子鲁迅所归纳的,因为章太炎是一个"有学问的革命家"。这是章太炎之所以成为章太炎的关键点。

"有学问的革命家"使章太炎在世俗世界积聚了一般学者无法企及的名声,而且所谓"有学问的革命家"就必须要求章太炎对现实世界有个"普世关怀"。我们今天可以对章太炎所从事的排满革命进行各种各样的讨论,但是如果将章太炎的"革命"放到当时历史情境中进行考察,我们就必须承认章太炎是在用书斋中的学问引导社会,引导大众。这就不仅为章太炎积聚了人气,而且使其学问从书斋高端向世俗层面转化提供了契机与可能。

五 思想文化

7. 大国与大师的命运之变

岳 南

大国就是中国，大师就是中国的学术巨人，具体是生活在晚清、民国、新中国这三个时代的学术大师。这一批天才之星自上世纪五十年代开始凋零陨落，现在已全部隐于历史之中，无缘让我们相见。虽说这是一个遗憾，但值得欣慰的是，他们留下了一笔丰厚的文化遗产——除了精进的学问，还有光照千秋的"独立之精神，自由之思想"。

前几天，我刚出版了《南渡北归》三部曲（六册）的修订本，讲述1937年卢沟桥事变之后，中国知识分子流亡西南之地坚守自己的职责，弦歌不辍，一直到抗战胜利复原的故事。在那个大动荡的历史时代里，这一批知识分子和学术大师与祖国同呼吸、共命运，甘苦与共，终于迎来了抗战胜利和民族复兴的机会。

教育界的希望

前几年社会上，特别是教育界风行过一个"钱学森之问"。钱学森认为："现在中国没有完全发展起来，一个重要原因是没有一所大学能够按照培养科学技术发明创造人才的模式去办学，没有自己独特创新的东西，老是'冒'不出杰出人才。"这"问"包括两个层面：一是学校培养创造发明型人才的模式；二是创新创业型人才在社会上发挥作用脱颖而出的机制。举例说，国家最高科学技术奖自2000年设立以来，共有 20 位科学家获奖，其中有 15 个都是 1951 年之前大学毕业的。

据说 2006 年时任总理温家宝拿这个问题请教国内最有名的六所大学校长和教育专家，他们的回答普遍是：要培养杰出人才，关键是教师；要将基础教育和高等教育贯通起来；高校大改革大发展起来之后，应该是大提高；做大高等教育，还要做强高等教育等等。但是这样的回答未能让钱学森和温家宝满意。

现在我要提问，与西方相比，中国的教育到底行不行？中华民族历史上有没有产生过好的大学、大师，还有好的学生？

不妨来回顾一下，不需要回到春秋战国，我们在几十年前就可以找到，并且是一个非常典型的例子，这就是抗战时期的"国立西南联合大学"。在抗日战争发生之后，国民政府就把北大、清华、南开等三所著名的学校转入长沙，成立了长沙临时大学。后来，随着日本鬼子沿扬子江一线继续西进，并攻克了武汉三镇，长沙临时大学师生又辗转千里，分三路到达昆明，成立了"国立西南联合大学"。就是这所大学，在昆明坚持办学八年多，在抗战的艰苦卓绝的环境里，西南联大成为世界一流大学，培养出世界一流的学生，比如后来获得了诺贝尔物理学奖的杨振宁、李政道，就是这个学校的学生。1941 年清华大学在昆明举行三十周年校庆的时候，美国多所大学联合发来的电报电文是："中土三十载，西方一千年"。这表明了中国大学发展之快，让西方学者不得不承认建校才三十年的清华大学已经迈入了世界一流行列。

在昆明的国立西南联合大学为整个中国的教育界树立了标杆，培养了人才，成为办学的一种典范载入史册。但是，那个时候的其他大学也有相当的发展，人才辈出，成为抗战和民族复兴的主要力量。

同样出色的还有中央大学（现在南京大学）。当南京沦陷的前夜，时任中央大学校长的罗家伦（之前当过清华大学校长），率领全校师生往重庆撤退，撤退时所有的东西也都运往重庆。当时中央大学有一个农业学院，农场里养了一些牲畜，如荷兰猪、美国牛等。因为器材运起来都已经很困难，罗家伦就跟农场场长说，这些猪和牛该杀的杀，该卖的卖，处理掉，不能运往重庆。但是农场的那些职工

五 思想文化

和老师不同意,认为人在学校在,东西也一定要在,一头猪都不能少。于是几个老师赶着猪和牛,还有一些羊(把羊拴起来放在牛背上),开始从南京往西南撤退,往重庆走。他们走的时候,敌人的飞机就在天上轰炸,炸弹随着投了过来。罗家伦到重庆一年之后,这些赶猪赶牛的人经过寒风雨雪才到了重庆。罗家伦一见他们,就开始哭,最后就抱着牛哭。

命运的抉择

当然,也有不幸的一面,比如说胜利之后没多长时间,国共内战爆发,这一批历经抗日烽火幸存下来的学术大师不得不面临着一种新的、痛苦的选择,是跟蒋介石政府走,还是留下等待中共新政府的接收改编。最后结果是,各自怀揣着不同的理想,奔向不同的地方——这是大师们的命运之变,也是民族文化与承载文化的大师们悲剧的一个方面。

在这样一个改朝换代的大时代里,知识分子个体显得特别渺小,命运也就格外琢磨不定。

比如在1948年年底,当时有个很有名的科学家叫吴有训,此人做过清华大学理学院院长,后来做了中央大学校长,新中国成立后当了中科院副院长。郭沫若敢随便骂陶孟和,却不敢骂吴有训,因为此人非常有性格,敢跟郭沫若对骂。就是这个吴有训,看到国民党兵败如山倒,就和当时的浙江大学校长竺可桢商量,从南京跑到上海去。当时国民政府正在"抢救"学人,名单里有他的大名,但他当时不太想去台湾,但也没有说不去,只是负责实施"抢救"的人找不到他。在这样的情况下,国民政府方面开始广播找人:"吴有训你现在哪里?听到消息以后,马上到某某地方,那里有人接。"——其时的吴有训实际已经被共产党藏到了同济大学的房子里,不能出来了。后来南京被攻破,上海也被占领,国民党跑到了重庆、广州,但每天呼叫寻找吴有训的广播没有停下,一日两三次,让他听到广播后到广州来。后来国民党撤出广州,来到厦门,在厦门也一直广播,最后到台湾就没有消息了。这样的广播持续了大约有半年时间。

拿这个例子来说,尽管在抗日战争中国民政府带领全国人民打败了日本,建立了很高的威信,但是后来贪污、腐化、堕落,政府很快就垮了。但这个政府在没落时,却能够想到吴有训,想到科学家和教育家,还一直在广播里面寻找,是难能可贵的。这也同时说明了,后来国民党为什么能在台湾立足,为什么能把中华文化较好地保存下来,还能得到发展。

一般政党可能首先想到要保住军队,不管教育家或文人。但国民党在撤退时,除了撤退军队外,第二想到撤退的就是人才,抢北大、清华的教授。

当时,蒋介石特别注意人才的抢运。当北平被共军包围时,蒋派出的最后几架飞机,都是抢运国家教育学术界的一流人才,比如胡适、陈寅恪、梅贻琦等。陈寅恪最终没有去台湾,而去台湾的一批人大多被充实到台湾大学、台湾师范大学、史语所等机构继续从事教学和研究,再后来梅贻琦从美国辗转回到台湾,创办了台湾清华大学。

与这些大学相互交映的是恢复和创建了旧有的中研院、中央图书馆、国史馆等机构,把当年抢运到台湾的一些重要的图书、档案资料、外交文献充实到这些机构中。

蒋介石的心机

除了军队和人才,当年同时被撤往台湾的,就是故宫的青铜器、瓷器、绘画、古籍。在那么严酷的情况下,人都管不过来,还要弄一些青铜器,又有什么用?

后来我了解到,中国历史上是有传统的,即统治者都要取得一个合法的地位和说词,代替这个合法地位与说词的具体物质就是九鼎。"鼎"就是青铜造的那个东西,谁得到该物,谁就是正统或称正朔的统治者,是上天赋予神圣使命的光明正大的帝王;而没有该物,就不好解释自己的政权是天授正朔。

历史上的楚庄王曾问周天子九鼎的大小重量,这就是俗语"问鼎中原"的典

五 思想文化

故。包括后来秦始皇掌权之后，也对鼎看得很重，周代传下来的国之重宝"九鼎"遗失了，这成为秦始皇挂念在心的一块心病，总觉得自己这个天下坐不稳。为此，秦始皇出巡的时候专门派人在泗水打捞传说掉入此处的鼎，可惜没有打捞到，这个事令秦始皇遗憾了一生。

蒋介石下令不惜一切代价调动多艘军舰、运输船搬运那些破铜烂铁到台湾的原因，除了保护现代意义上的文物，当然还是有保持他的政权正统性的考量。

假想1949年，蒋介石单单只带了200万兵和一堆大炮机枪到了台湾，情况就完全不同了。事实上不是这样，他把用于战场上的官兵、军队丢掉了，把枪支弹药丢掉了，把坦克也丢掉了，却牢牢地攥住了一堆破铜烂铁，且完好无损地搬到了台湾，然后在台北建立了故宫博物院，比如毛公鼎等国之重器都陈列在里边——这是列祖列宗、帝王之家一代代传下来的富有象征意义的宝贝，是一个国家民族的具体代表。

8. 劝免谈陈寅恪

易中天

一 不该热的热了起来

已故历史学家陈寅恪在辞世多年后忽然成了文化新闻的热点人物，似乎是一件没什么道理的事情。

史学不是显学，陈先生也不是文化明星、大众情人。没错，这些年文坛银屏上是有不少"历史"，而且上演得轰轰烈烈，风头十足，好像全国人民都有历史癖，也没患过健忘症似的。然而最走红的"历史小说"和"历史剧"又是什么呢？《还珠格格》和《雍正王朝》。前者已自己坦言是"戏说"，后者则被史学界斥为"歪说"。历史在文艺作品中能不能"戏说"或"歪说"，这是另一个问题（比如《西游记》就是戏说，《三国演义》则是歪说，或不乏歪说成分）。但戏说、歪说不等于实说、正说，总归是一个事实。它们和陈先生以及陈先生所治之史八竿子打不着，也是一个事实。所以，历史小说和历史剧走红，并不意味着历史学家也会走红，也该走红，何况那历史小说和历史剧还是戏说和歪说？事实上历史学家无论生前身后多半都是很寂寞的。唐长孺先生曾自撰墓志铭曰："生于吴，殁于楚，勤著述，终无补"，说的大抵是实话。一个历史学家可能会因其学术成就而成为文化名人，却很难因此而成为热点人物。如果成了，那就一定有别的原因，比如吴晗。

陈寅恪也不同于其他一些文化人。他不是金庸，不曾写过从政治家、科学家

五 思想文化

到"引车卖浆者流"都人见人爱的新派武侠小说,也没那么多门徒和拥趸。他的著作,选题既很专门,文字也很古奥,感兴趣的人不多,看得懂的人也不多,感兴趣又看得懂的更是凤毛麟角,哪里会弄得家喻户晓人人皆知?他也不是余秋雨,不曾炮制过"香喷喷甜津津有点嚼头,完了还能吹个泡泡"的"文化口香糖",亦不曾发表过声讨盗版集团的《告全国人民书》。他的著作才不会被盗版呢!没有哪个小女生或小男生会去买《元白诗笺证》或《柳如是别传》。柳如是?柳如是是谁?是王菲吗?还是田震?陈寅恪又是谁?是汪国真、赵忠祥吗?

陈寅恪还不同于吴晗、梁漱溟。他不曾被指控为"文艺黑帮"的头子,在一夜之间成为全国上下口诛笔伐的对象。他也不曾在建国之初公然向伟大领袖叫板,以后又在"批林批孔"时公然对抗,宣称"只批林,不批孔"。陈寅恪的最后二十年,基本上是冷清寂寞默默无闻的。他甚至不同于钱钟书。钱先生和陈先生一样,也是学贯中西博通今古,也是淡泊名利不事张扬。他的《管锥编》、《谈艺录》,也没多少人看得懂。但钱先生毕竟写过《围城》呀!还被拍成了电视连续剧,还拍得挺成功。这就举国皆知,人人趋之若鹜了。那么,陈先生可曾与大众传媒缔结过良缘呢?没有。

所以我赞同骆玉明教授的说法:"陈寅恪最不应该成为公众人物"。

然而"最不应该成为"的最终还是"成为"了。而且,还弄到了人人都拿他来附庸风雅,谁不说陈寅恪谁就狼心狗肺缺心眼儿的程度。至于这些说词究竟有多少符合历史事实,又有多少最得逝者之心,那就只有天晓得了。正所谓:身后是非谁管得,满村听说蔡中郎。

世界上没有无缘无故的爱和恨,也没有无缘无故的冷和热。最不该热的热了起来,就一定事出有因。

二 事出有因

　　原因也是多方面的。比如国内民众的关心，便多半带有好奇心理。的确，像陈寅恪这样可以公然不参加政治学习，不接受思想改造，不宗奉马列主义的知识分子，在五六十年代还真没几个。然而陈先生不但做到了，还基本上安然无恙。他这颗"刺儿头"不但没被剃掉，反倒是中共高层还对他关怀备至，礼遇有加。就连饮食起居这类生活小事，也有劳身为"封疆大吏"的陶铸亲于过问，又是送牛奶，又是派护士。在那个就连陈毅元帅都吃不到苹果的"三年困难时期"，陈家居然"鸡鱼等肴馔甚美甚丰"，让前来探视的老友吴宓感慨不已。这才真是怪了！于是人们就很想知道，陈寅恪这"瞎老头"受此优待，究竟凭的是什么？

　　疑团很快就因史料的披露而冰释。原来这陈寅恪并非等闲人物。他的祖父陈宝箴，未出道时就为曾国藩所器重，后来官居湖南巡抚，是戊戌变法时推行新政的风云人物。父亲陈三立（散原先生），早年和谭嗣同、徐仁铸、陶菊存一起，号称"晚清四公子"，晚岁则以诗文著称，被日本汉学家吉川幸次郎评价为鲁迅之前中国近代文学成就最高者。在一个重血缘，重门第，重承传，重渊源的国度里，这已经足够让人肃然起敬了。何况陈寅恪本人也十分了得。他十二岁时就东渡日本，以后又游历欧美十数年，回国后与赫赫有名的梁启超、王国维、赵元任同为清华国学研究院四大导师，而1925年吴宓举荐他任此教席时他才三十五岁。他学问大得吓人，据说外语就懂十几门（也有说二三十种的）。名气也大得吓人，据说毛泽东访苏时，斯大林还专门问起。英国女王也曾来电问其健康。这些都让人啧啧称奇，哎呀连声。如此之多的光环加之于身，被推介给大众也就不足为奇。

　　但这些显然不是我们关心的。海外学人的关注则难免带有政治色彩。他们看到的是陈寅恪最后二十年生活的另一面：衰老病残，冷清寂寞，心情郁闷，晚景凄凉，最后被迫害致死，死不瞑目。对此，他们表现出强烈的不满、极大的愤慨和深深的惋惜，这是可以理解的。我们也一样么！然而海外某些先生（如被李敖称之为"国民党同路人"的余英时），硬要有意无意地要把陈寅恪塑造成国民党

五 思想文化

政权的"前朝遗老",认为他留居大陆后不久就后悔自己的选择,甚至对自己的"晚节"感到愧耻,为"没有投奔台湾而悔恨终身",便未免是戴着有色眼镜看人,有些想当然甚至自作多情了。反倒是身为国民党台湾当局"国防部长"的俞大维,由于对陈寅恪知之甚深,其悼念文章便丝毫不从政治取向上着墨,因为原本不必"多此一举"么!

没错,陈寅恪在1949以后是不怎么积极合作,更不要说"靠拢组织"。他身为全国政协常委却从不进京,对思想改造之类的运动更是语多讥讽,能不理睬就一概不予理睬。但这只是他的"独立立场"所使然,与他对国共两党的爱憎好恶毫不相干。他要当真喜欢国民党,当初怎么不跟着到台湾去?事实上陈寅恪的心思是很明白的,那就是"不论哪一个政府我也没有关系,只要是能够继续让研究古物"。这话虽然是冼玉清说的,却很能代表陈寅恪的心声。早在谈到王国维之死时,陈寅恪即有"非所论一人之恩怨,一姓之兴亡"的说法,他自己当然也不会囿于"一党之恩怨,一府之兴亡"。看来,准确的说法是:陈寅恪和国共两党都没有关系,也不想有什么关系。他只想作为一个独立的学人,进行自己独立的学术研究。我们最好还是不要违背先生的心愿,把他扯进政治斗争中来。事实上正如《陈寅恪的最后二十年》一书作者陆键东所言,政治这个范畴,"已难以覆盖陈寅恪的文化意蕴,也无法盛得下陈寅恪的人文世界"。

那么学术呢?陈寅恪在学术上的意义又如何?他的学问、学识、学养、学术水平和学术成就无疑是顶尖级和超一流的,要不怎么被称作"教授中的教授"(郑天挺语),公认为史学大师、文化巨匠、旷世奇才?早在二十世纪中叶,陈寅恪便已"站在一个旁人难以企及的学术境界",其学术成就则涵盖了历史、宗教、语言、文化、文学诸领域,被视为一座丰富的文化矿藏。但学问大不等于成就大,成就大也不等于意义大。陈寅恪的学术意义究竟有多大,我可没有资格来妄说,而且也认为并不重要。因为陈先生的学术意义再大,也构不成他成为热点人物的原因。史学毕竟不是显学么!对柳如是、再生缘感兴趣的人想必也不会太多。这些课题,和我们又有什么相干,犯得着大家都来过问?

陈寅恪如果有意义,那意义一定是超学科甚至超学术的。上海学者夏中义就持这种观点。他认为陈寅恪的意义不在具体的学问、学术,而在学统。所谓"学统",也就是"一种把学术作为生命意义来追求的学人传统"。这玩艺,在中国文化传统中先天便很缺失,直到乾嘉学派那里才算有了点眉目,再到梁启超著《清代学术概论》时才算理清了思路。但"竖看百年中国学术史,从晚清、民国到共和国,能真正自觉地用生命去践履",并"使自身化为学统之链所以历代未绝的悲怆一环者",那真是舍陈寅恪而其谁(《九谒先哲书》)!也就是说,正是由于陈寅恪认准了这一条道儿走到黑,那个来之不易又命若游丝的"现代学统",才总算没有断了香火。

这当然比只谈学问深刻多了,但仍然可疑。可疑之处就在于,如果那"学统"并无意义或失去了意义,还要不要坚持?如果我们有了意义更为重大的事情,这"学统"可不可以放弃?依我看,那个"学统"既然是乾嘉学派和梁启超他们搞出来的,又只有百把年历史,不坚持也罢,天塌不下来;而陈寅恪的一些弟子门生(比如汪籛)之所以和先生分手,则是因为在他们看来,建设新中国,解放全人类,显然比坚持什么"学统"意义重大得多。那么,我们为什么还要谈陈寅恪?

三 孤傲怪僻之谜

读《陈寅恪的最后二十年》,常常会有倒吸一口冷气的感觉。尽管陈寅恪的故事在那个时代远不是最触目惊心的,也尽管该书作者陆键东尽量用了一种平实的史笔来讲述那发生的一切,但还是看得我惊心动魄,而印象最深者,除陈寅恪的清高自负外,就是他的孤傲与倔强,骨气与胆量。

他真敢! 1953年,中共中央历史研究委员会决定在中国科学院设立三个历史研究所(上古、中古、近代),拟请陈寅恪任二所(中古所)所长,他开出的条

五　思想文化

件居然是"允许中古史研究所不宗奉马列主义，并不学习政治"。而且，"不止我一人要如此，我要全部的人都如此"。这还不算。他还要毛泽东或刘少奇给他开证明，"以作挡箭牌"。如果只是他陈寅恪一个人或中古所搞点"特殊化"倒也罢了，他还说"最高当局也应该和我有同样的看法，应从我说"。这就实际上是要全国学术界都不宗奉马列主义，并不学习政治了，岂非存心"逆历史潮流而动"？以草间布衣一介书生，而公然要求"最高当局"也听他的话，从他之说，此等"狂妄"，岂非空前绝后胆大包天？

他也真做得出！系里组织拜年，被他拒之门外；北国政要来访，也被多次挡驾。拒人千里之外，已是悖乎常情，何况被拒者竟是赫赫有名炙手可热的康生康大人？虽然对康生的拒绝是"有礼貌"的，理由也还说得过去：陈先生病了，正在卧床休息。但当真愿意一见，也还是可以见一见的，至少可以在病榻上敷衍一下。然而无论学校办公室的人如何动员，陈寅恪就是不见！不见康生，也不见别的人。不见也就罢了，他还要赋诗云："闭户高眠辞贺客，任他嗤笑任他嗔"，直弄到"一生负气成今日，四海无人对夕阳"的地步。

是陈寅恪不喜交往不近人情吗？不是。陈寅恪也是有交往的。他交往的人，不但有校长（如陈序经）、教授（如冼玉清），还有护士、伶人、工友。被一般人认为"不好接触脾气大"的陈寅恪，对老校工梁彬却十分客气热情，信任有加，不但称他为"彬叔"，还让他参与一些家事。陈寅恪并不是性格乖僻之人。

那么，是陈寅恪讨厌政治，或如董每戡所言，是"书生都有嶙峋骨，最重交情最厌官"吗？好像也不是。陈寅恪也不是所有的官都不见，所有的官都不交。他和傅斯年的关系就很好，和胡适的关系也不错，而胡适可是做过"官"的，傅斯年更是一生效忠国民党，且"死而后已"。这里也无关乎国共两党之争。因为陈寅恪也和许多共产党高级干部有交往甚至有交情，或在内心深处敬重他们，比如陈毅、陶铸、杜国庠、冯乃超。

也许，陈寅恪夫人唐筼对冯乃超的评价多少能透露出一点消息。唐筼说："冯副校长虽是个老党员,但倒是个念书的"。也就是说,是不是党员或官员,是共产党还是国民党,都不要紧,要紧的是读不读书,或是不是读书人。胡适是,傅斯年是,郭沫若、胡乔木、周扬也是,游走于国共官学之间的章士钊当然更是。陈毅和陶铸虽然不是学人或严格意义上的读书人,却也是有知识有文化有学问有才华的"儒将",而且尊重知识和学术。由是之故,他们也得到了陈寅恪的尊重。

但分寸还是有所不同。除身为"一方父母"的陶铸外,共产党这边,最受陈寅恪欢迎敬重的是陈毅。他得到的情感回报是"肃然起敬"。次为杜国庠。他得到的回报是"道不同然相知高谊仍在"。胡乔木也不错。他得到了"中国传统为师者的那一份慈爱"。郭沫若的情况比较微妙。毕竟双方都是才高八斗学富五车的人,也都不是等闲之辈。然而一个是"马列主义史学"的代表,一个是"资产阶级史学"的重镇,针锋相对水火不容又都风流儒雅德高望重,也就只能寒暄多于交流,在谈笑风生的背后仍是格格不入了。郭对此其实也有清醒的认识,谓之"壬水庚金龙虎斗,郭聋陈瞽马牛风",虽是笑话,却有深意存焉。

不过郭沫若这个"戏言"的水平之高,却也不能不令人叹服。郭属龙,陈属虎,两人又观点相左,当然是"龙虎斗"。郭耳聋,陈目盲,两人又立场不同,当然是"马牛风"。但如此之巧对工对绝对,大约也只有郭沫若才想得出。故龙争虎斗唇枪舌剑之余,也未尝没有惺惺相惜。尽管十年以后,郭沫若还是在其新著《李白与杜甫》中对早已含冤去世并无还手之力的陈寅恪杀了个回马枪。

最惨的是康生,他吃了闭门羹。康生其实也应该算是"读书人"的。他是毛泽东身边的"大秀才",读过很多书,文笔极好,书画俱佳,艺术品位也很高,而他的大奸大恶在当时还尚未暴露无遗,或不为外人所知。无论从哪方面(政治地位或文化修养)讲,他都应该见得着陈寅恪的,却被拒之门外。1949年以后,康生哪碰过这种软钉子?于是他就来了个"软着陆",只用轻飘飘两句话,就让《论再生缘》的出版几乎成了永无期日的事情。

比康生待遇稍好一点的是周扬。周扬本来也是要吃闭门羹的,只是因为看陈

五 思想文化

序经的面子，不想让陈序经太为难，陈寅恪才勉强答应见周扬。但周扬在中山大学东南区一号二楼上显然没吃到什么好果子。"陈寅恪的态度是挑战式的"，而一向辩才无碍的周扬则显得底气不足，几无招架之功。尽管如此，回到招待所后，周扬仍掩饰不住自己的兴奋，因为他总算见了陈寅恪一面。当然，他对陈寅恪的感觉也和许多人一样："有点怪"。

比康生更惨的是某些学人。他们遭到了陈寅恪的讥讽甚至痛骂。早在1952年，陈寅恪就写诗讽刺他的那些北国同仁，还特地把这首诗寄给北京大学教授邓之诚："八股文章试帖诗，尊朱颂圣有成规。白头学究心私喜，眉样当年又入时。"这显然是讽刺从1949年到1952年短短三年间，学人们纷纷"弃旧迎新"、"弃暗投明"，放弃轻车熟路的旧研究方法，生吞活剥马列主义，炮制新八股。其中，便不乏年事甚高者，比如辅仁大学校长、历史学家陈垣，1949年时六十九岁，当然是"白头学究"了。1953年底，陈寅恪又当着汪籛的面，连续两天怒骂那些加入了民主党派的朋友，称之为"无气节"、"可耻"，喻之为"自投罗网"。据说，陈寅恪大动肝火，"恣意评点人物，怒说前因后果，极其痛快淋漓"。

看来，陈寅恪对所谓"时尚"，所谓"新学"，已是积怨甚深，对那些一心想要"眉样入时"的"读书人"，也到了深恶痛绝的地步。这就决不只是什么个性孤傲、性格怪僻了。

四 人品与气节

陈寅恪的这种态度很容易被人误认为是反对现政权，反对共产党，反对马列主义。其实不然。倘若如此，他为什么不去香港、台湾，为什么同意担任全国政协常委，为什么还要和杜国庠、冯乃超这些共产党人交往？他甚至也不是什么社会活动都不参加。1954年5月3日的"敬老尊师座谈会"他就参加了，还戴了大红花，这也是一种"时俗"么！怎么并无反感，反倒欣然？

这里面一定还有更深一层的原因。陈寅恪的政治态度一直是个谜。他好像谁都看不惯。袁世凯当大总统，他讥为巴黎选美："花王哪用家天下，占尽残春也自雄"；张群组阁，他讥为妓女做秀："催妆青女羞还却，隔雨红楼冷不禁"；国民党长江防线失守，他也幸灾乐祸："楼台七宝倏成灰，天堑长江安在哉"。但如果你认为这是因为向往新中国，或是怀念旧王朝，恐怕就错了。他在回忆洪宪称帝一事时说，当时不少文人都对袁某人极尽歌功颂德之能事，让他深为道德的沦丧而痛心。"至如国体之为君主抑或民主，则尚为其次者"。君主还是民主，这在许多人看来是至关重要必须力争的，而陈寅恪以为其次。那么，什么才是最重要的呢？是道德，是人品，是气节。

1964年5月，陈寅恪向自己晚年最知心的弟子蒋天枢托以"后事"，并写下了带有"遗嘱"性质的《赠蒋秉南序》一文。在这篇不足千字的短文里，陈寅恪称自己虽"奔走东西洋数万里"而"终无所成"，现在又"奄奄垂死，将就木矣"，但也有足以骄傲自豪者，那就是："默念平生固未尝侮食自矜，曲学阿世，似可告慰友朋"。也就是说，他陈寅恪一生之最为看重者，不但不是金钱地位，甚至也不是知识学问，而是人品与气节。

事实上陈寅恪愿意与之交往或表示敬重的，不论是国民党共产党，还是无党无派，都是人品极好的人。陈毅，光明磊落，直率坦诚；傅斯年，为人正直，疾恶如仇；刘节，秉性梗直，宁折不弯；冼玉清，一生清白，遗世独立。有意思的是，他们还多半都有些脾气。比如陈序经为人是很谦和优容的，但当有关当局强迫他加入国民党时，他把"乌纱帽"掼在桌子上："如果一定要我参加国民党，我就不做这个院长。"又比如杜国庠一生为人宽厚平和，但面对极左思潮也会拍案而起，气愤地表示"批判陈寅恪批得太过分"！因此他们也都往往会做"傻事"，说"蠢话"。比如刘节就曾在1958年"大放厥词"：什么大跃进人人意气风发，"一起发疯"倒是真！这种"逆言"也是说得的？但他实在忍不住。

当然，他们也多半都没有什么"好下场"。

五　思想文化

没有好下场是明摆着的,甚至是他们"自找"的。文化大革命中,刘节听说"造反派"要批斗陈寅恪,竟奋然表示愿意替代陈先生上台挨斗,并视为一种荣耀。如此"不识好歹"、"自讨苦吃",如此"螳臂当车"、"以卵击石",还能有什么好结果?然而,明知没有任何好处,同时也于事无补,他们却偏偏还要做。也正是在这里,我们看到了一个人品质的高贵。

物以类聚,人以群分,同声相应,同气相求。陈寅恪"吾道不孤"!

然而陈寅恪作为一个历史学家,还有更深的想法。在1950年正式刊行的《元白诗笺证稿》一书中,他谈到这样一个历史惯例:但凡新旧交替之时,总有人占便宜,也总有人吃大亏。那些乖巧的小人,"往往富贵荣显,身泰名遂";而那些刻板的君子,则常"感受苦痛,终于消灭而后已"。为什么呢?就因为其时新旧道德标准和新旧社会风气"并存杂用",有的人善于利用形势适应环境,而有的人则无此"乖巧"而已。

显然,陈寅恪是把自己的某些"老朋友",看作了"乖巧的小人"。

于是我们大体上清楚了。为什么陈寅恪对杜国庠那样和自己"道不相同"的共产党人信任敬重,对某些先前的"同道"反倒蔑视而戒备?就因为前者"气节不亏"。陈寅恪是从旧社会过来的人。他当然不会不知道在那个时代,坚持马列主义,信仰共产主义,要担怎样的风险。那是要掉脑袋的!所以,新中国成立以后,他们大讲马列主义,就不但可以理解,而且也理所应当。他们"本来"就是马克思主义者么!

那些"眉样入时"的"白头学究"们却"原本"不是。"不是"当然也可以变成"是",但要看怎么个变法,以及为什么要变。如果是自己通过学习研究,改变了观点,倒也理属正常,无可厚非。然而一夜之间毫无思考,就来了个一百八十度的大转弯,便很可疑。在陈寅恪看来,这不是降身辱志,便是投机取巧。但不论何种情况,都是"变节"。气节一亏,则其人不可取矣!

事实证明,陈寅恪的看法并不完全正确。1949年以后,中国学人的改变立场观点，宗奉马列主义，有的是"曲学阿世"，有的不是。汪籛就不是。他属于"心悦诚服"的那一类。否则，当他自告奋勇充任"说客"，南下广州请老师进京时，就不会那么天真了。汪籛碰壁五羊城以后，受到不少埋怨。比他年长的其他陈门弟子都认为他不该用"官腔"和先生说话，更不该惹老师生气，甚至有人痛斥他"不知天高地厚"。这实在是冤哉枉也！汪籛对恩师的敬仰和感激是终其一生的。正因为"感恩戴德"，他才会那样说话。因为他对马列主义的服膺是真诚的。事实上在汪籛的学术研究中，历史唯物主义的观点和陈寅恪的治史方法浑然天成，了无陈寅恪所痛恨的"贴标签"的痕迹，文风新颖，令人耳目一新。这难道不是好事？正因为此，汪籛和陈寅恪谈话时，才会充满了"时俗"的口吻。在他看来，弟子发现了宝藏取得了真经而不与先生分享，那才是不道德。

历史的悲剧或悲剧性也正在这里。汪籛和陈寅恪都是真诚的，道德的，而双方的格格不入却一至于此。一个要"革命"，一个要"守节"，这一场冲突是在所难免的了。问题是，陈寅恪为什么要对汪籛发那么大的脾气，以至于说出"你不是我的学生"这样的话？

答案也许就在汪籛笔录的《对科学院的答复》里面。在这篇自述中，陈寅恪说："研究学术，最主要的是要有自由的意志和独立的精神"。"独立精神和自由意志是必须争的，且须以生死力争"。"没有自由思想，没有独立精神，即不能发扬真理，即不能研究学术"。这其实也是陈寅恪的一贯思想。因此他在《答复》中开篇就说："我的思想，我的主张完全见于我所写的王国维纪念碑中"，而碑文的核心和灵魂，也就是这八个闪亮高岸的文字：自由思想，独立精神。

五 自由思想，独立精神

真正震撼我们的，也正是那八个字：自由思想，独立精神。几乎所有人都很看重这八个字，夏中义也不例外。但他却把这八个字归到乾嘉以来的所谓"学统"

五　思想文化

里去了，并称自由思想为学统之骨，独立精神为学统之魂。自由思想和独立精神竟然能产生于毫无独立自由可言的中国传统社会，而且还诞育于文化钳制最烈的乾嘉时代，这本身便很可疑。就算是吧，话也不能这么说。学统，甭管它是传统的还是现代的，总归是"统"。有自由思想和独立精神作为魂骨自然很好，但反过来把自由思想和独立精神"统"将进去，却未必是什么好事。况且自由思想和独立精神也不是什么"学统"之类的玩艺可以"统"得起来的。因为一"统"，就不自由、不独立了。什么是自由思想、独立精神？所谓"独立"，就是不依附，当然也不依附于什么"学统"。所谓"自由"，则不但包括怎样想，也包括想什么，还包括不想什么。也就是说，想不想，怎样想，想什么，都是我的自由。我可以自由地按照这种思路去做学问，也可以自由地按照那种思路去做学问，甚至我还可以不想做学问。不想做学问，也是一种自由思想，却与"学统"无涉。当然，学问家还是要做学问的，但如果不把话说到这个地步，则那个"自由思想"仍不自由。

因此我不认为这是一个什么学统问题，而是一个做人问题。我的观点是，学问可以不做，人却不可以不做；学统也可以不要，人格却不能不要。没有人格的独立，哪有独立的精神？没有意志的自由，又何来自由的思想？

明白了这一点，我们对陈寅恪也就多了一份理解。

就说陈先生一再坚持的"不宗奉马列主义"吧，是他陈寅恪反感马列主义，或者反对马列主义吗？恐怕未必。马克思主义毕竟是人类思想史上的一项重要成果。任何不带政治偏见、有学术良知与良心的知识分子，都会对它持有一种敬重的态度。但问题是，这份敬重必须是我发自内心的，而不能是别人强加于我的。事实上，早在"宣统三年"，陈寅恪就已经读过了《资本论》原文，他对中国历史的研究也十分重视经济因素的作用和阶级意识在政治斗争中的反映。就算没有这些，也不等于陈寅恪反对马克思。因为马克思的学说，就是马克思自由思想的结果，也体现着马克思的独立精神。不自由，不独立，哪来的马克思主义？难道《资本论》是按照官方意志写的，或者申请过"国家级课题"？

所以，肯定陈寅恪，不等于否定马克思。比方说，最为陈寅恪所痛恨反感的"审查送检"，不同样为马克思所深恶痛绝？马克思早就说过："治疗书报检查制度的真正而根本的办法，就是废除书报检查制度"。在思想自由和言论自由的问题上，他们是相通的。

自由思想和独立精神是高于一切的。既高于政治，也高于学术。比方说，尽管有陈寅恪"孰谓空文于治道学术无裨益耶"的夫子自道，友人吴宓"盖藉此以察出当时政治（夷夏）、道德（气节）之真实情况，盖有深素存焉，绝非清闲、风流之行事"的理解回护，还是有不少人对陈寅恪耗费十余年时间撰写《柳如是别传》不解，认为不值得。毕竟也就是一个柳如是么！小题当然也可以大做，但再大也是"小题"，而身为"大师"和"巨匠"的陈寅恪，难道不该去建构更为体大思精的史学广厦？

其实，这里没有什么值不值的问题。陈寅恪耗费十余年时间撰写《柳如是别传》不值，梁宗岱种菜养鸡就值？梁宗岱是何许人也？他是法国象征派大诗人保罗·梵乐希的异国之友，世界大文豪罗曼·罗兰的忘年之交，巴黎文化沙龙的座上嘉宾。他的诗人气质和文学才华就连一向崇尚高贵和浪漫的法国文化人也为之倾倒。然而他却去种菜养鸡！因为他作为外语系的"大白旗"，在1958年被劈头盖脸地痛批。他平时常常挂在嘴边的"天才教育主义"和"老子天下第一"更是成为众矢之的。那好，你们不承认我"学问第一"、"教书第一"，我就来个"种菜第一"、"养鸡第一"。不让种不让养，我还有"喝酒第一"、"力气第一"（据说诸如此类的"第一"竟有七十多个）。反正老子就是"天下第一"，就要"天下第一"，你他妈的能怎么样！

这其实是用一种极端的方式来坚持自己的"自由思想，独立精神"了，因此"理所当然"地引起了"革命群众"的震怒，被斥为"对抗运动"的"新花招"，但也一定在某种程度上为陈寅恪所理解。陈寅恪是很喜欢梁宗岱的。1961年吴宓

五 思想文化

来访，中山大学以陈寅恪夫妇的名义设宴招待，陪宴者的名单由陈寅恪夫妇拟定，而席中就有梁宗岱夫妇。余则为刘节夫妇、梁方仲夫妇和冼玉清，都是陈寅恪的相好相知。

实际上陈寅恪又何尝不是这样做的？他体弱目盲，当然无法去种菜养鸡。但他同样可以去"不务正业"。比方说，不上课，不发表论文，不做"公认"该做的"大课题"。陈寅恪曾自谓其《论再生缘》一文乃"颓龄戏笔，疏误可笑"，这决不是什么"自谦"或"自嘲"，而毋宁说是"自得"和"自许"，即"宁作戏笔，不入时流"。不错，我是要做研究，也可以做大课题，但必须按照"自由思想，独立精神"去做。如不能，则宁肯不做，或者去做"无益之事"，正所谓"闲同才女量身世，懒与时贤论短长"。

显然，问题并不在于做什么，也不在于值不值，而在于它是否本之于"自由思想，独立精神"。如是，则值；如不是，则不值。而且，对于陈寅恪、梁宗岱他们而言，只要是自己的自由选择，哪怕是"著书唯剩颂红妆"，哪怕是"一腔心事付荒唐"，一旦做了，也一定是"天下第一"。一流就是一流，他变不了二三流。梁宗岱让人激赏和敬佩之处正在这里。陈寅恪让人震惊和敬重之处也正在这里。

这也正是我不想多从学术的角度来谈陈寅恪的原因。毕竟，学术成就再大，也是有限的，何况其思想还"囿于咸丰同治之世"，其议论还"近乎湘乡（曾国藩）南皮（张之洞）之间"，并不多么值得肯定和赞扬。又何况陈氏的著作中，也确实如骆玉明教授所言，"往往呈现历史的羁绊，乃至某种陈腐的情感"（如被林贤治指出的"没落士大夫情调"）！但陈寅恪的人格精神却是超学科、超学术、超时代的，也不光是对做学问的人有意义。学术上的是非对错远不是最重要的。正所谓"先生之著述或有时而不章，先生之学说或有时而可商，唯此独立之精神，自由之思想，历千万纪与天壤而同久，共三光而永光"。尽管陈寅恪王国维他们的追求，距离真正现代意义上的独立自由还相去甚远，但能有此一说，便已属不易。至少，他们在尽可能堂堂正正地做人，从而"为天下读书人顿生颜色"！

六 劝君免谈陈寅恪

陈寅恪是了不起的，可惜我们学不来。首先是"顶不住"。无论是谁，当真要坚持"自由思想，独立精神"，就必须有本事顶住来自各方面的压力。要知道，压力并不仅仅来自官方，来自当局，也来自民间，来自群众。比方说在"文革"前，官方对陈寅恪还是相当关心、爱护、客气、尊重，乃至于"护短"的。反倒是群众对陈寅恪很不买账，极为不满，正所谓"群情虽未汹涌，但相差也不太远"。实际上历史系一再坚持批判陈寅恪，一再坚持将陈寅恪划为"中右"，在一定意义上即代表着"民意"。这也是该系领导人在受到上级批评时颇感委屈，一有风吹草动又故伎重演的原因之一（另一个原因则是他们认为自己的做法"大方向"是正确的）。所以，上面的弹压归弹压，下面的动作归动作，批判会还是照开不误。既然不能把陈寅恪揪到会场上来，那就在会场当中放一把椅子，以为代表，缺席审判，直弄到"千夫所指"的地步。

陈寅恪能"横眉冷对千夫指"，我们能吗？不是说我们不可能拥有陈寅恪那样的人格力量，而是说人格力量究竟有多大，还值得怀疑。《陈寅恪的最后二十年》一书作者问得好："文化的品格到底有多大力量，能使一个人'顽固'地坚守着逆潮流的、已等同'过街老鼠'的精神世界"？说到底还是"有恃无恐"。陈寅恪的地位太高来头也太大了。他可以因为没有及时收到戏票而向副省长大发雷霆，质问"你这个副省长到底管事不管事"，咱也能？

不能，就只好撤退。你可是不要小看"群众"呢！"群众"的力量是很大的。一人一口唾沫，就能把你淹死。我在《闲话中国人》等书中多次说过，中国文化的思想内核是群体意识。其具体表现，就是要求凡事都"大家一样，人人有份"。那么，凭什么我们大家都学习马列学习政治，你陈寅恪就可以不学习，还要吃香的喝辣的？同理，凭什么我们大家都随波逐流，唯独你陈寅恪就可以坚持"自由思想，独立精神"？想不通。想不通就要革你的命。一时半会革不了，就等待时机。时机总是会有的。比方说，文化大革命。那时，就连陶铸都被揪了出来，看谁还

五 思想文化

能保得了你!

显然,我等一般学人如果也想坚持"自由思想,独立精神",除非全社会都认同独立自由,不要求"人人有份,大家一样"。但现在却很难。

其次是"守不住"。怎么个守不住呢?因为要"学以致用"。中国的读书人,或曰知识分子,内心深处历来就有一个解不开的疙瘩,那就是总觉得自己的满腹经纶得有地方派个用场,否则实在是可惜了的。所谓"有用",倒不一定是要拿去换饭吃,换钱花,更主要的还是要有利于国家民族国计民生。因此这种想法不但不可耻,反倒很崇高。

这种崇高感很容易地就会解除了坚守"独立精神,自由思想"的心理防线。比如历史学家周一良就是。周一良也是陈寅恪的学生,却同时又是"文革"中臭名昭著之"梁效"(即所谓"清华北大两校大批判写作组")的成员。这在别人看来是耻辱,周先生现在看也是耻辱,但当时的感觉却是庆幸。庆幸什么?庆幸自己所学的知识总算派上了用场。这不能简单地看作是周先生为自己"附逆"行为所作辩解的"托词",而应看作他的真实想法。周先生是读过旧书的人,从小满脑子灌输的就是"修齐治平"那一套。按照这一套说教,一个人之所以要读书,是为了修身;而之所以要修身,则是为了齐家、治国、平天下。也就是说,学以致用,服务于政治,是天经地义、理所当然的事情。所谓"学成文武艺,贷与帝王家",实现的不但是一个读书人的人生价值,也是知识学问的自身价值。相反,有一肚子学问却没人看重赏识,没有用武之地,则是最让人难熬的。这时,如果来了个买家,而且是大买家,你还不赶紧卖出去?

甚至还有自己上杆子送上门的。比如冯友兰就是。冯友兰也是参加了"梁效"的,因此也和周一良一样,颇为清议所不容。说起来冯先生也是海内大儒,怎么会如此糊涂?其实,与其说是"糊涂",不如说是"自觉"。对此,夏中义的《九谒先哲书》有很好的分析。我同意他的观点:冯先生是颇有些"圣人情结"的。他的理想,是要成为"当代中国的孔夫子",成为当局在意识形态方面的首席顾问。

你既然打算通过权力中枢来施展"为王者师"的抱负，就先得让权力瞅着你顺眼；而讨好权力之捷径，则莫过于"顺着说"。这当然无妨看作一种策略，却也是一种危险的游戏。因为无论如何，"顺着说"和"独立精神，自由思想"是不能兼容的，而顺了第一回，就会有第二回，第三回。结果，一路顺将下来，冯先生几乎已不知道自己是谁。最后，"国师"没当成，反倒当了"梁效"。冯友兰守不住，周一良守不住，我们就守得住？

第三是"耐不住"。坚持"自由思想，独立精神"，其实就是坚守个人立场，不以社会的好恶为好恶，不以他人的是非为是非。那好，你既然已经"自外于群众"，也就不能指望别人在乎你、看重你，把你当回事，也不能指望别人理解你、赏识你，听你那一套。总之，选择了独立自由，就只能走一条孤寂的道路，你能耐得住这份寂寞么？

就算耐得住吧，也还有一道坎儿不大容易迈得过去。你可以甘于寂寞，"不求闻达于诸侯"；你可以孤芳自赏，不把别人放在眼里；但你总要吃饭吧？连陈寅恪都感叹自己是"求医万里，乞食多门"，咱们比他就更不如。吃的、穿的、住的，都是"人家"的，而且并不富余。一旦"人家"不给了，咱就会衣食无着，咱就得扫地出门。我在《你好，伟哥》一书中说过：人们总喜欢骂中国的学人和文人没有骨气，却常常忽视一个现实问题：他们每个月就那么几个小钱，上有老下有小，又要养家又要糊口，头顶上那几片瓦和脚底下的立锥之地都是单位上的，看病吃药哪怕就几片阿斯匹林也要靠单位报销（说得不好听也就是讨），你叫他如何硬得起来？

的确，要想有思想的独立，必先有人格的独立；而要想有人格的独立，又必先有经济的独立。大家都说鲁迅的骨头是最硬的，但鲁迅先生能够"吃了人家的也不嘴软"，原因之一恐怕就在于他不必餐餐都吃人家的，这才能坚持思想言论的独立自由。问题是，鲁迅先生可以靠稿费版税养活自己，又有多少学人能靠学术研究获得经济上的独立呢？自由思想，独立精神，真是谈何容易！还是陈寅恪

五 思想文化

自己说得好："自由共道文人笔,最是文人不自由"。

七 最是文人不自由

文人不自由,学人更不自由。学人为什么就更不自由呢?因为文人可以只发牢骚而学人总要做事做学问。要做事做学问,就要有条件;而如果你非要坚持什么"自由思想,独立精神",这些条件便很可能与你无缘。正如夏中义所说:"事情很明白,当你不思依傍权力,则权力所支配的种种恩惠也就不再赐你,而其制控的诸多不便或不幸倒可能如鬼魂缠你"(《九谒先哲书》)。比如同是研究《再生缘》,郭沫若可以尽阅当时所能看到的珍贵资料,包括北京图书馆馆藏、郑振铎捐赠的"海内孤本",陈寅恪就看不到。他只能凭记忆搜索,请助手查找,最兴师动众的也不过是靠"私谊"请外地的学生帮忙,条件差到哪里去了?郭沫若可以在全国学术界众所瞩目的《光明日报》上以"排炮"的方式发表一连串文章,陈寅恪却只能以"偷渡"的方式,由章士钊将自己的研究成果带出境外刊行,事后还要被追查,境遇之悬殊又何可以道里计?结果,尽管郭沫若是在1960年经人介绍读了陈寅恪的著作后,才心血来潮要研究这个课题的,却能迅速地使之成为国内学术研究的热点,而陈寅恪的《论再生缘》虽然早在1954年便已完稿,却只能如陆游所咏之梅花,"驿外断桥边,寂寞开无主",根本无人问津。

这可真是天壤之别。有权,就是比没权好哇!所谓"权",并不等于或只是政治权力,也包括学术权力。它可能是一种行政权力,也可能只是一种话语权力。比如能批给你一大笔科研经费,为你调查研究、收集资料大开方便之门,让你看到别人看不到的东西等等,运用的是行政权力;说一不二,一言九鼎,"说你行你就行,不行也行;说不行就不行,行也不行",则是在运用话语权力了。话语权力也很厉害呢!它能决定一个人在学术界混得怎么样,能不能混出个名堂来,甚至混不混得下去,同样堪称"生杀予夺"。君不见,多少有着真才实学的人默默无闻,多少有着真知灼见的著作埋没不彰,而某些平庸之辈的平庸之作甚至狗屁不通的东西却被捧上了天，就因为后者掌握了话语权力而前者没有么！

行政权力与职位有关，话语权力与地位有关，但在中国现行体制下，两者之间往往有一种说不清楚的瓜葛和猫匿。长期以来，中国的学术活动尤其是学术评价（评奖、评职称、批课题等等），一直在行政化的体制下运作。而且，随着所谓"量化管理"的推行，学术的体制化还有愈演愈烈之势。体制是不由分说的。顺之者昌，逆之者亡。体制也是一视同仁的。无论谁和体制作对，哪怕脱离体制，都将一事无成，甚至连饭都没得吃。

这里面也没有什么世道公不公的问题。世道从来就不是为少数坚持"独立精神，自由思想"的人设立的。它只为那些愿意"入时合流"的人设立，也只为他们服务，给他们好处。你既然不愿意，那就别到我这里讨什么"公道"。在这一点上，它只问"是否"（纳入体制），不问"亲疏"（血缘交情），因此不是"不公"，而是很"公"。

所以，你不能和体制对着干。你得自觉地纳入体制，在体制规定的轨道上运行。比方说，你得先去读个学位。而且，光有硕士学位还不行，还得有博士学位。然后，你得去评职称，从助教、讲师、副教授一直升到教授。当了教授也还不行，现在教授也分等呢！比如"博导"（博士生导师），据说就比普通教授高一等。要不然那些"博导"们为什么会把这头衔印在名片上，就像把名牌商标留在西服袖口上一样？不过现在"博导"也如过江之鲫了。东西多了就不值钱。所以你还得去争取别的头衔，比如能够决定别人能否升职、得奖、当博导的评审委员。总之，你得去当学术界的"大佬"。到那时，你就牛逼哄哄了。你写的书再破也能出版，你写的论文再臭也能发表，你随便申请一个什么鸟课题都会批准，有着花不完的钱。你将坐着飞机在全国各地甚至世界各地飞来飞去，讲学作报告或者参加评审会，放的每一个屁都很香，看着谁不顺眼就能把他给灭了，就像阿Q革命成功以后那样："要什么便有什么，喜欢谁便是谁"。

这确实很有诱惑力。当然，为此你得先做一点点事情。比方说，你得想方设

五 思想文化

法每年都发表点论文。其中所谓"权威刊物"多少篇,"核心刊物"多少篇,都是有定数的。你得想方设法去获奖。其中"省部级"多少,"国家级"多少,也是有定数的。你还得去申请课题。这些课题是哪一级的,有多少钱,在评定你是否能够当教授、当博导,是否能够获得重要岗位津贴时都将起到决定性的作用。最后,你还要填许多表:评职称要填表,报课题要填表,申请博士点、重点学科,申请博士生导师、重要岗位津贴也都填表。这些表几乎每年都要填,而且要填一辈子。还有一点也很重要,那就是当你申请这个申请那个时,必须投其所好,不能由着自己的性子来。比如申请课题,那是有"指南"的。你想做的不一定在"指南"里,在"指南"里的你又不一定想做。但能不能申请到课题,却是你能不能升教授、当博导、成为学术界大佬的先决条件。所以你只能放下手中想做的题目,去做你不想做的事情。这没有什么价钱可讲。相反,你还得挖空心思去对号入座。

请注意,以上所说,只不过按照制度规定必须去做的事情,尚不包括诸如此类的"诗外功夫"和"画外功夫":经常到领导和前辈那里去"走动走动",请学术权威和社会名流题写书名或作序,以及邀齐了哥们姐们来吹吹拍拍等等。还请注意,上述过程有可能是很漫长的,没完没了的。因为即便你当上了什么,还会有更高一级的什么等着你去当。何况在你争取当什么的时候还欠下了一大笔人情债要还。于是,当你把这一切都打点停当,踌躇满志准备干点自己想干的事情时,恐怕就会发现你其实已经不是自己了。

那时候,还说什么"独立精神,自由思想"呢?

八 豁出去,就能了

其实,有些事,也不过就是"一念之差"。就说前面那些东西吧,当真想通了,也没什么了不起。不就是学术地位吗,不就是话语权力吗,不就是科研经费吗,不就是岗位津贴吗?不就是当教授当博导,吃香的喝辣的,坐飞机住宾馆,在主席台前排就坐放个屁都有人鼓掌吗？我们能不能不要？不要，你可就管不了我啦！平时我们总说豁出去了，豁出去了，也就是说，豁出去，就能"了"。

问题是你豁不豁得出去？

陈寅恪不能说是完全豁得出去的人，但至少部分地豁出去了。比方说，他能不在乎他所作的研究是否有用，是否入时："平生所学供埋骨，晚岁为诗欠砍头"。他也不太在乎自己的著述是否能名垂千古："名山金柜非吾事，留得诗篇自纪年"。但他对自己身后这些著作的命运还是在乎的："拟就罪言盈百万，藏山付托不须辞"。他还不是"满不在乎"。

陈寅恪的可贵之处，在于他能够做到并不在乎自己所作所为有没有意义。意义，这是我们绕不过去的最后一道弯，迈不过去的最后一道坎。我可以不要名，不要利，不要有用，不要别人承认，但我总不能不要"意义"吧？连"意义"都没有，我做它干什么？

然而陈寅恪却似乎把"意义"看得很淡，一再宣称自己不过"聊作无益之事，以遣有涯之生"。这话理所当然地被许多人看作是自嘲、反话、愤激之辞，或表现了他的痛苦和无奈。我们当然已无法确知陈寅恪说这话的真实想法，但我宁愿把它看作一种彻底，一种为了坚持"自由思想，独立精神"而悟到的彻底，尽管彻底得很无奈。

彻底是很重要的。彻底才无碍，才无羁，也才无所畏惧。因为所谓"自由思想，独立精神"，看重的不是"内容"，而是"形式"。也就是说，它并不在乎你想的是什么，有没有意义，只在乎你之所想是不是独立自由的。是则是，否则否。你想的东西再没有意义，只要是独立自由地想出来的，就是"自由思想"。反之，即便再有意义，也不是。

从这个角度来看陈寅恪的许多"自嘲"、"自贬"、"自损"，我们就会有别样的体会。1952年，杨树达《积微居金文说》出版，陈寅恪为该书所作之序却被删去。陈致信杨树达先生云："拙序语意迂腐，将来恐有累大者，今删去之，

五 思想文化

亦未始非不幸也。"陈此处之所谓"迂腐"自别有意味,但陈寅恪的著作中从思想到行文均不乏"迂腐"甚至"陈腐"之处,恐怕也是一个事实。问题是,"迂腐"难道就不是一种声音,就该灭绝?如果"迂腐"该灭绝,那么,和"迂腐"沾边的,比如陈腐、陈旧,还有刻板、呆滞,是不是也该灭绝?如此推论下去,请问又有什么不该灭绝?

意义也一样。如果没有意义就不能存在,就该灭绝,恐怕世界上的人早就死光了。你想,这世界上究竟有多少人能说出有意义的话,又有多少人句句话都有意义?何况一个问题或一句话有没有意义,原本就是不大说得清楚的事情。杞人忧天数千年,天并没有塌下来,那么,杞人还该不该忧天,杞人忧天还有没有意义?哥德巴赫猜想猜了那么多年都没能猜出来,究竟有多少意义,还要不要再猜?实际上,科学史上许多课题开始时是没有什么意义,或看不出什么意义的。正因为历史对无意义表现了宽容,才有了今天科学长足的发展。从这个意义上讲,极少数的"有意义"其实是靠众多的"无意义"来支持的。没有"无意义"就没有"有意义"。比如在我们看来,吃蜘蛛是没有意义的(其实皮洛耶人就吃)。但如果没有人吃蜘蛛(也包括吃别的不能吃的东西),我们今天也不会吃螃蟹。

更何况,如果我们今天以"没有意义"为由不准别人想某个问题说某句话,那么,明天别人也可以用同样的理由不准我们想某个问题说某句话。你可以这样限制我的思想,我也可以那样限制你的思想,最后的结果,必然是大家都不能自由地思想,而不能自由地思想,其实也就等于不能思想。

所以,无论从哪个角度(自由思想或发展学术)讲,我们都得肯定"无意义"的意义。而且,为了彻底,为了确保思想的自由,我们还得否定意义的追求。

否定意义的追求,有这个必要吗?既肯定"有意义",也宽容"无意义",难道就不好就不行吗?果真如此,当然很好。可惜,如果我们的口号如此,就不会有人去做"无意义"的事了。有意义的事不做,却去做无意义的,谁会这么傻?那么,大家都去做有意义的事,又会怎么样呢?就会放弃"自由思想,独立精神"。

因为一件事有没有意义，不是你自己个人说了算的。要么是社会大众说了算，要么是权威人士说了算。只有当他们认可了你的意义，你的所作所为才是有意义的。显然，这就必须以他人的是非为是非，以他人的标准为标准，哪有什么"独立精神，自由思想"？

事实上，中国知识分子之所以总是"毛"，总是想附在某张"皮"上，就因为他们总想有意义。在中国，纯粹的知识、学问，从来就是没有意义的。只有当它服务于现实，比方说能够安邦治国或者富民兴国时，才被承认为有意义。中国的读书人为什么那么热衷于济世热衷于做官？就因为只有这样，"无意义"才能转换为"有意义"。所以，与其说中国知识分子有一种"政治情结"，不如说他们有一种"意义情结"。

于是，为了使"无意义"转换为"有意义"，中国知识分子不得不有意无意、自觉不自觉地把自己附在某张"皮"上。因为单独的"毛"没有意义。单独的"毛"，无根无底飘浮不定，风一吹来就满天乱飞，不要说别人看着没劲，连自己心里都不踏实。

然而知识分子之所以是知识分子，不仅因为他有知识，更因为他是"分子"，既是极少数，又有独立性。如果附在某张"皮"上，那还是"分子"吗？王瑶先生说得好："分子不独立，知识也会变质"。显然，要想无愧于知识分子的称号，就得坚持独立立场；要想坚持独立立场，就不能附在某张"皮"上；要想不附在某张"皮"上，就不能太在乎意义能不能实现。但意义如果不能实现，即等于没有意义。因此，当我们决定选择和坚持"自由思想，独立精神"时，就得先问自己一句：你能不能豁出去连"意义"都不要？

意义其实是最难豁出去的。但"若为自由故，意义亦可抛"。因为你如果连意义都可以豁出去不要，那就没有什么豁不出去的了。正如一位诗人所说的——船完全被撞破之后，也就不会沉没了。它的每一块零散的木板，将永远漂浮在海上。要谈陈寅恪，就必须先把这些问题都想清楚。我们想清楚了吗？

五 思想文化

9. 大学改革议

马 勇

中国大学教育在整体质量上,过去二十年呈下降趋势应该是不争的事实。这不是因为中国当代大学教育用了六十多年时间依然没有获得诺贝尔奖,也不是因为大学扩招大幅度稀释大学水准。拿今天的大学毕业生去与十年前、二十年前大学生去比较当然不太公平,但同样都是大学生,同样的都是学士、硕士或博士,时代变迁在他们身上的体现不是知识更丰富、学养更深厚,而是相反。大学生知识面从来没有现在这样狭窄,大学生自治能力从来也没有现在这样弱。如果说中国高等教育全面失败,教育管理者肯定不服气不承认,但是如果询问一个事实,教育主管者比如教育部官员、中国最重要领导者、各省市,甚至各市县领导,还有多少人的子女在国内就读,有多少人不是将子女送到海外送到美国?当然,在常态体制下,学生出国留学开拓眼界追求新知都很正常,但像现在这样"一边倒",家境稍好一点的都不愿让子女在国内接受大学教育,这意味着高等教育尤其是本科教育失去了吸引力。说得稍微客气点,中国高等教育经过最近二十年变迁,近乎完败。

重构学术共同体

大学教育原本就不是中国本土特产,本来就是从东西洋各国引进的。满打满算,如果从1898年创办京师大学堂算起,中国大学的历史不过一百一十年,除去前面几年耽搁,除去文革十年耽搁,中国大学的历史至今不过百年。这一百年,如果再仔细区分,有晚清最后十年草创期,有"民国前半程"的积累,有"民国大陆后半程"的辉煌,属于今天大陆大学的历史只有六十年。六十年中前半段自1952年盲目学苏联,基本上毁掉了1949年之前中国大学费尽艰辛建构的西方高等教育体系。又经过十四年发展，到了文革，高等教育几乎被全部摧毁，大学停办。直至文革后半段，方才部分恢复大学教育，由基层推荐，形成人类教育史上从未有过，估计今后也不会有的"工农兵大学生"。1977年，邓小平扭转乾坤，同意恢复大学正常招生，中国的高等教育终于迎来了一个常态发展期。自1977年至1990年代初期，应该公平地说，这是六十年大学教育最好的一段时间。笔者躬逢其时，那时的大学校园鸟语花香，琅琅读书声，树阴下、池塘边，即便是对恋人，也无不以读书为其交谈内容，人们普遍有一种知识饥渴感，普遍觉得既然上了大学，就不要辜负时代，大学生惟一的正当职业就是读书，就是充实自己。那时的大学生对读书之外的事情非常淡漠，没有功利，没有投机，没有想过什么终南捷径。

1990年代初期之后中国高等教育完全变味。或许是因为那场政治风波的缘故，1990年代最初几年的大学成为政治整肃的重点区域，新生入学集训长达半年甚至一年，政治学习、政治训练从1980年代逐渐淡化到全面恢复，大学生入党，党团组织、政治组织日趋强化，以致发展到今天，据说许多大学中非教学的党政、辅助人员竟然占到教职员工一半甚至还要多。政治正确成为高于一切的东西，真正潜心研究学问、认真教书不一定被重视，更不会得到什么政治上、经济上的好处。相反，那些将政治挂在嘴上，拿政治作为一门升迁、发财工具的老师和学生，却大都意气风发，如鱼得水。政治将大学风气彻底败坏，教授们不再安心于学术。在常态高等教育环境下，苦读几十年的大学教授不会为了蝇头小利、一官半职放弃自己的学问，他们真正能够安身立命的，真正支撑自己生命的，就是自己的专业，就是自己的知识和学问。

然而，在政治正确高于一切的过去二十年，大学逐渐演变成了一个小社会，一个袖珍型的官场，如果只在大学当个教授，如果在大学里没有一官半职，不要说不好意思见人，更重要的是在各种资源配置上明显吃亏。于是，过去二十年，大学里怪事屡见不鲜，几十名教授为了竞聘一个处级行政岗位费尽心机，近乎所有的教授都想着弄个行政职务。

五 思想文化

大学政治化是把双刃剑。真正的政治忠诚、体制忠诚，并不能凭借政治上享有特别优惠去培养，大学政治化将教授们、大小教职员工弄成两面人，极其严重地恶化了大学环境，教授们和教职员工的争权夺利，言传身教，是无形的榜样，过去十几年毕业的大学生一般来说都较先前的大学生会来事，知道怎样拉关系，怎样走门子。由此，中国高等教育形成真正意义上的"逆淘汰"，那些真正潜心于学问与教学的可能就是默默无闻，稀松平常，那些钻营、逢迎、溜须拍马的，差不多都如沐春风，如鱼得水。中国教育近乎彻底失败，主要是说教育者根本不再将教育本身当作一件正当事业。功夫在诗外，大家都一门心思琢磨着教育之外的事情。

大学不是中国的特产，大学纯粹是外来的东西，大学一定要和政治脱钩，一定要重新建构一个知识共同体，重建一个知识社会。一切党团组织、非教学人员、非必要的行政辅助人员都应该离开大学，让大学恢复到其本来面目和功能，大学不能成为官场，不是培养官僚的机构。大学校园依然应该是鸟语花香、书声琅琅、谈情说爱、交流学问的场所，惟一不愿谈不屑谈的就是政治。

或许有人说，过去二十年，正是因为加强了思想政治教育，正是加强了党团工作，正是通过对教授、学生入党、提职、提干等方面工作，方才使过去二十年大学校园没有发生大规模学潮。

是的，过去二十年确实没有 1980 年代中期那样的学潮。但是必须注意的，非政治化背景下的学潮，表明大学师生对国家前途的关爱，政治化背景下没有学潮表现出的是大学师生对国家难题发展困境的冷漠。

政治的归政治，学术的归学术，大学应该成为整个社会最干净的一块地方，应该是引领社会的楷模。对于大学师生来说，大学是他们安身立命的场所，是个知识共同体，是个最纯洁的知识场所。大学教育不改革则已，大学教育要改革，就应该从大学非政治化开始。全世界大学管理没有这样泛政治化、泛功利化。大学要培养的是君子，不是善于钻营的政客。

自主、创新及多样性

大学非政治化并不是说一味鼓励大学师生两耳不闻窗外事,一心只读圣贤书,不再关心国家前途和人类未来。大学非政治化显然不是这个意思。大学非政治化的真意是教育的归教育,政治的归政治。大学师生都有权力关心政治、介入政治,但是不能以大学校园为活动舞台,只能以自己的名义在校外进行。不论是名教授,还是一般师生,校外政治活动都应该文责自负,不代表学校。大学只是一个纯粹的教育机构,只是一个师生共聚的读书场所。

按照世界各国大学通例,中国的大学应该坦然废除一些意识形态色彩浓厚的课程,因为这些课程对于大学生可以说并没有好处,许多学生学了这些意识形态色彩过浓的课程,等走出校门,走出国门,接受另一种形态的教育时,不是显得顽固守旧,就是精神崩溃,因为我们的意识形态变动太大,缺少一以贯之的东西。六十多年没有一个政治概念始终如一,没有一个概念能够放之四海。与其用短期的政治话语训练青年,不如让他们像港澳台来大陆求学的学生一样,免除这些课程的负担。

即便中国在政治上不能很快走上民主化,大学也不应该继续承担政治教育的功能,大学应该回归其本来位置,应该以人类文明传承为惟一功能。至于政治,还是应该交给大学之外的机构去承担,比如党校、团校、行政管理学院等,无论如何,大学应该非政治化,大学应该是不受任何政治权力干预的纯粹知识机构。

其实,人类历史上的大学都是这样办的。中国在1949年之前的大学也是如此处理的,比如北大,比如西南联大,他们之所以在那种困难时期取得非凡成就,原因当然不止一端,但其非政治化的制度设计应该说起到非常重要的作用。

大学非政治化,其实就是要大学自主自治。国立大学当然应该有国家拨款,省立大学当然应该由省财政拨款,但是拨款是一回事,对大学事务包括人事、教

五 思想文化

学等方面的干预又是另外一回事。拨款只是表明这个学校是由国家或省级政府出钱办的，并不意味着国家或省级行政单位有权干预大学事务。大学一定是自主的自治的，只有自主自治，才能使大学成为真正意义上的知识共同体，而不是政客养成所。

大学自主自治必须解决大学领导来源问题，现在的大学校长由教育部或者上级机关任命是最没有道理的。大学校长一定要由本校的教授们投票产生，他们可以在全世界范围内海选，也可以在自己学校的教授里寻找。如果上级机关或教育部不放心，可以让大学教授会在选举时至少应该选出三个，以方便上级机关或主管部门三选一。大学校长来源合法性如果不能解决，校长的权力来源如果继续来自上级或教育部，大学自主自治就是一句空话。

校长选出来了，就应该享有不受怀疑的充分权力。大学不再政治化了，不再受到政治影响了，就能将大学办成一个纯粹的知识共同体了，人们在那里除了讨论学问，不会再将精力和心思用在人际关系和勾心斗角上了。

大学校长的权力应该是至上的惟一的，能够制约校长或者说能够给校长建议咨询的是各种各样的教授委员会。这在1949年前各个大学都有尝试，有相当成熟的一套制度。

大学自治就要允许大学教学的多样性多元化。要允许各种各样的资本投向学校，允许外国资本外国教会重回中国办大学，要相信不论在哪一种性质的大学里，只要做到了非政治化，禁止政治对校园的渗透和干预，任何一种资本都不会改变教育本身的性质。1949年前的中国大学，教会大学并没有成为颠覆中国政府的基地，燕京大学反而在日本人统治时期成为民族抵抗的前沿。更重要的是，教会大学、外国资本创办的大学会为中国大学教育带来不一样的风格、模式，多样化、多元性，是大学教育创新的前提，单一的国有大学、统一的教材，甚至还有统一的教学风格只能使这个国家越来越教条，无法创新，无法走出一条新路。

容忍教会大学、外国资本的大学在中国自由办学，不仅是政治上的坦诚与自信，而且也一定会给中国大学带来很不一样的效果。1949年之前的中国大学，相当多的大学在相当科目上实行全英语教学，由外国专家用外语直接教书。过去几十年，由于我们实行封闭的教学环境，不要说用全英语教学，甚至许多原本就是外国教材，也一定先实行"汉化"，译成中文使用。这显然不利于中国高等教育世界化，不利于中国教育走上世界，成为世界顶级大学。如果中国在教育资源配置上放开手脚，相信中国高等教育重现辉煌并不是一个多么艰难多么漫长的事情。民国时期的大学也就三十八年时间，战乱频仍，依然涌现出一批世界一流好大学，就足以证明中国人有能力办好高等教育，关键是思路、方法要对头。

大学教育的多样性，就是大学各自性格的体现，教育部只能负责基本政策的制定，和政策执行情况的监督，绝对不应去管大学教材。应该要求大学教授而不仅仅是鼓励大学教授自己编写最具个人特色的教材。大学教授如果不能有自己的独特教材和讲授，简直是不可思议的，用教育部统编教材去宣讲，实际上是最不负责任最没有水平的事情。

放开大学管理的手脚，让大学成为各自独立的教育机构，中国高等教育的未来绝对可期，中国绝对有能力将大学办成世界一流，中国领导人和那些富二代、官二代，一定会重拾对中国高等教育的信心。

自治、质疑与创新

大学的产品是学生，学生是国家的未来。学生在大学不仅要学到知识，还要学会做人，现在的大学在这方面做得太不到位了，其中最重要的一个原因，就是大学的辅导员制度、团委制度以及官办的学生会制度，甚至还有学校的后勤管理制度等，严重窒息了学生的自治能力，不论是来自城市的学生，还是来自农村的学生，几年大学生活，反而成了肩不能挑手不能提的文弱书生，这显然与现代教育宗旨不相吻合，是大学的"保姆化"教育方式惹的祸。

五 思想文化

近代以来的中国教育家都注意教育产品的培养，都注意到教育的产品一定要全部合格，而合格的第一条标准就是要将学生培养成充满活力的个人，不应该使他成为一个曲背近视的人。

要想将学生培养成有能力改良社会的人，就要给他们创造机会，大学几年，一定要想尽办法将学生的事情交给学生自己去处理。大学不要继续"保姆式"地管住学生的吃喝拉撒，要将学生的后勤完全市场化，与学校分离，学校不要再去费力不讨好地管理学生后勤，让学生自己管理自己，照顾自己，让大学的学生会成为真正的学生组织，让学生在大学几年养成会竞争会选举，会为社会公益、社会进步贡献心智、力气的有用之人。大学应该尽可能多地创造实践的机会，而不是大包大揽一切代办。

大学生自治，就是要培养大学生对公共事务的关怀精神，培养关怀的能力。现在来自城市的大学生，绝大部分都是独生子女，从小娇生惯养，家长在过去十几年对孩子的期待就是好好读书，一鸣惊人，出人头地。十几年的紧张学习使许多学生对公共事务不太关心，学生自治就是要引导学生知道怎样去关怀这个社会，培养学生对人类的大爱。

学生自治不是他治，现在的学校团委肯定应该退出校园，其他的政党组织、政治组织也不应干预学生的自治，不能诱导学生介入政治色彩的活动，不论这种活动使用怎样诱人的理由，因为大学生说到底还是心智并没有发育完成的未成年人，他们的责任就是读书，就是养成社会生活的能力，而不是介入现实政治。个别学生心智早熟，对政治有兴趣，当然可以以个人名义进行活动，但绝对不能允许在大学校园里发展政治组织，组织政治活动。在校外的政治活动应该责任自负，责任自立，学校有劝诫提醒的责任，也有拯救的义务，但大学生因个人原因而介入政治，还是应该由自己来承担主要责任。

现在的大学在知识教育方面，还有一个问题必须改正，就是教育的本质是提高学生质疑的能力，而不是一味告诉学生标准答案。质疑是创新的前提，没有质疑，以为相信前人相信结论,这样的学生在未来的工作中很难有大的出息。

总而言之,新的大学文化要求大学就是知识传授、研讨的场所,教授是校园中最受尊敬的一群人,学生是学校里最纯粹最具活力的一群年轻人。至于其他附加给中国大学的责任,都应该逐一"减负"。政府管理得少了,干预得少了,大学校长、教授们方才有时间有精力用于教育,大学方才有希望。

六　人物春秋

1. 郭嵩焘的"反腐"悲剧

雷　颐

郭嵩焘是近代中国"走向世界"的代表性人物之一,但他在临危受命出任首任驻英大使以前,曾有一段因"反腐"反受打击、仕途受到重挫的痛苦经历。这段经过,当成前车之鉴。

1818年,郭嵩焘出生在湖南湘阴一户地主之家。18岁那年,他考中秀才,第二年进入著名的岳麓书院读书。强调经世致用、坚忍不拔,不尚玄虚、摈弃浮词是湘学传统,而历史悠久的岳麓书院一直是湘学重镇。正是在岳麓书院,他与曾国藩等人相识,互相切磋学问,砥砺气节,成为志同道合的至友。

虽然郭嵩焘曾考中举人,但后来接连两次会试都名落孙山。失意中,他只得接受友人的推荐,于1840年到浙江给浙江学政当幕僚。但他并不甘于游幕生涯,又几次赴京参加会试,终于在1847年第5次参加会试考中进士,正式步入仕途。但不久他的双亲相继去世,依定制他只能回家居丧。

就在回家居丧这几年,正遇太平天国起义。1852年,太平军由桂入湘,湖南官兵望风而逃。而同样乡居的左宗棠、曾国藩对是否出山镇压太平天国都曾犹豫不决,而郭嵩焘则力劝他们出来建功立业。以后曾、左都成为功勋赫赫的名臣,他总以自己当年的"力促"为荣。劝他人出山,自己当然也难甘寂寞,随后几年,郭氏一直随曾国藩参赞军务,多有建树,同时在官场中建立了一定的"关系"。1856年年末,他离湘北上,到京城任翰林院编修。

在京都,他深得权柄赫赫的户部尚书肃顺的赏识。肃顺性情刚严,以敢于任事著称,主张以严刑峻法改变当时吏治腐败的状况,屡兴大狱,唯严是尚,排除异己,但由于他深得咸丰皇帝倚重,其他人对他是敢怒不敢言。与其他满族权贵猜忌、排挤汉人不同,他却主张重用汉族官僚,对以曾国藩为首的湘系,他尤其重视。由于肃顺的推举,郭嵩焘在不长的时间内就蒙咸丰帝数次召见,自然受宠若惊。咸丰帝对他的识见也颇赏识,命他入直南书房。南书房实际是皇帝的私人咨询机关,入值南书房就意味着可以经常见到皇帝,参奏军国大事。咸丰帝还进一步对他说,南书房笔墨之事并不多,然而之所以命令你到南书房,"却不在办笔墨",要他"多读有用书,勉力为有用人,他日仍当出办军务"。明显对他寄以厚望。

不久,咸丰帝就派他到天津前线随僧格林沁帮办防务,颇有些今日"挂职锻炼"的意思。1859初,郭嵩焘来到天津僧格林沁处。但僧格林沁这位蒙古王爷根本不把郭嵩焘这位南方书生放在眼中,对他非常冷淡。而郭嵩焘本就文人气十足,再加自己是皇上亲派,并且明确他与僧是"平行",不是"随同效用",所以也咽不下这口气,更不明白"挂职锻炼"应少管事的道理,反而尽职尽责,结果僧格林沁更为不满,因此两人合作极不愉快。

1859年10月中旬,由于山东沿海贪污严重,咸丰帝命令他前往烟台等处海口查办隐匿侵吞贸易税收情况,而对他一直不满的僧格林沁却派心腹李湘棻作为会办随行。虽然郭嵩焘无"钦差"之名,但所到之地大小官员都知道他是皇上亲派检查财务税收的大员,因此对他的接待格外隆重,并都备有厚礼。没想到郭嵩焘向来清廉方正,严于律己,规定"不住公馆,不受饮食",更不受礼。他的随行人员因不能发财而大为不满,那些地方官也尴尬不满,因为他破坏了官场腐败已久的"游戏规则"。到山东沿海各县后,他认真查账,发现从县官到普通差役几乎人人贪污税款,贿赂公行,而且税外勒索严重惊人,超过正税四倍多。他立

六　人物春秋

即采取种种有力措施整顿税务，堵塞漏洞，并设局抽取厘金。所谓"厘金"是清政府在财政极端困难时为镇压太平天国专设的捐税，郭嵩焘想整顿、减少其他易为官员中饱私囊税、费，而通过新设厘局使税收真正为政府所得。这些措施严重侵犯了当地大小官吏的利益，他们自然极为不满。而设局抽厘又增加了新的名目，因为在政治严重腐败的情况下，新任厘局绅董也一样贪婪。结果厘局刚成立不久，就发生了福山县商民怒捣厘局，打死新任绅董的骚乱。尽管如此，这次税务整顿还是大有成效，查整了一批贪官污吏，增加了政府税收。但郭嵩焘万万没有想到，正当他自以为有功于朝廷的时候，突得朝廷以他在山东查办贸易不妥、交部议处的通知。

原来，书生气十足的郭嵩焘根本没有想到，李湘棻一直在暗中监视自己的举动，并随时向僧格林沁汇报。所以他对僧格林沁派来的这位"会办"竟毫无防范，郭嵩焘开设厘局后，李即向僧报告说如此大事竟未与他这个会办商议便独自决定。这个报告使原本就认为郭嵩焘目中无人的僧格林沁大为光火，认为不与自己派去的"会办"商议实际是未把自己放在眼中，便在12月底以郭未与会办李湘棻同办、未与山东巡抚文煜面商便派绅士设局抽厘以致民变为由，上奏要求弹劾郭嵩焘。以僧格林沁的地位之尊，他的意见当然深为朝廷所重。而且，迂气十足的郭嵩焘在处理山东沿海税务却与山东地方大员、山东巡抚文煜少有沟通协调，也使文煜大为不满，站在僧氏一边反对他。1860年元月，郭嵩焘被迫离开山东返京，悲叹"虚费两月搜讨之功"，"忍苦耐劳，尽成一梦"。

返京途中他备受冷遇，与来时一路的隆重迎送恰成鲜明对照，使他饱尝世态炎凉，领略到官场的势利。回京后，他受到"降二级调用"的处分，虽仍回南书房，但实际已是闲人，被冷落一旁。1860年4月，被冷落一旁的郭嵩焘怀着孤愤郁闷的心情以回籍就医为由黯然返乡。其实，素有识人之明的曾国藩早在岳麓书院读书时就认为郭嵩焘识见过人，但书生气过重，能著书立说，更是出主意的高参，却不是当官的料。此番整顿山东沿海税收的失败，就说明了这一点，如他不知通权达变，不注意协调极为复杂的各方关系，认为只要严于律己一心为国，便可雷厉风行，不顾一切采取强硬措施反贪反腐。

不过，这次反腐失败固然有郭嵩焘个人的因素，但根本原因还是此时社会、官场已从根腐败，他的作为实际已与整个社会风气和官场成例冲突。其实，他在评价肃顺屡兴大狱、以严刑峻法整顿吏治时说明他其实也明白此点："国家致弊之由，在以例文相涂饰，而事皆内溃；非宽之失，颟顸之失也。""今一切以为宽而以严治之，究所举发者，仍然例文之涂饰也，于所事之利病原委与所以救弊者未尝讲也。是以诏狱日繁而锢弊滋甚。""向者之宽与今日之严，其为颟顸一也。颟顸而宽犹足养和平以为维系人心之本，颟顸而出之以严，而弊不可胜言矣。""故某以为省繁刑而崇实政为今日之急务"。也就是说，根本原因在于"颟顸"，即制度本身存在巨大缺漏，制度本身不合理，使各级官吏有机可乘，时时面对巨大的利益诱惑。而"向者之宽"，即吏治早已废弛松懈，在这种环境中能长期抵挡巨大利益诱惑、洁身自好者毕竟不多，因此造成了"无官不贪"的局面。在这种一直十分"宽松"的情况下，突然严厉反腐、仅用重典严惩的贪官污吏再多其实也只是少数，不仅不能从根本上解决问题，而且"锢弊滋甚"。他眼光过人地看到，以前对官吏贪渎的"宽"当然是"颟顸"，但现在把腐败严重的原因仅仅归结于以前的"宽"而看不到是体制本身不合理造成的，因此不追究腐败的根本的原因、不作体制性改革而突然严厉反腐，其实与以前的"宽"一样，也是一种"涂饰"，也是不愿"崇实政"、不愿冒风险进行艰难的体制改革从根本上"反腐"，所以也同样是"颟顸"，而这种"严"会使许多官员因贪下狱，弊病也十分严重。而且，体制存在巨大漏洞必然会"无官不贪"，在这种情况下"宽"反可以笼络、维系官员；而这种情况下的"严"反有可能反使各级官员人人自危，影响统治者的施政效率和官场平稳，甚至很可能祸及反腐者自身。后来，肃顺在与慈禧、奕䜣争权中失败被斩首而亡时，不少官员拍手称快，证实了郭嵩焘的断言。确实，解决反腐问题的根本之途在于"崇实政"，即对制度本身进行改革，这样才能既"省繁刑"，又使政治清明，统治稳定。

郭嵩焘此次反腐失败还值得注重的是，僧格林沁是清王朝的忠臣，并非贪赃

六 人物春秋

之辈,最后还为清王朝战死,但他为了自己的"权势"却反对、破坏了对王朝根本利益大有好处的"反腐"。各级官员,甚至是"清官",往往自觉不自觉地将自己的、局部的利益凌驾于"整体"之上,因此"反腐"必须排除来自各级官员的干扰,破除他们对腐败者的保护。

此时,清政府面对的是自身的系统性腐败。所谓系统性腐败是指只有以腐败作为润滑剂,政府部门才能提供"正常"的公共服务。在这种系统性腐败中,腐败实际已经成为官员行事的常例,成为他们的一种生存手段,久而久之内化为一种不会引起内心道德冲突和愧疚感的"规范",而不同流合污者必然受到系统性排斥,这反过来使腐败更加严重、更加猖獗、更加根深蒂固。退一步说,在系统性腐败中,"反腐"即便得到"圣上"的支持、严肃处理了个别贪官从根本上说也无济于事,因为仅仅是孤立地处理一个又一个贪官,并不能遏制日益严重的系统性腐败,更不能从根本上清除腐败。而且,在制度缺漏导致"无官不贪"的情况下,大面积肃贪甚至会使整个行政系统瘫痪,任何反腐者都不能不面对实情而有所宽宥,所以有必要再强调一下郭嵩焘的观点:在制度缺欠造成普遍腐败的情况下,对官员"宽""犹足养和平以为维系人心之本","严"则"弊不可胜言矣"。但是,对腐败的宽宥又会使腐败更加严重……这种恶性循环,最终是"系统性崩溃"。

郭嵩焘的悲剧正在此点。大概,这也是所有"生于末世"却又不愿同流合污、不忍眼见"大厦倾"的"清官"们的悲剧。纵然"才自清明志自高",但终难免"运偏消"的结局。"清官"们的个人命运如此,如果长期不能"崇实政"解决制度性腐败,一个王朝的命运也必然如此。

2. 许宝蘅所见帝后之死

马 勇

许宝蘅1907年考取军机章京，深受军机大臣张之洞倚重。光绪三十四年（1908年），光绪帝、慈禧太后相继病逝，朝廷所颁帝后遗诏及部分上谕，皆由许宝蘅拟就。许宝蘅勤于笔耕，留有大量日记，记录了晚清民国所经重大事件情形。其中关于帝后相继病逝的记录，是目前所知最直接最近距离的观察。抄录如次：

> 光绪三十四年十月初十日（1908年11月3日），五时入值，以皇太后万寿圣节百官入贺，故西苑门启稍早。各部院皆推班不奏事，外省折奏亦多暂压不递上，故值班无事。八时两宫御勤政殿，仍照常召见军机，赐六大臣念珠各一串，余与捷三同入内直房听旨，军机大臣退后更换朝服，余二人遂循湖北行至宝光门，门内盛设仪仗，南为长廊，北为景福门，门内为仪鸾殿，即皇太后所居宫也。景福门外铺设极大棕毯，自大学士以下皆齐集门内，院中为王公大臣，余等旁立观看。八时二刻，景福门掩，闻内作乐。盖皇太后已御殿，内廷主位先进贺也。旋启门，内外百官皆肃立，闻赞礼声皆下跪，凡三跪九叩首，礼成掩门均退，余等亦趋出，至直房而同人早散出矣……今日懿旨封达赖喇嘛为诚顺赞化西天大善自在佛……
>
> 十一日（11月4日），六时入直，九时散归……

六 人物春秋

十四日（11月7日），六时入直。前两日两宫未御勤政殿，以太后感冒伤风。十二日，庆、醇两邸曾诣仪鸾殿问安，今日发下折奏时，梁监传旨若有应面奏事仍召见，但斟酌召见处所，庆邸以有事对，九时仍御勤政殿召见军机……十一时散直……

十五日（11月8日），入直。大风，甚冷。庆邸昨日请训赴东陵查看普陀峪工程，今日启程。礼亲王奏盛京尊藏玉牒礼成，朱批敬悉。十一时散直，归……

十八日（11月11日），六时入直。皇上以不能坐，未召见军机。本传日本侯爵锅岛直大等觐见，亦撤去。今日寅刻即传诸医伺候。九时三刻内务府大臣率医退出，醇邸、世、张、鹿、袁诸公详问病状，始散，到方略馆直宿，调咸同间档案阅看……

十九日（11月12日），入直。太后圣躬不豫，梁监传谕，周身痛，昨日至今未进食，停起。所有应发谕旨、电旨，均办奏片请旨再行拟旨递上。发下，发交，十时半事毕。堂官尚有聚议未散，候至十二时，余与元臣、捷三先退……

二十日（11月13日）……三时到俊师寓，与菊尊、李子端谈，闻两宫病皆亟，军机已刻入对于太后宫内。午刻又传入见，奉懿旨授醇亲王为摄政王。又奉懿旨，醇亲王之子溥仪留宫内教养，在上书房读书。又闻传即夕还宫。二圣同病，殊可危虑。

廿一日（11月14日），访元臣，知刘、胡两前辈昨日均入直，今日复入，拟办各件，十二时归……

廿二日（11月15日），四时半起。五时半至东华门，已启，至西苑门见吉祥轿，始知大行皇帝于昨日酉刻龙驭上宾。门启入直房，曼卿留宿于内。昨夕颁发遗诏，立醇王之子为嗣皇帝，奉懿旨命摄政王监国，嗣皇帝颁发哀诏。少顷，刘、胡、易、赵、孙、陈、卢、邢、赵、宋、刘、张诸前辈均到，拟进尊上皇太后为太皇太后、皇后为皇太后谕旨。又拟进御名改避谕旨。又拟进懿旨饬阁部院议摄政王礼节。又拟进谕旨停止各直省将军以下来京，并拟各奏片命内监进述，奉太皇太后谕依议。至十一时，闻太皇太后危笃，又拟进懿旨命摄政王裁定军国政事，有重要事件由摄政王面请皇太后旨行。旋检查孝贞显后旧典。二时闻太皇太后换衣，摄政王与庆邸、各堂入宝光门敬视太皇太后升遐，即拟进太皇太后遗诰及哀诏。呜呼！十一时中两遭大丧，亘古所未有，可谓奇变，余缮写各旨时心震手颤，莫知所主。大行皇帝于巳时奉移入乾清宫，大行太皇太后于酉时奉移入皇极殿，皇太后率嗣皇帝立时还宫，余等于五时散出，归已六时矣。

六 人物春秋

3. 张状元挥别朝廷

马 勇

1898年的政治变革揭开了中国走上君主立宪的序幕，光绪帝虽然没有明白作出这样的政治宣示，但其行动已经表明中国就是要向日本学习，就是要走明治维新的路，就是要构建一个君主立宪的国家。只是后来因为种种原因，这个计划被推迟被耽搁，直至二十世纪初年新政再启，君主立宪重回中国人的视野，也由此涌现出一批职业政治家，他们在后来的政治变动尤其是从立宪向共和的转变中发挥了巨大作用，南通张謇就是其影响最大者。

体制内抗争

所谓立宪，其实就是用宪法去约束政府权力，保障人民的基本权利。至于君主立宪，就是在君主统治下，用宪法去约束政府，用议会去保障人民权利不受侵害。在那时比较成功的例子，就是日本的明治维新，中国的榜样也就是日本。

张謇对日本君主立宪的关注已经很长时间了。当日俄战争开打后，张謇就敏锐意识到日本胜俄国败，胜败的关键不在国土不在人口不在兵力而在体制，日本的立宪体制使其致力于实业教育三十年，因此有足够的力量与中国、俄国抗衡。

日本稍后的胜利证实了张謇的预见，体制内的驻外使节如孙宝琦、胡惟德、张德彝及一些督抚朝臣纷纷转变立场，以为只有立宪可以防止中国重蹈俄国覆辙。

在家天下时代，一切对于朝廷有利的事情，朝廷都会欣然接受，都会去做。稍事讨论和考察，清廷就于1906年秋天郑重宣布预备立宪，争取用九年时间将中国带入日本那样的立宪国家。

清廷同意立宪并不意味着立即实行，所谓九年准备其实就是一个郑重其事的态度。清廷希望在确定了方向之后稳步进行，先进行官制改革，再参照东西洋各国重订法律，之后再广兴教育，清理财政，整顿武备，经过这些稳扎稳打的筹备后自然而然水到渠成。

对于清廷的稳重方案，焦急的立宪党人当然有点不太愿意接受，他们急切期待用立宪摆脱危机，富国强兵。在清廷预备立宪御旨颁布不久，张謇与汤寿潜、郑孝胥等立宪党人反复计议，联络江浙闽粤等地近三百名立宪党人在上海创办"预备立宪公会"，出版报刊，宣传宪政；编纂商法和公司法，以保护商人利益，促进工商业健康发展；开办法政讲习所，培养立宪人才。经过这些筹备后，预备立宪公会联络其他政治团体，尝试着举行请愿运动，希望促动清廷加快立宪步伐，早点将中国带上立宪轨道。

张謇和预备立宪公会的领导人确实具有相当能量，他们很快联络全国各地相关团体十多个一起向朝廷施压。面对如此压力，清廷也作出一些善意回应，一再重申立宪方向不变，并同意在中央创设资政院，在各省创设咨议局。这是中国几千年历史上从未有的事情。

各省咨议局和中央资政院为立宪党人的活动提供了合法平台，张謇等人利用这个平台做了大量工作，也就短短几年时间，立宪的思想逐渐深入人心，各省督抚在咨议局的咨询、问责中，渐渐觉得有点不太舒服，开始有点"官不聊生"的感觉。

其实，从立宪党人的立场说，咨议局并不是一个完全议会，只是一个议政机构，并不具有立法资格。各省议员在经过一段时间实践后，感到这种准议会性质不利于宪政推行，因此他们格外期待朝廷能够速开国会组织责任政府。这就是国会请愿运动的来历。

六 人物春秋

张謇等人发动的国会请愿运动是一种体制内抗争，在认同体制的前提下建议改革，建议加速。这些建议虽然有违于朝廷"有计划政治"，但其心可嘉，在经过几番折腾奋争后，朝廷还是在第三次请愿发生时作出提前召集国会组织责任内阁的承诺，决定在1913年召集正式国会，在此之前先将官制厘定，并预行组织内阁。

善意忠告

清廷对九年预备立宪的调整是没有问题的，不存在不真诚，只是在人们接受了这个调整，静等按部就班厘定官制，特别是预行组织内阁时，却出了大问题。

1911年5月8日，清廷宣布第一届责任内阁名单，13位阁员中竟然有9人为皇室或皇族，这无异于军机处的亲贵内阁、皇族内阁立即引起立宪党人普遍反对，张謇也在第一时间敏感意识到清廷的这个举措不仅违反了祖制，而且处理不好，势必导致人心皆失，国家解体，一场巨大的政治动荡似乎不可避免。

君主立宪是张謇那一代中国人苦苦探究十多年的结果，也是那一代中国人认为最合乎中国的路，君主专制既然已成历史，民主立宪又不想要，只有君主立宪这条路。现在君主立宪弄成这个样子，满洲贵族对权力的垄断已经到了肆无忌惮的疯狂程度，这不能不使张謇这批老立宪党人感到格外愤怒。

愤怒归愤怒，张謇还是没有与清廷翻脸，传统的君臣观念影响着他，他只能忍气吞声地有话悄悄向皇上说。张謇为此联系汤寿潜、沈曾植、赵凤昌等人联名致信摄政王，旁征博引耐心劝告摄政王仿照咸同年间成例，重用汉大臣之有学问有阅历的人，无论如何不能以国家为赌注，放任皇族和那些高干子弟胡作非为，垄断权力，丧失人心。

为探虚实，张謇还协同友人先至武汉拜访湖广总督瑞澂。再至彰德，拜访二十多年未曾见面的袁世凯，详细交换对时局的看法。紧接着，张謇一行入京，与载泽、载洵、载涛、徐世昌、唐绍仪等政要频繁接触，并获摄政王接见。也就是在这次接见中，张謇向摄政王提出了"最后的忠告"，以为当时的外交有三大危险，内政有三大要事。

外交上的三大危险一是中俄伊犁条约；二是宣统五年英日同盟条约期满；三是美巴拿马运河告成，必有变故。至于内政三事，一是外省灾患叠见，民生困苦，朝廷须知民隐及咨议局事；二是商业困难，朝廷须设法振作，金融机关须活；三是中美人民联合。

张謇对摄政王的忠告故意回避了最敏感的体制改革，尤其是皇族内阁、铁路国有等问题，但他在随后与王室成员的交谈中明白阐释自己的看法。对四川风起云涌的保路运动，张謇表示同情，建议载泽尽快与盛宣怀商量，调整方略，无论如何也要将那些集资修路的川民从这个政策的损失中剥离出来。他们是政策的受害者，不应该让他们承担政策的损失。用中央财政将川民的集资款退回，然后集中力量追查川汉铁路公司及那些官绅的责任。

在京期间，张謇或许没有机会就皇族内阁发表看法，等他8月回到南方后，很快发表了一个《请新内阁发表政见书》，张謇在不反对皇族内阁前提下提出三点建议，一是速发内阁新政见以刷新中外耳目；二是实行阁部会议加强中央各部门之间的沟通；三是建议国务大臣恢复幕府制度，选择优秀人才进入幕府议政。

别了，皇上

很显然，张謇这样的立宪党人对皇族内阁和铁路国有的反对，还是比较温和及有节制的。他似乎倾向于相信，大清王朝面对这样的政治危机应该能够化解，秩序应该能够得到恢复，毕竟这是一个两百多年的王朝，经历过那么多大风大浪，怎么可能在这点风浪中翻船呢？因此，即便武汉因成都保路风潮弄得一片恐慌，张謇还是在10月初到那里主持一个纺纱厂的开业仪式。

10月10日晚八时，忙碌多天的张謇登上"襄阳丸"顺流东下，突然间他看

六 人物春秋

到武昌草湖门一带着起了大火,他想起昨天曾有革命党人被查获被处死,他估计这些大火或许是这些闹事者余党报复。船行二十里外犹见火光,张謇怎么也想不到他目睹了那场改变中国历史进程的大事件,那些大火就是湖北新军愤怒的火焰,他们不是为昨日被杀者复仇,而是起义,是辛亥革命的开端。

作为立宪党领袖,张謇对革命本能厌恶。两天后(12日)抵达南京,张謇第一件事就是劝说江宁将军铁良出兵援鄂平息动乱,并请铁良代奏朝廷立即实行立宪,改组内阁,平息国人的愤怒。

张謇真诚希望社会稳定,不喜欢革命,不喜欢动荡。他在此后几天分别拜会两江总督张人俊、江苏巡抚程德全进行劝说,在得到程德全认可后,与雷奋等人代程德全及山东巡抚孙宝琦起草了一份奏折,请求朝廷立即改组内阁宣布立宪,标本兼治,剿抚并用,并建议对酿乱首祸盛宣怀严加惩处以谢天下,筹组责任内阁代皇上负起责任。

革命的发展超出了所有人的预料。短短几天,湖北独立、湖南独立、山西独立、陕西独立、江西独立、云南独立,很快这股独立风潮像传染病一样传到江浙,传到上海,张謇和那些立宪党人坐立不安,无可奈何。他的立宪同志李平书出任光复后的沪军都督府民政长,他的亲信沈恩孚、黄炎培也到光复后的江苏都督府任职。平稳光复,和平过渡,使张謇对革命的恐惧极大减轻,他的思想也就在这个时候发生转向。

张謇渐渐意识到,革命既然已成为大势,那么谁也没有办法阻止,立宪与革命虽说有很大差异,但在目前形势下,立宪党人有责任与革命党保持合作,稳定社会,控制局面。11月8日,张謇致信江宁将军铁良和两江总督张人俊,劝他们在动荡时期好自为之,千万不要让满汉战士兵戎相见,应该引导大家在共和主义理念指引下友好相处。这大约是张謇转向共和的最早证据。

和平光复势不可挡,自武昌首义至今(11月8日)不过32天,独立省份就有14个。这14个独立省份当然并不意味都与朝廷严整对立,但清廷的政治危机至此已暴露无遗。先前十几年的立宪奋斗终于因清廷内部自私、不妥协而彻底葬送，那么转向共和转向革命，也就成了张謇这批立宪党人的必然选择。

11月23日，张謇在上海会同汤寿潜、熊希龄、赵凤昌等老立宪党人联名致电张家口商会转内外蒙古赞成共和。接着，张謇又与伍廷芳、唐文治联名致电摄政王，再进忠言，以为非共和无以免生灵之涂炭，保满汉之和平。君主立宪已成过去，为皇上为王爷计，此时若幡然改悟，共赞共和，以世界文明公理待国民，国民必能以安富尊荣之礼以报皇室。

别了，皇上。这是中国人也是张謇一个痛苦而又不能不作出的选择。

六 人物春秋

4. 梁启超的双城记

解玺璋

在经历了漫长的等待、观望、争执和算计之后，去国十四年的梁启超终于踏上了归国之路。1912年10月初，他乘坐日本大信丸到达天津。虽然晚秋凛冽的海风曾让他在船上滞留了三天，但他即将踏上故土已无悬念。

通常人们说起梁启超归国后在天津的居所，毫无疑问，都会指向今天河北区民族路44号和46号两座意大利式的楼房。现在这里是梁启超纪念馆，当年却是梁氏一家的寓所和书斋。不过，梁启超初到天津倒不会住这里，因为，这两座建筑那时根本就不存在。有知情者回忆，这两座建筑，北侧的寓所是1914年建造的，而书斋，即饮冰室，则建于十年后的1924年。

那么，梁启超回国之初住在哪里呢？他在给女儿思顺的信中提到，当初是住在日租界的荣街，"月租百三十元，仅有可住之房四间耳"。至于是荣街的哪一处宅院，现在则缺乏可靠的线索来确认，只知道离他创办的《庸言报》不远，而且宅前即公园，可以散步。我推测，这座公园有可能就是当年日租界里名声很大的大和公园。

我们知道，梁氏回国之初，未带家眷，直到第二年初夏，夫人李蕙仙才带着他们的"双涛园群童"，即思顺、思成、思永、思忠、思庄、思达及"王姨"回国，与梁启超团聚。为了安置这一大家子人，回国后的梁启超一直四处看房，并为找不到适合全家人居住的房子而焦虑不安。这期间他和女儿思顺通信最勤，不下百余封,几乎每次都提到房子。荣街的房子肯定不够住,他最初是把父亲也考虑在内的,如果父亲同意来天津,他甚至准备租三处房子,父亲和几个弟妹住一处,他的家眷住一处,他和二弟梁启勋,以及汤觉顿等人住一处。一来天津房子实在难找,梁启勋又坚持要住日租界,找到合适的房子就更难;二来他对把家安置在北京还是天津一直举棋不定,所以,找来找去,总不满意。有一次已经交了定金,仍觉得不够理想,结果白费了定金三十元。

直到四月初,天津的房子才算有了着落。父亲梁宝瑛担心北方住不惯,执意要回广东老家,减轻了梁启超在天津的负担。房子很快就租定了,六月起租,拟于五月中旬迁往。不能马上入住的原因是前清直隶总督陈夔龙正假养病之名,寓居于此。不久,他移居上海,这里就让给梁启超了。房子的位置在德国租界,有一座很大的花园,房间也勉强够住,月租开始谈的百五十两,后来增加到二百三十两。梁启勋虽然仍嫌这里僻远,但日租界一时找不到合适的房屋,他也就不再坚持。大约是在五月的中卜旬,李蕙仙、梁思顺一行回到天津,就住进了梁启超为他们精心布置的新居,思顺的房间花费了"八百金"置办家具、陈设,而"全家家具费乃不满二百金也"。

梁启超回国后,一直致力于统一、共和、民主三党的合并,希望此举可以对抗国民党,在国会选举中取胜。袁世凯也对梁及其周围的种种势力有所期待,力促三党合一。5月29日,进步党在京成立,推举黎元洪为理事长,而该党事实上的领袖却是梁启超。这一年是民国二年,发生了很多事,3月20日,宋教仁在上海火车站被人暗杀;7月12日,李烈钧在江西湖口举事,发动二次革命;9月11日,熊希龄发表"人才内阁",以梁启超为司法总长。这时,如果从国事考虑,他似乎不能不住在北京,他在给女儿思顺的信中直言:"吾之一身渐为全国政治之中心点,故不能不常居于政治中心点之地。"他甚至有过"俟全眷归时必在都中赁一大宅"的想法,因为"大约此次入阁总不能逃"。但如果着眼于个人生活安适,自然还是住在天津的好,"津中之宅则留以防乱耳",还是脱不了传统知识分子

六 人物春秋

有道则仕,无道则隐那一套。实际上,他在国事稍觉顺利,尚有可为时,就倾向于住北京;而在心绪恶劣,感觉无望时,则倾向于住天津。

梁启超初到北京,曾"借寓东单牌楼二条胡同蒙古实业公司",这里是光绪皇帝的老师翁同和的旧宅。但此处终非长久之计,随着形势的变化,他意识到"大约必须以一半日子住京",于是,在天津的房子安置妥当之后,他开始张罗在北京租房或买房。但房子看了数处,竟没有一处合意的。这恐怕和梁氏心中悬了一个太高的标准有关。梁启超不是没在北京住过,1890年至1898年间,他数次入京,几乎每次都住在宣南粉房琉璃街路西115号的新会会馆;1891年10月他入京完婚,还在宣南永先寺西街的新会新馆住过,但都是短暂居住。去年媒体曾闹出笑话,把位于粉房琉璃街的新会会馆旧址误当作梁启超故居"饮冰室",甚至还爆出了"面临拆迁"的新闻,掀起轩然大波。很显然,这里即非梁启超在北京之故居,更非饮冰室,其故居另有出处。

目前,官方承认的梁启超故居在北京只有一处,即今天东直门内南小街北沟沿胡同23号。这是一条南北走向的胡同,北起大菊胡同,南到东四十四条,全长三百多米,坐西朝东的梁启超故居就隐藏在胡同深处。这里已经没有象征身份和地位的门楼,一堵青色高墙,靠近门口的墙上镶嵌着一块牌子,上书"梁启超故居"五个大字,作为北京市东城区文物保护单位,这块牌子是1986年6月立的。梁启超什么时候在这里住过,我们现在不得而知,但至少不会是1915年以前。有人说他在这里同康有为一起策划了"公车上书",更是胡扯,可谓风马牛不相及。

梁启超在北京找房,先是看中了北海的漪澜堂(今日之仿膳),他喜欢这里的"弥望荷花十顷,杂以菱芰黄之属,水佩风裳,冷香飞上,湖外老柳古槐,圆阴匝地,蝉声豪迈如诉兴亡,胜赏既殚,继以幽感"。他写信给女儿说:"假使一年后,舣棱无恙,则漪澜堂终为我息壤也。"不久,他又对漪澜堂北面、北海北岸的镜清斋(今静心斋)发生了兴趣。据说,此前中华民国首任外交总长陆徵祥就曾在这里住过。他难以掩饰自己的兴奋之情,马上写信告诉他的"娴儿"(思顺):"其地风景绝佳，布置精雅，号为北海之冠，回廊曲折，居室错落在山坡上（房室皆不大），分五六座以廊通之，其景殆为颐和园所无（南海中海无此佳构，漪澜堂虽大而无甚用），外则弥望荷菱，以全海为一大园，小动物居此，当喜欲狂矣。"不过也有缺点："惟室少不能容客，且交通极不便，是隐士所居，非政客所宜也。"

不过，到了9月，梁启超的房子还没有搞定。南池子有一处宅院，他也很喜欢，地段极合适，房子也好，极新极精，但索价太高，只好作罢。情急之中他甚至想到了"独居国务院"，也就是铁狮子胡同1号，袁世凯曾在这里宣誓就任中华民国大总统，后来这里又成了段祺瑞执政府所在地，就在这个门前，发生了著名的"三一八惨案"，刘和珍就死在这里，鲁迅为此写了《纪念刘和珍君》，称这一天是"民国以来最黑暗的一天"。这当然都是后话。只是这里最终并没有成为梁启超的私宅，10月1日，他写信告诉女儿思顺："细瓦厂屋略可定局，客厅及吾书房之家具可装束待发。"这里所说细瓦厂，位于北京正阳门内西侧，西交民巷之北，国家大剧院的西南，新华门的正南方，有前细瓦厂和后细瓦厂之别，梁启超将要买下的这所住宅为前细瓦厂4号，房价一万四千块现大洋，梁启超在这一年写给女儿的最后一封信中说："大约因买此屋负债二万元（月息八厘），每月出息百六十元。"不过他认为，每月利息相当于租房的租金，"总算便宜"。

梁氏在前细瓦厂住到何时？有传说，1915年10月14日袁世凯派军警搜查了蔡锷在东城棉花胡同的住宅，三天之后，梁启超也将家具运回了天津。这种说法只能"姑且听之"，不足信，因为，1914年底梁启超辞去制币局总裁一职，转年春天就回广东省亲去了，以后发生了袁世凯称帝等一系列变故，梁启超虽然时有赴京之举，但留居京城已不可能。在这之前，他已在天津意租界西马路（今民族路）买下周氏一块空地，计3.895亩，修建了一座寓所，这座两层楼房前后两幢，于1915年建成，梁氏一家遂搬了进去。不久，蔡锷与梁启超商量发动反袁护国运动，就在这座楼上。时隔十年，梁启超又在这座楼房的南侧修建了他的书斋"饮冰室"。

六 人物春秋

5."绿林党"王金发:一个山大王的革命记

金满楼

马识途的小说《夜谭十记》中有一节叫《盗官记》,2010年最火的电影《让子弹飞》即由此改编而来。若认真地说,类似荒诞离奇的事件发生在辛亥年后的可能性更大,其中的三个主角,买官者马邦德、盗官者张牧之与地头蛇黄四郎,在革命后的南方特别僻远县市中都不难找到原型。

话说江苏革命时,扬州来了个"假革命党"孙天生,此人说来好笑,他原是妓院里搬弄茶壶的杂役,想必革命党常在妓院搞革命,他耳濡目染,晓得了孙中山(当时还叫孙文)乃革命之领袖,偏巧他也姓孙,于是他也搞起了孙武的那套把戏,把自己冒充成孙文的族弟,待到改朝换代时,他叫上当地巡防营的几个老总,带着些兵,浩浩荡荡地往扬州发财来了。

进城时,孙天生骑着高头大马,身上裹满白绸,就像阿Q"革命畅想"中"白盔白甲的革命党"——愚民们总以为革命党是为前明皇帝报仇,所以要身穿孝服——虽说没有板刀钢鞭也没有炸弹洋炮,孙天生凭着前导士兵手里"还我河山"、"光复大汉"的两面白旗,已足以令前清命官当街叩头如捣蒜,而群众们的夹道欢迎自然不在话下。就这么着,孙天生做上了扬州的第一任都督。

孙天生是有历史污点的人,手下又没有坚实的枪杆子,扬州士绅们当然不甘心屈居于这样一个龟奴之下,有好事者给人称"徐老虎"的徐宝山送信,这位由昔日大盐枭转正而来的巡防营统领立马率官军连夜过江,不费吹灰之力便将这位假冒的"革命党"给"咔嚓"了,扬州都督之位,落到了徐宝山的手中。

城头变幻大王旗的非常之际,搞"假革命"的投机分子层出不穷,"真革命党"也未必好到哪儿去。绍兴都督王金发就是个典型例子。

王金发是鲁迅作品《范爱农》中的真实人物,这位在革命队伍中闻名遐迩的好汉,原本是浙江嵊县的一个浮浪子弟,从小喜欢舞枪弄棒,成年后投身江湖并当上了会党首领。徐锡麟在浙东运动革命时,王金发被当作人才给挖了出来,后来他跟在徐大哥的后面,去过日本,办过学堂,直到后来东窗事发,徐锡麟和秋瑾都被杀了,王金发只好转回老本行,逃入山中做起了"山大王",鲁迅说他是"绿林大学出身",也不算污蔑。

王金发虽然只做了半年的"强盗",却在浙东留下了不少的传奇,这也是后来绍兴人把他称作"强盗都督"的原因。1908年后,王金发与另一位革命党人陈其美接上头,随后脱身去了上海。之后数年中,王金发扮演了一个"革命侠客"的角色,出卖友人的汪公权及告密党、绍兴劣绅胡道南便倒在其精准的枪法之下,就连后来成为国学大师的"革命叛徒"刘师培,当时也险些命丧其手。

上海举义时,王金发在陈其美的召唤下率敢死队"一行三十余人奔杀制造局",为上海光复出了大力气;之后,王金发又马不停蹄地奔赴杭州,与蒋介石各率一路敢死队分攻抚署和军械局,杭州革命胜利的功劳簿上,也少不了王金发的一笔。只是,胜利的果实被汤寿潜等立宪党人夺去。王金发便借着搞"真光复"的机会,率领三百革命军浩浩荡荡地杀回绍兴,将原先导演"咸与维新"的绍兴前知府程赞清与"几个旧乡绅"(譬如曾在浙江巡抚衙门当过"师爷"的章介眉)所拼凑的"绍兴军政府"推翻,自任都督。

王金发这次回绍兴,那真是衣锦还乡,出尽了风头。为迎接这位新都督的到来,绍兴民众排着队在西门外等了一天——结果没来。直到次日傍晚,王金发一行人才乘白篷船而来。来了之后,王金发的手下便像扔爆竹一样朝天乱放数枪,算是给民众们答礼。接着,王金发慢腾腾下船,慢腾腾上马,在左右的前呼后拥中,

六 人物春秋

进城转了一圈。

王金发回来后,老朋友范爱农与鲁迅去都督府拜访他。据说,范爱农看着王金发的光头,忍不住上前摸了摸,赞道:"金发哥哥,侬做都督哉!"被摸之后,王金发想必有些尴尬,但大家都是熟人,也不好发作。

王金发当了绍兴都督,昔日的江湖兄弟们自然蜂拥而至,他的部队,很快由三百人扩充到一个旅,之后便是一个师。如此建军速度,兵员素质不消说了,军纪也成了大问题。但王金发对昔日弟兄不便过分约束,其所部勒索敲诈、滋扰民间之事,由此多有发生,屡禁不止。

事情搞大了,王金发就拿出绿林规矩,亲自捉人,不经审讯便杀,如后人给他写的《行述》中记载的:一日王微服查缉,见有兵士在店强买,立命捉之出,举枪疾击死之。又一日,查得有屡在途调笑妇女之兵士一名,暗记其营哨号数,归召其排长及该兵至,将该兵士缚大树上,先以军棍击排长十百下,数其纵兵殃民之罪,然后起身自举枪,毙此士兵……

王金发在杀人方面毫不手软,被杀的也不止那些匪兵。之前反对革命、鱼肉百姓的地主恶霸们,这下倒了血霉,先后被镇压了五十多个,其中还有不少是王金发亲自动手。

当了都督后,王金发仍保留了很多"山大王"的做派,譬如开仓放赈,开监放囚,据说狱囚们还拿到了丰厚的遣散费,"少者三十元,多者一百元",皆大欢喜。

有恩报恩,有仇报仇,当然是绿林做派的一部分。在隆重公祭徐锡麟及秋瑾等革命先烈并厚恤其家属之后,当年曾参与谋害秋瑾的劣绅们吓得四处鼠窜,那位负有直接责任的章介眉未及逃脱便被王金发抓住。按说,这老小子不杀不足以平民愤,不严惩就对不起革命先烈,但结果却出人意料。王金发最后竟然用非常戏剧性的方式释放了章介眉,他派出 16 名卫兵用轿子抬着,将之浩浩荡荡地送回家。原来,章介眉将一半财产,即田产 3000 余亩,现洋 5 万元,痛痛快快地捐献给绍兴军政分府。

王金发这样做实也是无奈，因为他的队伍扩张那么快，小小绍兴一府八县，不过半年多时间就招了一个师，这么多人要枪、要饷、要吃饭，一个个如狼似虎的，得不到满足就要搞出事来，而王金发又生不出金子银子，他只有向绍兴的父老乡亲们伸手了。如《让子弹飞》中编的，鹅城的赋税收到了90年后，王金发没有那么过分，他在减免了当年的田赋后却也搞起了提前开征。

绍兴的盐茶两税一向是大头，王金发自然不会放过，他给来了个加重征收；清末的富人们大多有抽鸦片的传统，王金发对症下药，在严禁鸦片的借口下，其指使手下对地主乡绅们大肆勒索乃至于没收田产。王金发的"倒行逆施"引起了绍兴人的强烈反感，以至于50年后的乡土史调查中，民间老百姓仍清楚地记得这样一首顺口溜："吃的油，穿的绸，迟早要杀头"。这骂的不是别人，正是王金发一伙人。

权力没有监督，想不腐败都不行。正如鲁迅说的，有些人进城时还穿着布袍子，不久就换成了皮袍子，"而天气还并不冷"。王金发闹革命时，家里倾家荡产还欠下不少的外债，王金发的老母甚至寄食庙堂，形同讨饭。等做了都督，情况就完全两样了，王金发派兵挑着洋油桶，桶里盛满银元，回老家加倍还钱。还有，金发哥一人得道，亲戚们也就鸡犬升天，不管是之前来往或不来往的，只要肯来都督府，王金发来者不拒，一律赏钱，弄得这些天里，王家亲戚相望于道——都往绍兴走亲戚来了。

清末一向买官卖官，这是革命党人最痛恨的。王金发没这么干，但他禁不住别人阿谀奉承，也缠不过自己的亲戚故旧，因而肥缺大多给了这些人。譬如他的舅舅当上了盐税局长，他的姨表兄弟们也捞了个酒捐局长、禁烟局长之类的干干。至于之前对他有恩的人，这回就像买了个绩优股，要钱给钱，要官给官，反正金发哥现在有的是权，有的是钱，摆摆阔也不过分。

说到摆阔，王金发是无师自通，绝不干那衣锦夜行的傻事。平日里，王金发骑着高头大马，排着队伍，吹着鼓乐，在绍兴的大街小巷乃至田间村坊招摇过市，大抖威风，唯恐别人看不见。王金发还是个孝顺孩子，之前老母因自己革命吃了

六 人物春秋

不少苦,这回得好好补偿一下,王老太太也就住上了洋房,用上了抽水马桶,王金发还专门为她布置一栋佛楼,老太太拜佛念经,都有雇来的尼姑陪着。王金发的外公也被接到都督府,事出意外的是,进门时随从鸣炮欢迎,差点把老人家给吓晕过去,之后说什么也不在绍兴待了,回家没多久,死了。

个人生活作风方面,王金发也让人颇有微词。正所谓"英雄好美女",王金发是英雄不假,"寡人好色",当然也不能免俗。当时有人送给他一个美婢侍寝,王金发笑纳之后,成天抱美妇,挎洋枪,"各乘骏马,驰骤郊外,以为笑乐",如此放浪形骸,还以为大丈夫当如是焉。王金发平时喜欢讲排场,都督府里一向警卫森严,外出则左右前呼后拥,就连小老婆回娘家,也要带着卫队,一路吹吹打打,热闹非凡。

潜意识里,王金发恐怕认为,今天的风光乃是他出生入死换来的,享受一点,天经地义,无可厚非。但如此一来,王金发的革命性质完全变了,"造福百姓"变成了"鱼肉乡亲","为民请命"更不要提,简直就是要了老百姓的命。

好在王金发只做了八个月的都督,在全国统一政令、撤销各地军政分府及舆论的压力下,王金发终于在老百姓的口诛笔伐声中灰溜溜地离开了绍兴。不过,他在这八个月里还是大有收获,那就是手握几十万的大洋,之后在上海滩上花天酒地,豪饮豪赌,还收了名妓花宝宝,买了座小洋楼,成天醇酒妇人,安享温柔富贵。

"二次革命"后,王金发意志消沉,与革命党人渐行渐远,据说后来还入京投靠袁世凯,后因"一匪未缉,空有自首之虚名"而被浙江督军朱瑞诱捕,最终于1915年6月2日被枪杀于杭州军人监狱。

令人慨叹的是,在风云变幻之际的当年,有多少革命故事,就有多少王金发——不过王金发好歹是享过福的人。

6. 袁黎冯段：北洋四大元首家产大公开

金满楼

一 袁世凯遗产百万

袁世凯出身世宦，年轻时又分得一份丰厚家产，其一生不曾为钱所困。只是，袁为人轻财尚侠，钱财易得而挥霍极快，后投入父辈好友吴长庆营中，机缘所至，先任朝鲜商务监督，后至小站大练新军，由此官运亨通，青云直上，变清末重臣为民国总统，及至人生之巅峰。

如按"三年清知府、十万雪花银"的标准，为官多年的袁世凯应置下不菲的家产，但公道地说，老袁一生经手的钱财无数，其特征却是"贪权不贪财"，若论积财，比他富有的北洋部属大有人在。

1916年6月，袁世凯称帝败亡，死后留下一大笔遗产供妻妾子女分配。据说，袁世凯病重时曾召见原幕僚王锡彤，其案头置一单，所有现钱、存款、股票等合计200多万银元，他指给王锡彤说："余之家产，尽在于斯"。

王锡彤长于经济，精通理财，清末时曾为袁氏亲信，因主办实业而闻名。袁世凯此次召见他，即为清理家产考虑。不过，临到分配遗产时，主持者却改为了袁世凯生前知交、后任民国大总统的徐世昌。在徐的主持下，袁世凯一生所积累的田产、股票、现金折为30份，诸子各一份，姬妾无子女者一份，未出嫁女两人一份，每份8万余元（以下均指银元），合计260万元。

六 人物春秋

　　袁世凯的三女儿袁静雪则另有说法,据其所称:"大哥袁克定,因系嫡出长子,独分40万,其余庶出的儿子,每人各分得12万银元。他们所分的钱数,除了现金以外,还有折合银元数字的股票,包括开滦煤矿、启新洋灰公司(即水泥)、自来水公司等股票在内";"他们兄弟,每人还分得有10条金子,……女儿们每人只给嫁妆费8000银元。我娘和各个姨太太都不另分钱,各随她们所生的儿子一同过活。"

　　因时隔多年,袁静雪的回忆也未尽可靠,不过袁世凯之孙袁家宾(第六子袁克端之子)曾见过一份分家的账单,此单没有说明袁世凯正妻于氏与嫡子袁克定的所得,但上面记载了大、二、五、六、八、九姨太太(三、四、七姨太太去世)各分得现款6万元、黄金30两;其他诸子则各分得现款8万银元、黄金40两,股票折合约7万银元。

　　综合比照,袁世凯的遗产似在300万元左右。时隔22年后(1938年春),袁克定又主持了第二次分家,这次所分的是北平、天津两地的五处房产和彰德、辉县的各一处房产。当时第十六子袁克藩已去世,这些房产折现后由尚存的16个"克"字辈兄弟平分。

　　此外尚有一桩悬案。据说,袁世凯生前在法国银行存有200万法郎,这笔巨款由长子袁克定秘密掌管。后来,第十子袁克坚得知此事,于是到袁克定家当面质问,并提出由诸子共分。袁克定开始支吾其词,后不得已批了他亲笔签名的"事可行"之字条,不过他很快又将条子追回撕毁,事遂不可行。不过,据第七子袁克齐说:"此款(200万法郎)未从法国(银行)领回",因此,这笔钱的有无及其下落,目前尚不得而知。

　　袁世凯死后,独得大份的袁克定很快将分到的家财挥霍一空,最后只好跑到表亲张伯驹家中寄居。而与张伯驹同为"民国四公子"的"皇二子"袁克文,其风流一生,死后却未留一文,连后事都是他的青帮弟子凑钱所办。这些公子哥儿,如何能做皇帝。

二 黎元洪理财大亨

相比袁世凯，黎元洪可谓是"苦出身"。黎父原是直隶练军低级军官，收入甚微，尔后又在黎元洪考入北洋水师学堂的次年突然猝死，家庭重任由此落到了黎元洪的肩上。好在水师学堂学生有笔津贴，黎元洪省吃俭用，就靠着这点钱勉强维持继母、夫人和幼弟的生活，日子过得十分紧巴。为了省钱，黎元洪每次回家探视时都徒步往返近百里，目的就是为了省下一个光洋的路费。

甲午年后，黎元洪辅佐张之洞编练新军，并逐步递升为新军协统，经济状况有所好转。辛亥革命中，黎元洪因祸得福，借势成为副总统兼领湖北督军，后来袁世凯将之调任京城，虽说形同软禁，但收入状况上相当不错，每月除薪俸1万元外（仅次于袁），另有办公费和其他兼职各2万元。光这几项，黎元洪每月可拿5万元，而当时一等兵月饷不过6元。

袁世凯死后，黎元洪继任总统，但一年后即因"张勋复辟"而下台。之后，黎元洪遁入天津租界，改而从事投资与实业。凭着广泛的人脉和雄厚的资金，黎元洪先后投资的实业不下70余家，其中银行20余家、企业10余家、煤矿8家，投资总额约300万元，收益颇丰。

早在清末时期，尚为中级军官的黎元洪就不失时机地购入了一些田产与房屋用于出租；到北京后，黎元洪更是购买地基自建公馆，共耗银12万两；天津隐居期间，黎元洪又在英租界购入地基4亩，并建了一栋陈设精美的花园洋房。民国后，黎元洪还在武昌、河北等地购入多处田产等，坐地收租。

实业方面，黎元洪也是投资多多、头衔多多，他曾任中兴煤矿董事长、黄陂商业银行总董事、南洋兄弟烟草公司董事等；在中国银行、劝业银行等，他也有大量股票。另外，黎元洪还投资了中兴煤矿、中原煤矿等矿产企业，即便是纺纱公司和面粉公司，也不乏其活跃的身影。当然，黎元洪也有投资失败的案例，譬如他曾为华侨首次创办的中国远洋轮船公司投资上万美金，但该公司不到一年即倒闭。

六 人物春秋

冯玉祥在回忆录中有一段饶有趣味的记载,说黎元洪某次召集在京各首长在居仁堂会餐,大家谈到各种烦心的国事,黎就诉苦道:"唉!总统真不是人当的,这一个月我又赔了三万多。这样计算,我每年就要赔上三十六万。长此下去,我实在不能支持了。唉,你们看!这个月,我的煤矿股票和盐票的利息,差不多都赔贴光了。东也捐款,西也募钱,叫人无法应付。每月进个十万八万,仅只捐款一项,就不够开销!"

冯玉祥听后脱口而问:"总统是当旅长出身,怎么会有这么多的钱呢?"黎元洪愣了一下,局促地说:"存的呀!"冯玉祥逼问道:"旅长的饷每月不过几百两银子,怎么会存那么多呢?"黎元洪不再回答,只呵呵一笑了之。

冯玉祥所述,从侧面反映了黎元洪曾热心公益,事实上他也向社会教育事业捐资助学,譬如他曾投资兴建天津北塘贫民小学(其父当年驻地),还为新创办的江汉大学捐助了校舍,并拨出十万元的中兴煤矿股票作为学校发展基金。1928年5月,黎元洪去世,其生前财产因国内战乱频繁而受到一部分的侵害,余者多为其长子黎绍基代为主持。

三 冯国璋善自封殖

黎元洪1917年去职时,冯国璋由江苏督军赴京代任总统,不过此公在位时却闹了一个大笑话,这就是"总统卖鱼"事件。据传,中南海的鱼系前代皇家放养,冯国璋入主后派人将湖中鱼一网打尽,并命人在市场上高价卖出,一时间北京各处都在叫卖"总统鱼",而售款尽入冯国璋的私人腰包。为此,有人写了一个对子嘲讽:"宰相东陵伐木,元首南海卖鱼!"

军阀混战时期,大总统不好做,因为各地税收很少正常解送中央,而开口问中央要钱的却多如牛毛,中央政府的收入不稳定,也难免影响到总统的个人利益。冯国璋做地方大员时,对财政上的事情一向敏感,他知道大总统虽然名义好听,但实际没钱可花，于是他在入京代理大总统前特别将崇文门监督一职要到自己名下，因为崇文门监督是个肥缺，每月可稳收20万元商业税，以供总统府的开支。

一个月区区20万的收入固然可以解决总统府的开支，但对于国务来说无济于事。因此，冯国璋也难免像黎元洪一样，有时要自掏腰包了。据其幕僚恽宝惠回忆，为了钱的事情，冯还与多年的老兄弟王士珍闹过别扭。当时冯国璋想让时任总理的王士珍派人到广西去调停南北冲突，但王士珍请示川资如何开销时，冯国璋却不肯出这笔钱，而是让国务院自己解决。王听后，私下里大发脾气："这件事还不为的是他，我又不贪图什么！我一天到晚狗颠屁股垂似的，为的是谁？这一点钱，他还不往外拿！"

冯国璋的吝啬与他的经历有一定关系。冯家原本殷实，但冯国璋出生后，家道开始中落，家计维持颇为不易。冯国璋读书原本优异，后因家计困乏而不得不放弃学业，投笔从戎。正因为如此，冯国璋对钱的事情看得比较重，和袁世凯、段祺瑞这些人比，他算是一个爱财的人。清末民初时，民族工商业发展迅速，冯国璋和其他大人物一样，也利用多年积累的余财进行多方投资，他在老家河北河间县购置了大量地产，又与张謇合办了占地数十万亩的盐垦公司，还在开滦煤矿、启新洋灰公司、中华汇业银行等处拥有股票。

冯国璋身为地方大员甚至国家元首仍顾及私利，当时即有人指责他"善自封殖"，冯国璋听后自辩道："项城（即袁世凯）雄主，吾学萧何田宅自肥之计，多为商业，以塞忌者之口耳。"冯的意思是，我之所以爱财，就是免得有人说我有野心。

冯国璋经营商业也有其他方面的考虑，因为他在发达之后，有些亲戚朋友前来投奔，冯不便拒绝又不能给这些人安排职务，因此他靠自办一些商业来安置这些人，算是公私两分。据说，冯国璋在南京时，其军队的后勤供给如军粮服装等，都是由他自己经营的商业来供应。

当然，冯国璋也不是一味的吝啬，对于自己的亲随，他也多有馈赠。如恽宝惠说，

六 人物春秋

冯国璋曾给过手下亲信师景云8000大洋，让他拿去侍奉老母；恽宝惠父亲生病时，他也收到过15000元的中交票（约折合8000大洋）。恽宝惠跟随冯国璋多年，他曾感叹，像冯国璋这样把钱看得很重的人，能够拿出这样一个款数来给他和师景云，算是"独叨异数"了。

冯国璋于1919年去世，其留下的遗产大概300万元不到，这些钱是其多年储蓄和投资所致。冯死后，丧事和遗产分配都委托给老友王士珍负责，在后者的主持下，这些钱按不同的份额分给了他的子女们。

四 段祺瑞两袖清风

相比冯国璋，同为"北洋三杰"的王士珍、段祺瑞就要寒酸许多了。"北洋之龙"王士珍曾为兵部侍郎，但民国后，王自命"遗老"而返回正定老家退隐，后来虽屡起屡退，但其清廉作风还是颇为人所称许。王士珍1930年去世时，只有两处房产和十余顷田地，而北京的房产还是学生鲍贵卿和卢永祥等人给他买的。

相比于王士珍的清廉，"北洋之虎"段祺瑞则有过之而无不及。段祺瑞曾"三造共和、五任总理"，1924年后又任"临时执政"（相当于总统、总理一肩挑），可谓历经宦海、权重一时，但这位人称"六不总理"（不抽、不喝、不嫖、不赌、不贪、不占）的北洋大佬，生前却不曾积蓄家财，甚至连自己的房子都没有。

说起房子，段祺瑞还有这样一桩美谈：早年袁世凯将打牌赢来的一处宅院送给自己的义女（也就是段祺瑞的续弦）居住，不想等到袁死后，原房主找上门来，请时为总理的段祺瑞搬走，房子归还原主……原来，当时房契并未交割。段祺瑞不愧为守法总理，他在院子里转了一圈又一圈后，最后还是恋恋不舍地退还了这个住了两年的公馆。

段祺瑞为人耿直，为官廉介，其人脾气大，治家也严，手下的人战战兢兢，不敢犯错，特别是不敢向来宾索取门包。按前清规矩，一般大官的门房都有收取门包的陋规，否则就进不了门。民国后，地方官员来京办事，一般也会给重要的京官送点礼，这原本算不得什么大事，但这个规矩，唯独到了段祺瑞这里不行。每逢有人将礼物送到段公馆，门房都是将之放在内客厅门口的条案上，段祺瑞每次路过时，总是仔细看了又看，最后挑一两件最不值钱的留下，其余全部让人送回。

有一次，江苏督军齐燮元给段祺瑞送了一幅精美绝伦的围屏，上面镶有各种宝石，五颜六色，非常漂亮，段祺瑞也很欣赏，并把它留了下来。当晚，其家人喜欢得不得了，半夜还偷偷起来观看。可惜的是，段祺瑞次日清晨就令人送回。张作霖某次派副官给段送了一些东北特产如江鱼、黄羊等，那位副官一再恳求，段祺瑞才收下两条江鱼，这已是极大的面子了。只有一次，冯玉祥给他送了几个大南瓜，段祺瑞倒是很中意，没有送回。

除薪水外，段祺瑞并不像其他军阀大佬那样利用权势进行投资以获取额外收入，因而在他彻底下野后，家中经济十分紧张。为节省开支，以前从不过问家务事的段祺瑞，最后居然沦落到亲自记账的份上。

1926年，段祺瑞搬到天津英租界，当时一些部属凑钱给他买了一套规模不大的住所。当时段已信佛，这位昔日的陆军上将、一国总理，每日三餐均以米粥、馒头、素菜为主，一年四季也只穿布衣。比起其他退隐天津的地方军阀，段公馆实在寒酸，当差打杂做饭的加起来不超过十人，而就这样的规模，段祺瑞都维持不下去，后来全靠一些老部下接济。

1936年11月，段祺瑞因胃溃疡引发大出血而去世，享年72岁。作为民国年间的大人物，段祺瑞一生不蓄私财，不徇私情，不拥兵自重，这在军阀中无论如何都算是至为可贵了。

六 人物春秋

7. 投名状：张宗昌的"革命变身记"

金满楼

上海光复后，督军陈其美曾派人到数千里之外的海参崴招兵买马，结果招来了民国军阀史上最著名的混世魔王、人称"狗肉将军"的张宗昌。

张宗昌生于1882年，山东掖县人（今莱州），其父生而穷困，家中数亩薄田，不足以养家糊口，农闲时节他便兼职吹鼓手以补贴家用。旧时农村，音乐稀缺，碰到婚庆丧仪，唢呐手总是不可缺少的气氛制造者，张宗昌的父亲这个行当做久了，后升级为"大抬杆"（乡村乐队的召集人兼首席乐手），在张宗昌7岁时，家里总算挤出点钱来送他入私塾念书，这对于世代贫穷、大字不识的老张家来说，可是件了不得的大事。

张宗昌的蒙师姓祝名修德，他第一件事就是把张的乳名"灯官"改成了"宗昌"，意思是张家今后繁荣昌盛，张老爹听后十分满意。张宗昌的教育生涯只有一年多，因张老爹后大病一场，家中无力再供他读书。

由于家贫无计，失学后的张宗昌不得不加入了谋生的行列，他先是给某地主老财家放牛，但因他年纪小，玩性重，结果有一次跟其他放牛娃斗蛐蛐而忘记了照看工作对象，结果东家的牛不见了。这事可不得了，张宗昌漫山遍野地找啊找，但找到夜幕降临，也不见牛的踪影。东家是出了名的小气鬼，他听说牛给放丢了，气得是暴跳如雷，当晚就叫人把张宗昌绑在院里的一棵枣树上，自己亲自拿皮鞭狠狠地抽打了一顿。

说来也怪，张宗昌年纪不大，意志却很坚强，他任凭东家使劲抽打，楞是咬紧牙关，一声不吭。张宗昌越是这样，地主老财就越生气，所幸地主婆是个心地善良的念佛之人，她听到前院的动静后急忙劝阻了丈夫，而地主老财也怕打出人命，最终只能自认倒霉，把张宗昌松绑后推出门外了事。

对于这件事，张宗昌这辈子都不会忘记。二十多年后，已做到山东督办的张宗昌衣锦还乡，他专程探访了当年的东家，并将那头牛的赔款全额奉还。面对这位手握数十万大军的直鲁联军总司令，老地主既惊又恐，但他的担心其实是多余的，张宗昌在还钱后寒暄几句即飘然而去，再未找过他的麻烦。

发迹后的张宗昌常与人说，他从小就不知道什么叫枕头，因为他长年枕着砖头睡觉，当时家中四人（还有一妹）只有一床破被，冬天全靠火炕过夜，上面冷，下面热。张宗昌的童年是不幸的，少年时代的他，吃不饱穿不暖，饱尝挨饿受冻之苦。据其回忆，每逢初一、十五或过年过节，有人去村里土地庙烧香上供后，他便趁黄昏去偷食供品，一边吃还一边发誓：有朝一日，我张宗昌要是发了财，一定给您老人家修缮庙宇，重塑金身，加倍报偿。

丢了放牛的工作后，张宗昌经人介绍进了本村的小酒馆当起了学徒，尽管没有固定工资（旧社会学徒一般只发点零花钱），但他一干就是三年。当时的村级酒馆，前头店面，后面酒作坊，因张宗昌的个头高，老板安排他去跑堂，但做了没几天，顾客们反映该跑堂传菜喊菜声如炸雷，令人大倒胃口，于是张宗昌便在前台消失，转入了后面的酒作坊。

酒作坊里做事无需抛头露面，但环境差，工作辛苦，加上掌柜待人苛刻，很多学徒吃不了这个苦，做了几个月就纷纷离开，唯有张宗昌坚持了下来。张宗昌之所以不走，主要因这儿虽苦点累点，但总算有口饱饭吃，因而他在学徒期间任劳任怨，干活从不偷奸耍滑，深得掌柜的欢心。看着张宗昌勤奋的样子，曾有人打趣说："三个伙计也比不上一个张宗昌！"老板娘听了则不紧不慢地回道："他饭量也抵三个人！"

六 人物春秋

尽管张宗昌是个地地道道、根红苗正的苦出身，但外表看上去却是相貌堂堂，高大英武，由于童年和少年时期的种种磨难，成年后的张宗昌难免性格粗野，对社会多有不满，在闲居乡里之时，打架斗殴便成了他的家常便饭。

男大当婚，女大当嫁。张老爹看着儿子成天无所事事，惹是生非，心里不免犯嘀咕，于是给他说了一门亲事，想收拢收拢他的野性。但媳妇虽然说下了，前途依旧渺茫，而胶东又连遭大旱，举目望去，赤地千里，颗粒无收。走投无路下，张家父子及一些同乡开始了他们人生的第一次壮举——闯关东。

张宗昌等人风尘仆仆、一路步行到烟台后，因搭不上船而在当地打了三个多月的零工，最后才经海运到了营口，之后便辗转到吉林给人帮工。一年半后，张宗昌的父亲因受不了关外严寒而随几位祝家村的老乡返回山东，行前张父让他一起回去，但张宗昌拒绝了："我一向不惧怕艰难困苦，出来了，就往下干吧！"

这时，正值沙俄攫取了中东铁路的修筑权，一位同在庄园里扛活的伙伴在得知俄国人在大量招收筑路工人后，便把张宗昌一块叫上，两人就此从第一产业中脱身，摇身一变成了修路民工。关外苦寒之地，但张宗昌的潜能却在这里得到充分的挖掘，他那种吃苦耐劳、不惧脏活累活的担当精神在赢得工友们信任的同时，也获得了俄国人的青睐。不久，张宗昌便被提升为工头，手下有了一帮人马，并且与俄国人打得火热。在这个过程中，张宗昌学得一口流利的俄语。

1904年日俄战争爆发后，两大强邻在东北大地上大打出手，双方都派出了几十万大军相厮杀。开战不久，日军大量收买东北胡子（马匪）用以刺探情报并袭扰俄军的后勤补给，俄国人在屡屡吃亏后来了个依瓢画葫芦，他们也组织了一些别动队去破坏日军后方。正在俄军中充当翻译的张宗昌此时被委以重任，他受命收编了一支胡子队伍，由俄国人出钱出枪，负责到日军侧背去打游击。

几经折腾后，张宗昌的队伍在配合俄军作战中还发挥了不小的作用，俄军见张宗昌颇具潜质，后派出多名军官前来指导训练，张宗昌也由此获得了宝贵的军事经验。在俄军的支持下，张的队伍一度扩充到上千人，张宗昌也荣升为"张统领"。

值得一提的是，当时还有另一位"张统领"，那就是张宗昌的本家张作霖，他当时正在为日军服务。张宗昌或许不会想到，两个人在日俄战争中各为其主，而20年后自己居然投到了张作霖的门下。

日俄战争的结果以俄军战败而告终，各临时部队也相继遣散。据说，俄国人给每位遣散者发三个月饷并路费若干，但身为"统领"的张宗昌却只发饷银而将路费暗中扣下，在这兵荒马乱中，俄国人及胡子们都被蒙在鼓里，张宗昌由此收获了人生中的第一桶金。

之后，张宗昌招募了一批人前往鄂霍次克海一带开采金矿，但进展并不顺利，后来就到了海参崴。清朝末年，海参崴人口接近二十万，华人占到五分之三，而其中又有一大半是来自张宗昌的老家山东。在同乡的介绍下，张宗昌在当地华商总会中担任了一个小头目。不过别小看了这个角色，因华商经常被马匪或当地恶棍绑架勒索，商会为保护商界安全而拥有了一定的武装，张宗昌魁梧的身材、精湛的枪法及之前的军事经验，正是商会所需要的人才。

张宗昌在海参崴的角色类似于后来上海滩的黄金荣：他俄语流利，与商会上层乃至俄国军警关系极为融洽；又曾收编过胡子队伍，对马匪习性及作案手法极其熟悉，特别在侦破了几个大案后，张宗昌很快便崭露头角，不论黑道白道，他都吃得开。据说某次他去外地办事，在中东铁路上遭到胡子抢劫，当搜到他时，一名马匪见后惊叫道："这不是张大哥吗？"原来此人曾在张宗昌手下混过，因而整个车厢的人都托了他的福，被劫财物全部返还。

海参崴混了几年后，张宗昌渐成势力，一般商人们都知道张的威名，行商途中无不托庇于他的名下，而张宗昌少不了收取保护费。有了钱做支撑，张的手下也就有了一批马仔，在这些烂仔的簇拥下，三十出头的张宗昌暗地里走私军火鸦片，涉黄涉赌，竟成为当地黑社会中炙手可热的人物。

与张宗昌做过朋友的革命党人张西曼回忆说："张宗昌当时在海参崴包捐、包赌，包庇戏园、烟馆，似乎可以使他们免除一切外来的突然威胁和迫害。但日

六 人物春秋

久弊生,他竟自擅威作福起来,戏园中的好座要酌量留给他,新到的妓女要让他享受初夜权,一切走私和非法生利的小本生意,他可以抽头分红。他的俄国朋友们当然也在这些途径上与他朋比为奸,平分秋色。"

张西曼是张宗昌人生道路中重要的引见人,说起他与"张大哥"的交往,也颇有些意思。一次闲谈中,张宗昌听说他常去海参崴外的山林中打猎,就好意提醒他,近来常有胡匪绑票之事,外出一定要注意安全。张西曼听后觉得有理,于是托张宗昌替他代买一把手枪作防身之用。

几天后,张的一个手下请张西曼到华商总会看货,他拿出一把勃朗宁式的小手枪,颇为玲珑可爱。张西曼把玩了一下,觉得枪是把好枪,但美中不足的是没有保险机,容易走火,不安全。那人见张西曼不满意,只好将枪插入裤袋泱泱下楼。不到十秒钟,门外突然"砰"地一声枪响,众人打开门一看,只见那人倒在楼梯口痛苦呻吟,原来是他自己不小心,手指触碰扳机而被打伤了脚趾。张宗昌闻声赶来,大骂手下办事不力,还不如人家一个小娃娃。因这个戏剧性的事件,张西曼与张宗昌反而熟悉了起来。

张宗昌说张西曼是个"小娃娃",那可是小看他了。事实上,张西曼年纪虽然不大,但早跟着哥哥张仲钧入了同盟会,乃"革命老前辈"。武昌起义爆发后,张仲钧从东北赶到海参崴并指示弟弟说:"黄兴、宋教仁、陈其美等同志在号召全国各地大兴义师,南方即将成立革命政府并准备北伐。但北伐一事,骑兵不能偏废,应设法由东三省秘密招募马贼南下,以便编练劲旅。现已提请南方迅速派员来此,与你一同招募……"

宋教仁在1907年曾策划过招募东北马匪之事,但因吴禄贞等人的反对而未果。张西曼得到指示后,他听说海参崴北面一二百里之外的大山里有一只千余人的胡子队伍,匪首人称"刘弹子",一向剽悍无畏,倒是符合革命军的要求,可自己从未与之有过交往,正为难间,他想起了神通广大的张宗昌——何不通过他去联络联络?

张宗昌听了张西曼的想法后,半试探半逗趣地说:"呦!这可不是好玩的!你不会是想闹革命吧?"张西曼见他似有心动,干脆趁热打铁,左一句"张大哥如何如何",右一句"张大哥英明英明",高帽子把张宗昌弄得飘飘然,于是答应"试试看"。

在张宗昌的牵线搭桥下,张西曼亲自到刘弹子的老巢去探访了一番,并回报兄长称那里的绿林好汉们人才可用,请速派人来接洽。12月初,青帮大佬李征五等人在黄兴、陈其美的委派下到了海参崴,而接头地点就设在了华商总会斜对面的金角旅馆中。对于革命党频频伸出的橄榄枝,刘弹子还有所疑惧,因他们的绑票生意难免触犯地方,而介绍人张宗昌与俄国军警关系密切,这万一是他设下的圈套,那就是肉包子打狗——有去无回了。但接触了几次后,刘弹子被革命党的诚意所打动,他做出了一个人生中最艰难的决定:下山!

在革命气氛的鼓舞下,张宗昌也迅速"赤化",摇身一变成了追求革命的急先锋。在华商总会张会长的支持下,张宗昌也在自己的旧友、部属及当地华侨子弟中招募了近400人的队伍准备随同南下,而华商总会还特意赠送了一部分枪支以壮行色。据其部下李藻麟说,张宗昌的这支"华侨子弟兵"阵容齐整,每人自备战马一匹,大枪一条,小枪一支,均为俄式武器,装备比上海光复军还要超标一点。

经简单的整训后,李征五带着刘弹子及张宗昌的队伍乘俄国邮船南下,一路上"革命准将士们"可谓是神清气爽,意气风发。刘弹子的队伍,原本就土匪做惯了,船上又闲着无事,这些人在一起酗酒猜拳耍酒疯倒也罢了,有时候还匪性大发,买烟买茶不给钱,还动不动称"老子是革命军",如何如何,而"准团长"刘弹子也不管。邮船员工对这些人大为不满,说:"靠这样的革命军去革命,中国没救了!"

张宗昌的人马比刘弹子一帮人就强多了,他们大多是良民出身,而且张本人也颇具威望。有一次,张宗昌对手下人训话:"我们初到江南,人情风俗一概生疏,又系去参加革命活动,成败并无一定,但我们只许成功,不许失败。俄国邮船把我们送了来,绝不能再把我们送回去。我们应认清方向,始终团结在一起,更要

六 人物春秋

有破釜沉舟的坚决和勇敢,方可以打出一条出路来。我们是代表着海参崴所有华侨的爱国立场的,他们天天在盼望我们早日打出名堂,我们决不能做缩头乌龟……"

张宗昌的一席话既悲壮又实在,众人听后深受感动,而旁边围观的船员也都翘起大拇指:"这才是真正的革命军!"

张、刘两支队伍的不同表现,李征五也是看在眼里,心里有数。更重要的是,张宗昌多年行走江湖,早已是摸爬滚打出一套察言观色的伶俐功夫,加上又能说会道,李征五与他言谈甚欢,关系也就比刘弹子密切了许多。更绝的是,张宗昌深知帮会规矩,他在南下途中就拜在了李征五的门下,按了手印,入了青帮,按"大通悟学"排下来为"通"字辈(李征五是"大"字辈)。

到沪后,张、刘的人马受到革命军的热烈欢迎并大造舆论说是"东北革命军"开抵上海,一时间风光无限,为各界所注目。但奇怪的是,在队伍驻扎闸北并换装后,发下来的任命书却是张宗昌任骑兵团长,而人马更多的刘弹子屈居营长一职。这又是怎么回事呢?

原来,陈其美听了李征五的意见并见过张宗昌后,觉得张的气质、潜质各方面条件都在刘弹子之上,而且陈其美也是青帮大佬,无亲无故的原"团长"刘弹子只好靠边站了。受此侮弄后,刘弹子十分恼火,他派专人送了一封信给张西曼,其中严厉谴责革命党背信弃义,将他敷骗下山。

末了,送信人还威胁说:"咱们老总受此屈辱,万不甘心。张先生,请你想想,张宗昌那小子是何等样人!莫说老总,连众弟兄也忿忿不平,现正准备分组北上,重返老家。什么革命不革命的,都是你们这些读书人给咱老粗们下的毒饵!张先生,再见,请等着来日算总账吧!"张西曼听后大惊,赶忙复信问明情况,但事过境迁,木已成舟,他远在海参崴,能有什么办法!

此后,这位刘弹子老兄也不知道是为革命献身了还是回到了关外老巢,总之是默默无闻、未见记载(据张西曼的说法,刘兄"如失水蛟龙,困于沙滩,郁郁以终"),倒是张宗昌投机成功,由此顺风顺水,屡遇贵人,最终成就了民国的一段传奇。

8. 蒋介石赠林徽因二万元之谜

岳　南

　　1937年抗战爆发后，平津与中原地区知识分子流亡西南之地，傅斯年主持的中央研究院史语所，以及梁思成、林徽因服务的中国营造学社，陆续迁往四川省南溪县李庄镇郊外板栗坳山顶和遍布竹林稻米地的上坝月亮田。

　　1941年12月3日，已辞去中央研究院代理总干事之职的傅斯年，携家眷乘长丰轮由重庆赶赴李庄。当傅斯年走出居住的李庄板栗坳山寨，满头热汗地来到李庄上坝月亮田营造学社住地，见到梁思成、林徽因夫妻时，才知道不但林徽因长期患的肺结核加重，而梁思成的弟弟、史语所研究员、著名考古学家梁思永也一病不起，马上就要一命呜呼了。傅斯年闻听大骇，急忙跑到梁思永的居处探望，情形确实十分危急。

　　住在李庄郊外上坝月亮田的中国营造学社办公处与居处，门前站立者是营造学社人员莫宗江。鉴于当时流亡西南之地的中央研究院史语所与中国营造学社研究人员都已"吃尽当光"，只剩了一个"穷"字，傅斯年意识到非有特殊办法不足以挽救梁思永和同样处于病中的林徽因的生命。于是，1942年春天，傅氏向中央研究院代院长朱家骅写信求助。信曰：

　　　　骝先吾兄左右：
　　　　　　兹有一事与兄商之。梁思成、思永兄弟皆困在李庄。思成之困是因其夫

六 人物春秋

人林徽音女士生了 T. B.，卧床二年矣。思永是闹了三年胃病，甚重之胃病，近忽患气管炎，一查，肺病甚重。梁任公家道清寒，兄必知之，他们二人万里跋涉，到湘、到桂、到滇、到川，已弄得吃尽当光，又逢此等病，其势不可终日，弟在此看着，实在难过，兄必有同感也。弟之看法，政府对于他们兄弟，似当给些补助，其理如下：

一、梁任公虽曾为国民党之敌人，然其人于中国新教育及青年之爱国思想上大有影响启明之作用，在清末大有可观，其人一生未尝有心做坏事，仍是读书人，护国之役，立功甚大，此亦可谓功在民国者也。其长子、次子，皆爱国向学之士，与其它之家风不同。国民党此时应该表示宽大。即如去年蒋先生赙蔡松坡夫人之丧，弟以为甚得事体之正也。

二、思成之研究中国建筑，并世无匹，营造学社，即彼一人耳（在君语）。营造学社历年之成绩为日本人羡妒不置，此亦发扬中国文物之一大科目也。其夫人，今之女学士，才学至少在谢冰心辈之上。

三、思永为人，在敝所同事中最有公道心，安阳发掘，后来完全靠他，今日写报告亦靠他。忠于其职任，虽在此穷困中，一切先公后私。

总之，二人皆今日难得之贤士，亦皆国际知名之中国学人。今日在此困难中，论其家世，论其个人，政府似皆宜有所体恤也。未知吾兄可否与陈布雷先生一商此事，便中向介公一言，说明梁任公之后嗣，人品学问，皆中国之第一流人物，国际知名，而病困至此，似乎可赠以二、三万元（此数虽大，然此等病症，所费当不止此也）。国家虽不能承认梁任公在政治上有何贡献，然其在文化上之贡献有不可没者，而名人之后，如梁氏兄弟者，亦复少！二人所作皆发扬中国历史上之文物，亦此时介公所提倡者也。此事弟觉得在体统上不失为正。弟平日向不赞成此等事，今日国家如此，个人如此，为人谋应稍从权。此事看来，弟全是多事，弟于任公，本不佩服，然知其在文运上之贡献有不可没者，今日徘徊思永、思成二人之处境，恐无外边帮助要出事，

而帮助似亦有其理由也，此事请兄谈及时千万勿说明是弟起意为感，如何？乞示及，至荷。专此敬颂

  道安

弟斯年谨上四月十八日

  弟为此信，未告二梁，彼等不知。

    因兄在病中，此写了同样信给咏霓，咏霓与任公有故也。弟为人谋，故标准看得松。如何？

弟年又白

  此信发出11天，未见回音，担心重庆方面无能为力或深感为难，情急之下，傅斯年召开所务会，想出了一个新的援助办法，再度写信于中央研究院总办事处，满怀挚诚与爱慕之情地历数梁思永功高过人之处，并请其核准史语所作出的决定。原文如下：

  骝先生生院长赐鉴：

    企孙、毅侯两兄

    梁思永先生病事，兹述其概。十年前，思永于一年过度劳动后生肋膜炎，在协和治愈，但结疤不佳，以后身体遂弱。自前年起，忽生胃病甚重，经二年来，时好时坏。去年胃病稍好，又大工作，自己限期将殷虚（墟）报告彼之部分写完。四个月前，即咳嗽，尚听不出肺病声气。上月医生大疑其有肺病，送痰往宜实验，结果是+++！所听则左右几大片。此次肺病来势骤然，发展迅速，思永自谓是闪击战，上周情形颇使人忧虑，近数日稍好。思永之生病，敝所之最大打击也。兹谨述其状。

六 人物春秋

思永虽非本所之组主任，但其moral influence甚大，本所考古组，及中央博物院之少年同志，皆奉之为领袖，济之对彼，尤深契许。彼学力才质，皆敝所之第一流人，又是自写报告，编改他人文章之好手，今彼病倒，殷虚（墟）报告之进行，一半停止矣……

写完此信，傅斯年思慎半天，觉得意犹未尽，许多具体的操作细节亦未言明，为了达到终极目的，还需作一点补充说明。于是，在昏暗的菜油灯下，傅氏再次展纸，蘸墨挥毫，作了如下追述：

骝先吾兄：

此函尚有未尽之意。思永是此时中国青年学人中绝不多得之模范人物，无论如何，应竭力救治，彼在此赤贫，即可卖之物亦无之（同人多在卖物补助生活中）。此种症至少须万元以上。此信只是一部分办法耳。去年弟病，兄交毅侯兄中央医院费公家报销，弟初闻愕然，托内子写信给毅侯兄勿如此办，内子谓，然则将何处出耶。弟后来感觉，去年之病，谓为因公积劳，非无其理，盖1月中弟即自觉有毛病，而以各会待开，须自料理，不敢去验，贻误至于3月末，遂成不可收拾之势，故去年受三千元，在兄为格外之体恤，弟亦觉非何等不当之事。思永身体虽原不好，然其过量工作，实其病暴发之主因。报销既无问题，甚愿兄之惠准也！

专此，敬颂

痊安！

弟斯年再白
四月二十九日

像这种四处求人，八面联络以取得款项的事，也只有傅斯年这样的"人间一个最稀有的天才"和最能办事、最有组织才干的天生领袖人物（胡适语）才能做到——否则，仅就梁启超"曾为国民党之敌人"这道门槛就难以迈过去。

　　事情到底如何？许多年后，梁思庄（梁思成妹）之女吴荔明从台湾中研院史语所得到一封林徽因写给傅斯年的感谢信，大意是说款子收到之类的感激话，至于收到多少，款项何来，林的信中没说，后人也就不得而知了，此事遂成不解之谜。

　　这个谜团湮没了六十多年后，于21世纪初有了破译的线索。中国社会科学院近代史研究所得知翁文灏日记有一部分收藏于台湾"国史馆"后，经与翁的家属和台湾方面沟通，特派研究员李学通前往查阅核校。李从翁氏1942年的日记中发现了如下两条记载：

　　9月16日，访陈布雷，谈梁思成、思永事。又谈魏道明为驻美大使，美方颇为不满。

　　9月28日，接见周象贤、Fitzroy、周茂柏、李允成、黄人杰、张克忠、胡祎同、周国剑（送来蒋赠梁思成、思永贰万元正，余即转李庄傅孟真，托其转交）。

　　如果没有相抵牾的推理，这两条日记就是林徽因、梁思永得款过程和数目多少的铁证，其操作程序当是朱家骅与翁文灏（咏霓）商谈，由翁找蒋介石侍从室一处主任陈布雷，再由陈向蒋呈报，蒋介石以他自己掌控的特别经费赠梁氏兄弟二万元，以示救济。——这便是介公赠钱的谜底。

六 人物春秋

9. 钱锺书与恩师吴宓从轻狂到愧悔

岳 南

钱锺书才华盖世，但其争议也颇多，他与老师吴宓、陈寅恪的恩怨和他短期执教西南联大后离职等往事民间流传很多，那到底是怎样一段往事？

"狂学生"嫌弃"痴老师"

钱锺书就读清华时，与夏鼐、吴晗并称为清华文学院"三才子"，而以钱氏为龙头老大，据说钱锺书在清华四年，其用功之勤，读书之多，"横扫清华图书馆"，他显露的才华也为全校师生所瞩目，但其张狂性格和随意臧否人物的特质，同样广为人知，但钱锺书的身上有"整个清华，没有一个教授有资格充当钱某人的导师"的传言，许多人相信这一传言并非空穴来风，是有其一定渊源的。

在学者孔茂庆所著《钱锺书传》中有这样两句话：据说年轻气盛的钱锺书在西南联大任教时，曾对外文系的三巨头作过评价："西南联大的外文系根本不行，叶公超太懒，吴宓太笨，陈福田太俗。"但钱锺书夫人杨绛于5月14日同时在《人民日报》与《文汇报》发表《吴宓先生与钱锺书》一文，公开替钱锺书辩白，说钱氏根本没说过这句话。

但不管有无此事，钱锺书对这位"痴老师"的态度可见一斑。然而，陕西人吴宓天生厚道、耿直，书生意气颇浓，他对这位骄狂的弟子却慈悲为怀，极端呵护，他曾公开对清华教授们说过："当今文史方面的杰出人才，在老一辈中要推陈寅恪先生，在年轻一辈中要推钱锺书，他们都是人中之龙，其余如你我，不过尔尔！"

此外，对老师陈寅恪先生，当时年少轻狂的钱锺书也"不放在眼里"，他不选陈寅恪的课，并几次公开批评陈寅恪的著作，在《管锥编》、《宋诗选注序》以及与外国学者交流的信函中，均有直接或间接的指责陈氏治学之语。

钱锺书离职吴宓致电力挽

28岁的钱锺书海外留学结束后，经冯友兰等力荐，回国执教西南联大，但几个月后就"不辞而别"，离开昆明转赴湖南蓝田师范学院任英文系主任，关于钱锺书为何离开西南联大，学术界有许多说法，有代表性说法是钱锺书年轻气盛，得罪了人，只能离开西南联大。

钱锺书在联大教书时年轻气盛，又才华横溢，难免出语伤人，陈福田曾公开说过："钱的学问还欠火候，只能当副教授。"

在钱锺书执教西南联大期间，吴宓为了看一看他的才学与教学水平到底如何，专门找了学生的上课记录阅读，并大感佩服。在他离开后仍然显示了爱才如命的学者眼光与人格魅力，致电挽留，钱锺书接到电话也表示后悔，吴宓感慨不已，但钱锺书最终未能返回联大。

如果认为钱锺书曾说过西南联大外文系诸前辈的不雅之语确有其事的话，他真正得罪的应是叶公超和陈福田等人。吴宓虽在被骂之列，并对钱平时的张狂无忌与口无遮拦多有责难，但仍表现出惜才容物的心胸。在钱锺书的去职问题上，吴宓仍感到惋惜，并于一年后力主他重回联大教书，而陈寅恪同样以类似的心境帮吴宓挽留他出计献策。

钱锺书在离开联大后，轻狂的性格与心态有了很大收敛，逐渐藏而不露，正是得益于这一转变，才使他躲过了后来的"反右"与"文革"劫难。

六 人物春秋

恩师谢世后自我检讨

1993年春，吴宓女儿吴学昭开始整理吴宓日记和遗著，发现有许多关于钱锺书的记载，钱锺书看到早已过世的"傻得可爱"又"老实得可怜"的老师人生历程中饱蘸深情与椎心泣血的记述，内心受到极大震撼。

他给吴学昭回信时自我谴责检讨："先师日记中道及不才诸节，读后殊如韩退之之见殷情，'愧生颜变'，无地自容。"称自己"少不解事，又好谐戏，同学复怂恿之，逞才行小慧，以先师肃穆，故尊而不亲。且先师为人诚悫，胸无城府，常以其言情篇什中本事，为同学笺释之。众口流传，以为谈助。"钱锺书深悔自己随众而对老师恭而不尊，以致"弄笔取快，不意使先师伤心如此，罪不可逭，真当焚笔砚矣！"但事已至此，"内疚于心，补过无从，惟有愧悔"。

后来这封"请罪信"就成了由三联书店出版的《吴宓日记》的代序。此时的钱锺书虽以《围城》、《写在人生边上》、《宋诗选注》、《管锥编》在学识与声名上已远远超过了自己的老师吴宓，但他在《序》中还是说，作为一名白头门生，愿列名吴先生弟子行列之中。

"或许，在三尺黄土之下的老师吴宓，听到弟子这几句肺腑之言，应当会感到一丝慰藉吧。"